Entre a realidade e a utopia

DO AUTOR

Convite à estética, Rio de Janeiro, Civilização Brasileira, 1999.
Ética, Rio de Janeiro, Civilização Brasileira, 1999.
Ciência e revolução, Rio de Janeiro, Civilização Brasileira, 1980.
As idéias estéticas de Marx, Rio de Janeiro, Paz e Terra, 1978.
Filosofia da práxis, Rio de Janeiro, Paz e Terra, 1977.

Adolfo Sánchez Vázquez

Entre a realidade e a utopia

Ensaios sobre política, moral e socialismo

TRADUÇÃO DE
Gilson B. Soares

CIVILIZAÇÃO BRASILEIRA

Rio de Janeiro
2001

COPYRIGHT © Fondo de Cultura Económica, 1999

TÍTULO ORIGINAL ESPANHOL
Entre la realidad y la utopía – Ensayos sobre política, moral y socialismo

CAPA
Evelyn Grumach

PROJETO GRÁFICO
Evelyn Grumach e João de Souza Leite

PREPARAÇÃO DE ORIGINAIS
Henrique Tarnapolsky

EDITORAÇÃO ELETRÔNICA
Art Line

CIP-BRASIL. CATALOGAÇÃO-NA-FONTE
SINDICATO NACIONAL DOS EDITORES DE LIVROS, RJ

Sánchez Vázquez, Adolfo, 1915-
S195e Entre a realidade e a utopia: ensaios sobre política, moral e socialismo / Adolfo Sánchez Vázquez; tradução de Gilson B. Soares. – Rio de Janeiro: Civilização Brasileira, 2001

Tradução de: Entre la realidad y la utopia: ensayos sobre política, moral y socialismo
Inclui bibliografia
ISBN 85-200-0558-6

1. Ciência política. 2. Socialismo. 3. Utopias. I. Título.

CDD 320
00-0155 CDU 32

Direitos desta edição adquiridos pela
EDITORA CIVILIZAÇÃO BRASILEIRA
um selo da
DISTRIBUIDORA RECORD DE SERVIÇOS DE IMPRENSA S.A.
Rua Argentina 171 – Rio de Janeiro, RJ – 20921-380 – Tel.: 585-2000

PEDIDOS PELO REEMBOLSO POSTAL
Caixa Postal 23.052, Rio de Janeiro, RJ, 20922-970

Impresso no Brasil
2001

Sumário

Prólogo

O presente volume reúne um conjunto de textos sobre temas diversos, agrupados em três partes. Na primeira — *Política* — são abordadas questões como as do poder (em suas relações com a adolescência e acerca do lugar que ocupa no pensamento político de Marx) e da democracia, examinada esta em dois planos controversos: a visão que Marx tem dela e suas relações — incompatíveis? — com a revolução. Em um ensaio posterior, sobre os 25 anos do Movimento Estudantil de 1968 no México, tenta-se definir o perfil político do citado movimento, assim como seu profundo significado na história e na vida política contemporâneas do país. Dois outros ensaios dedicam-se, respectivamente, às relações entre igualdade e desigualdade, e à tolerância, considerada como o anverso que tem na intolerância seu próprio reverso. Finalmente, a parte se encerra considerando filosoficamente as implicações morais e políticas da técnica em nossos dias e examinando a vigência da distinção política de direita e esquerda em nossa época, assim como sua pertinência ao estender-se à moral.

Na segunda parte — *Socialismo* — os diferentes ensaios que a compõem têm um marco comum: as relações — cuja verdadeira natureza se procura esclarecer — entre o socialismo como projeto de emancipação, de origem marciana, e a experiência histórica do chamado "socialismo real" em que se transformou ao pretender ser realizado. Os anos de 1989 e 1991 são anos-chave nesta experiência histórica, já que nela é selado o seu fracasso histórico — sua "queda". Os três primeiros ensaios da parte, anteriores cronologicamente a tal "queda" (um deles "Ideal socialista e socialismo real", foi escrito com a antecedência de uns dez anos), expõem a natureza não-socialista das sociedades do chamado "socialismo real". Os ensaios posteriores a este acontecimento histórico continuam abordando as relações antes mencionadas — que servem de fundo ou marco comum — ao ligar liberalismo e socialismo, em um dos trabalhos, e socialismo e mercado, em outro. Naquele intitulado "Depois da queda" é abordada a complexa e difícil questão de como o projeto emancipatório original de Marx pôde converter-se, ao pretender ser levado a cabo, em uma sociedade que constituía sua negação. Finalmente, em um texto circunstancial, "Mais além da queda", mantém-se a esperança em uma nova sociedade cujos valores merecem ser realizados.

A terceira e última parte — *Utopia* — compõe-se de três ensaios. O primeiro propõe uma nova leitura de *Dom Quixote* à luz do conteúdo utópico que pode ser rastreado na obra. No segundo, tenta-se fixar alguns traços essenciais do socialismo, levando em conta que se trata de uma utopia necessária, desejável e viável. Finalmente, esta seção e o livro se fecham com um ensaio em que o autor se desvia da tendência atual em decretar, em nossos dias, o "fim da utopia". Com este motivo, tenta destacar o que nela existe de ideologia.

Como o leitor pode perceber facilmente, a divisão deste livro nas três partes mencionadas não significa, de modo algum, que possa ocorrer entre os textos uma separação temática terminante. Por certo, tal separação não poderia ocorrer, o que é corroborado por este volume. Mas, mesmo reconhecendo a impossibilidade de uma divisão desse gênero, o autor achou conveniente agrupar os diversos trabalhos em uma seção ou outra, levando em conta o predomínio da temática correspondente: política, socialismo ou utopia.

Os textos incluídos no livro foram escritos em circunstâncias diversas e em épocas diferentes. Ao final de cada um deles é indicado o ano em que veio a público pela primeira vez. Para informação mais abrangente, consultar a seção específica no final do volume: "Procedência dos textos".

Com essas observações prévias, entrego esses textos — de ontem e de hoje, de duas décadas passadas, setenta e oitenta, e da nossa, tão incerta — nas mãos de seus destinatários atuais.

O AUTOR

MÉXICO, D.F., ABRIL DE 1998

PRIMEIRA PARTE Política

O poder e a obediência

O FETICHISMO DO PODER*

Um aspecto que se destaca no pensamento de nosso tempo é sua preocupação, quase sua obsessão, pelo poder. Trata-se de um tema pelo qual algum dia dobrarão os sinos, como hoje dobram pelos da existência nos anos quarenta e cinqüenta, ou pela estrutura nas décadas de cinqüenta e sessenta? Talvez, mas isto não dissipa o fato inegável da ênfase que hoje se coloca nas reflexões sobre o poder e as relações de dominação, ênfase tão vigorosa que oculta ou encobre outro grande tema: o da exploração. Pois o que é definitivamente *O capital* senão o tratado da exploração (certamente, a capitalista), embora o tema do poder — do poder político, estatal — não esteja ausente na obra de Marx, pois inclusive em *O capital* havia previsto abordá-lo? Mas, contudo, há que se reconhecer que o grande tema de Marx é o da exploração econômica e, em particular, a da classe operária. Com

* Como o presente trabalho destinava-se a ser exposto oralmente, não são citadas as passagens correspondentes dos textos consultados, entre os quais figuram os de Maquiavel, *O príncipe*; Hegel, *Fenomenologia do espírito* e *Filosofia do direito*; Marx, *Crítica da filosofia do direito de Hegel*, *O 18 do Brumário de Luís Bonaparte* e *A guerra civil na França*; Nietzsche, *A vontade de poder* e *Assim falou Zaratustra*; Lenin, *O Estado e a Revolução*; Gramsci, *Notas sobre Maquiavel, sobre a política e o Estado moderno*; Marcuse, *O homem unidimensional*; Pablo González Casanova, *A nova metafísica e o socialismo*; Michel Foucault, *Microfísica do poder* e *História da sexualidade*, 1; Gilles Deleuze, *Nietzsche e a filosofia*; Eugenio Trías, *Meditação sobre o poder*, *Tratado da paixão* e *A linguagem do perdão (Ensaio sobre Hegel)*.

ele dava um giro copernicano o pensamento social que, de Maquiavel a Hobbes e Hegel, refletia sobre o poder enquanto a exploração permanecia na sombra. Inclusive a ciência econômica de seu tempo a achava tão natural que considerava desnecessário descobrir seu "segredo", justamente o que Marx pretendeu revelar.

O grande tema de Marx é, pois, o da exploração. Posteriormente, seus seguidores verão que não só existe exploração de uma classe como também de uma nação inteira, e não só desta ou daquela nação, mas da maior parte do planeta, ou, como se habituou chamar, do Terceiro Mundo. Contudo, o tema de nosso tempo — como diria Ortega Y Gasset — parece ser o das relações de poder e não o das de exploração. Em favor da preeminência desse *status* temático não faltam fatos reais que agora nos limitamos a enumerar: *a*) crescente extensão das funções econômicas, sociais e culturais do poder estatal; *b*) sua autonomia crescente em relação à sociedade civil; *c*) o peso cada vez maior das elites políticas ou das burocracias estatais no exercício do poder; *d*) surgimento de estados fascistas ou bonapartistas nos quais o poder é exercido à margem das classes a cujos interesses particulares servem; *e*) a incapacidade ou impotência da classe operária para livrar-se da dominação de seus exploradores; *f*) o fortalecimento do poder estatal e, portanto, a manutenção das relações de dominação nos países do Leste europeu onde foram destruídos o poder burguês e as relações capitalistas de exploração e, finalmente, *g*) a elevação da capacidade repressiva do poder estatal nos países menos desenvolvidos, embora não se deva esquecer que o Ocidente desenvolvido produziu esse imenso poder repressivo que foi o fascismo. Isto colocou em primeiro plano hoje, como ontem colocou a luta antifascista, a necessidade de democratizar o poder ou de civilizar a dominação política, relegando a um segundo plano a natureza exploradora do sistema econômico que gera as terríveis máquinas repressivas que hoje funcionam tão eficazmente na América Latina (América Central e o Cone Sul).

Não faltam, pois, fatos e tendências reais que expliquem esta preocupação atual pelo poder, pela dominação. E, todavia, como já assinalávamos, não se trata de algo novo, já que no passado era o pensamento que prevalecia até que Marx pôs em primeiro plano o fenômeno da exploração. Percorrendo o caminho em sentido inverso, uma parte do pensamento atual se enlaça, pois, com a teoria burguesa clássica. Portanto, não se trata de uma encruzilhada — Maquiavel ou Marx? Dominação ou exploração? —, pois, definitivamente, não existe dominação sem exploração, da mesma maneira como não existe exploração sem o domínio que permite mantê-la. O que está em jogo em tudo isto é o nexo entre relações de produção (econômicas) e relações de poder (políticas). Enquanto existir a exploração, subsistirá a relação de dominação entre governantes e governados. O capitalismo é um sistema de exploração, mas é também um sistema de dominação da classe exploradora, se bem que nas sociedades capitalistas mais desenvolvidas a exploração econômica seja reforçada com a intervenção crescente e ativa do poder estatal.

A separação das relações de poder quanto às relações de exploração e a elevação das primeiras ao plano do absoluto fazem do poder um novo fetiche. A um novo fetichismo sucumbe grande parte do pensamento atual, inclusive quando se apresenta como libertador. Em Marcuse, por exemplo, a racionalidade do poder é tecnológica. O logos tecnológico se desenvolve de um modo imanente e todo-poderoso, quaisquer que sejam as relações de produção. Para Foucault o essencial é também a relação de poder, mas entendido este como uma rede de poderes. Este poder reticular ou capilarizado está em toda parte e, portanto, não se localiza no aparato estatal nem na sua função repressiva. Sua imanência e onipotência é absoluta quanto às relações de produção. Foucault, por sua vez, reage contra a tendência de ver esta rede de poderes como uma simples projeção do poder político. Mas Foucault não só desconhece o nexo que une este poder com as relações de produção, assim como seu caráter de classe e o papel que desempenha na luta de classes, como também ignora igualmente o papel do poder estatal, confirmado hoje mais do que nunca nessa trama de poderes que, por outro lado, ele ajudou enormemente a exibir.

FENOMENOLOGIA DO PODER

O poder político é, em primeiro lugar, domínio que se baseia em definitivo na violência. Seu lugar ou preeminência ocorre em uma relação de forças. Daí sua função coercitiva exibida sobretudo pelo marxismo clássico. Mas o poder não estabelece seu domínio apenas por essa via; aspira a seu reconhecimento pelos dominados e, justamente por isso, o domínio também é procurado, em especial nas sociedades capitalistas desenvolvidas, supostamente democráticas, através do consenso. Embora se admita com Foucault a existência de uma ampla rede de poderes localizados na fábrica, escola, igreja, família, hospitais, prisões etc., o poder estatal, sem perder seu lugar central — pelo contrário, elevando-o —, tende a socializar-se, penetrar por todos os poros do corpo social, e, deste modo, prevalecer sobre todos os poderes.

Reconhecida a importância que a via do consenso tem para o poder estatal contemporâneo, e reconhecida igualmente a extensão crescente de suas funções econômicas e sociais — o que não exclui, junto a sua socialização, uma certa capilarização —, voltemos mais uma vez a essa natureza coercitiva do poder estatal que certas alternativas políticas atuais esquecem e inclusive ocultam em nome do marxismo. Quer se trate de um poder legitimado pela lei nas chamadas democracias ocidentais, ou de um poder despótico ou ditatorial não submetido a nenhuma lei, não estabelece uma distinção qualitativa em sua natureza. Tanto em um caso como em outro, o poder se assenta em definitivo na força e nas instituições destinadas a exercê-la. Não é por acaso que essas instituições sejam chamadas exatamente de forças (armadas, da ordem, de segurança etc.), justamente porque se trata de dominar o que pode resistir a elas ou contestá-las. A dominação encontra sempre oposições latentes ou efetivas, resistências reais ou possíveis, que exigem o emprego da força. Nesta relação entre dominadores e dominados o decisivo é a força, independentemente desta permanecer em estado potencial como ameaça, ou atuando como consumação. A história até agora tem sido relação de forças em conflito, luta do servo e do senhor — dizia Hegel —, ou luta de classes, como disseram Marx e Engels no *Manifesto comunista*.

Uma vez que o poder é domínio e o domínio é inseparável da força, o poder é uno e trino. Um poder que, devido ao consenso ou apoio total da sociedade, não precisasse do domínio, tornaria o uso da força desnecessário. Por sua vez, uma força cujo emprego fosse desnecessário, seria absurda. Um domínio que diante da intensificação das resistências ou oposições não recorresse à força, levaria dentro de si a renúncia a exercer o poder, coisa até agora desmentida por toda a história real.

Poder, domínio e força não podem ser separados. Ter proclamado isso aos quatro ventos foi o passo escandaloso dado por Maquiavel em sua época. Ter proclamado a natureza coercitiva do poder, embora vinculando-o a um interesse particular, de classe, e ter associado a transformação radical da sociedade a um novo poder, foi a nova perspectiva que Marx abriu a partir da de Maquiavel. O autor de *O príncipe* é realista: só existe poder pela força; um poder que não domina não é poder. Marx, ao assinalar seu caráter de classe, relativiza o poder. Certamente é um mal para ele, mas os poderes que passam um ao outro — como em uma corrida de revezamento — o cetro do domínio haverão de alcançar um poder definitivo que crie as condições para o *não-poder*. Nietzsche identifica vontade de poder e vontade de domínio. Nega que os fracos escamoteiem a relação de força e que, passando por cima da identificação de domínio e poder, tentem miná-lo com a compaixão sem resistir a ele.

Pode-se extrapolar a perspectiva do domínio? Ou, segundo as palavras de Gramsci: "Deseja-se que haja sempre governantes e governados, ou prefere-se criar as condições para que desapareça a necessidade da existência dessa divisão? Ou seja, partimos da premissa da perpétua divisão do gênero humano, ou acreditamos que esta é apenas um fato histórico, que responde a determinadas condições?" A resposta será diametralmente oposta se a dominação é concebida como algo natural ou inerente à essência humana (concepção que inspira a teoria política burguesa do poder desde Maquiavel) ou se se contrapõe a ela — como fazem Marx e Engels — uma concepção histórico-social.

Mas voltemos ao mecanismo do poder colocando-o em relação com o outro termo que só existe por ele e para ele: a obediência. Quer seja concebido como perspectiva intransponível, quer como instrumento que, ao ser relativizado histórica e socialmente, chegará ao ponto de suprimir a si mesmo, o poder — dizíamos — é sempre domínio apoiado na força. Este domínio, que surge ao superar uma força com a sua própria força, exige uma garantia, uma prova constante de seu reconhecimento por parte dos dominados.

Esta prova de que a outra força está vencida ou dominada é a obediência. Na relação de poder uns mandam e outros obedecem, com a particularidade de que os primeiros são poucos e os segundos, muitos.

Se o mando é a qualidade daquele que exerce o poder, a obediência é a qualidade do dominado, a prova objetiva de que sua força está duplicada.

Isto não quer dizer que, na relação de dominação, não reste ao dominado outra alternativa. Resta-lhe a da desobediência, que pode oscilar entre o repúdio passivo do poder e a luta ativa por sua destruição. Assim, pois, à obediência que lhe é exigida pelo poder, o dominado pode responder com a desobediência, que assume historicamente formas que vão desde a resistência passiva à luta ativa, violenta. Mas, nas situações normais, nas quais o poder exerce um controle pacífico ou relativamente violento sobre toda a sociedade, a relação de força entre dominadores e dominados assume a forma de relações de mando por um lado e de obediência por outro.

O poder só existe se exerce domínio, e só domina se é obedecido. Necessita da obediência como o ar que respira e, por isso, ele a cria e exige, já que é a garantia de sua existência. Esta obediência é também histórica ao adotar formas que vão desde a obediência generalizada ou total, que impõem os regimes despóticos tradicionais ou os fascistas e autoritários contemporâneos, até a obediência legalizada e regulada, características das democracias burguesas que — com suas liberdades formais — abrem certa margem legal à desobediência. Nestas sociedades capitalistas democrático-burguesas, a obediência, em nível político, não é portanto geral e nem sempre tem um caráter natural e espontâneo, embora o poder a deseje e se empenhe nisso. Assim, no nível econômico, ou seja, na posição do explorado (o operário) que vende a sua força de trabalho, a obediência adquire um caráter natural e espontâneo. Sem necessidade da coerção extra-econômica (própria dos sistemas de exploração escravista e feudal) nem da lei que traça a fronteira entre o obedecido e o desobedecido, o operário obedece de um modo natural e espontâneo ao patrão que o explora; ou seja, vende obedientemente sua força de trabalho em virtude de que, como tal, pelo automatismo da produção, se livra do domínio de forças extra-econômicas. Não é esta obediência natural e espontânea a que temos presente agora ao considerá-la em sua relação com o poder político. Em relação a ela, agora nos perguntamos: o que é obedecer? Que formas a obediência adota? Qual é seu mecanismo? Vamos praticar um pouco de fenomenologia da obediência.

FENOMENOLOGIA DA OBEDIÊNCIA

A obediência só existe como termo de uma relação; o outro é o poder. Sua função é passiva, ou reativa, como diria Nietzsche: a atividade, a iniciativa está naquele que a impõe. A obediência se ajusta ao marco traçado por ele. Obedecer é fechar-se em si mesmo e abrir-se ao outro; é pôr em suspenso ou limitar a afirmação própria; é ter o centro fora de si. É mover-se em plena heteronomia: a determinação de si está no outro. Obedecer é, pois, estar determinado a partir de fora, enquanto que aquele que manda determina a si mesmo ao determinar o outro.

Mas vamos nos deter no ato da obediência. É, em primeiro lugar, um ato consciente de um sujeito individual, independentemente de que a consciência que se tenha dele seja mínima ou máxima, reta ou deformada, verdadeira ou falsa. Não existe, pois, obediência inconsciente, instintiva ou automática, como ocorreria no sono ou no estado hipnótico. A chamada obediência cega não exclui a consciência, mas simplesmente faz com que a compreensão ou valorização dela perturbe a obediência no ato.

Aquele que manda não interroga o que obedece; não lhe pede que reflita ou avalie como condição necessária ou prévia para obedecer. Por isso, embora se deseje que a obediência se restrinja a um plano interno, obedecer é antes de tudo um ato que tem efeitos objetivos, reais. Não basta — não basta ao menos para o poder — a obediência interior, subjetiva; pode ocorrer inclusive que o sujeito prefira desobedecer, embora sem querer — ou poder — realizar seu desejo. Contudo, não é ele quem determina em definitivo este passo, e sim o outro: o poder. E este só admite a obediência que ocorre objetivamente no ato observável por uma pluralidade de sujeitos. O poder não se conforma com a obediência interiorizada, ainda que, longe de excluí-la, a deseje, já que para ele é valiosa, mas desde que essa interiorização não perturbe sua realização. Assim, pois, para o poder a obediência não pode permanecer em sua interiorização nem esta pode prevalecer sobre sua realização.

A obediência ocorre em três planos: 1) *interior*: nos termos que acabamos de assinalar; 2) *necessário*: não é casual, arbitrária ou aleatória, mas esta necessidade só existe para o que exerce o poder, não para o dominado, e 3) *efetivo*: obedecer é um ato cuja efetividade é ineludível para o que obedece.

Não existe, pois, a rigor, obediência ideal, mas sim real; potencial, mas sim efetiva. Pode-se desobedecer ideal e subjetivamente — como a vítima desobedece muitas vezes ao carrasco — e, contudo, obedecer real e objetivamente. Pode-se crer que só conta o interior, ou seja, aquilo que o sujeito pode decidir. O exterior não seria então essencial para ele justamente porque escapa à sua vontade. Internamente, ao desobedecer, a vítima se acredita mais forte do que o carrasco. Tudo seria apostado então nesse espaço interior e não nos atos que manifestam objetivamente a obediência. Mas isto significaria tirá-la idealmente da relação de forças, em que necessariamente ocorre, e cortá-la, portanto, do comportamento real, objetivo e observável do sujeito. Assim, para o poder o sujeito obedece não pelo que experimenta internamente, mas pelo que faz, por certos atos que provam objetivamente sua obediência.

PODER E LINGUAGEM

Tampouco basta ao poder que o sujeito proclame sua obediência, já que esta não é assunto puramente discursivo, embora, em ocasiões, venha acompanhada do discurso correspondente. Também aqui se destaca o lugar preeminente que o poder e a obediência ocupam na relação de dominação. O senhor — vamos chamá-lo assim — pode expressar seu domínio através do discurso. Os imperativos constituem seu espaço lingüístico. Um imperativo pode bastar para desencadear a obediência, e neste sentido é uma força real. Portanto, enquanto força simbólica, avaliada sempre pela força real, a linguagem é ela própria uma força e, por isso, cabe falar legitimamente do poder da linguagem ou da linguagem do poder. Ao dominado não apenas é vedado este poder simbólico, como também nem sequer se lhe reconhece a necessidade de manifestar sua obediência com a linguagem. Pois, da mesma maneira que o poder não se conforma com a obediência interiorizada, tampouco lhe basta — embora não a exclua — a obediência discursiva, declarada. Em conseqüência, se ao exercício do poder corresponde necessariamente a obediência, esta correspondência não ocorre no plano do discurso. Ou seja, à linguagem do poder não corresponde necessariamente a linguagem da obediência, mas sim a obediência real, no ato. Mas trata-se de um comportamento objetivo, exterior, que, justamente por ser humano, tem o seu lado interno, subjetivo, sobre o qual queremos agora insistir destacando nele três componentes essenciais.

COMPONENTES DA OBEDIÊNCIA

Existe, em primeiro lugar, um componente cognoscitivo. Obedecer implica certa representação desse algo ou alguém a quem se obedece, a qual é por sua vez representação ou compreensão do lugar que ocupa o que obedece na relação de dominação. Em segundo lugar, há um componente valorativo, ao mesmo tempo em que certa valoração colore essa representação, o que se traduz em uma aceitação ou repúdio internos da obediência e, portanto, da relação de poder em que ocorre. Há, em terceiro lugar, um componente moral vinculado à margem da liberdade que resta ao sujeito para obedecer ou desobedecer no ato, pois há ordens que podem e devem ser desobedecidas, não só interna e subjetivamente, mas sim passando à ação. A chamada "obediência devida" tem, portanto, seus limites.

Os três componentes citados existem para o sujeito que obedece e não — ou ao menos não na mesma forma — para o que exerce o poder. Naturalmente, a partir da posição deste, o que se obedece é algo perfeitamente natural, como é a relação de dominação. A valoração do ato é sempre positiva, pois o que vale é obedecer. Conseqüentemente, não pode admitir a possibilidade da desobediência. Por outro lado, estes três componentes subjetivos do ato não têm o mesmo peso para ele. Definitivamente, não lhe interessa a representação ou avaliação do ato por parte do que obedece enquanto ocorrem em um plano subjetivo, interior. Interessa-lhe, sim, o terceiro aspecto, sobretudo enquanto o sujeito, movendo-se na margem de liberdade para atuar de que dispõe, decide passar à ação: à desobediência efetiva.

O poder não é, portanto, indiferente a esses componentes subjetivos, pois embora exija sempre a obediência ativa, prefere que, em consonância com eles, seja: compreendida, aceita e assumida a decisão de realizá-la. Mas estas condições são para o poder condições desejáveis, não necessárias. Definitivamente, exige a obediência assumida, independente delas e, por conseguinte, trata-se de um ato *imposto*, embora o sujeito possa apoiar subjetivamente o que lhe é imposto. E imposto com maior razão quando o sujeito o representa inserido numa relação de dominação, ou quando não lhe dá valor, pois valioso para ele é justamente o contrário: desobedecer.

Vemos, pois, que o decisivo na relação poder-obediência não é a autodeterminação do sujeito — seu poder próprio —, mas sim sua determinação por um poder externo. Certamente, os graus desta determinação, de domínio, variam historicamente de um poder a outro, e por isso varia também o modo como os três componentes subjetivos antes assinalados incidem no ato. O fato de um poder ser despótico ou democrático afeta, naturalmente, as modalidades da obediência. Mesmo assim, o que acontece na consciência de um sujeito varia também historicamente, já que o que passa por ela não é assunto puramente individual, mas está condicionado — enquanto todo indivíduo é um ser social — pelas formas de individualidade determinada pelos diferentes sistemas de relações sociais.

POR QUE SE OBEDECE?

No exposto anteriormente, tentamos esclarecer a natureza da obediência em sua relação com o poder. Agora nos perguntamos: por que se obedece? Examinemos três respostas, entre outras, a esta pergunta.

1. *Obedecemos porque há motivos para obedecer*

A obediência é aqui um assunto racional. Mas a história real nos mostra que um ato que em uma sociedade ou tempo determinados se baseia em razões, em outra sociedade ou outro tempo se torna irracional. Por sua vez, a fronteira entre ao que se deve ou não se deve obedecer é variável historicamente. A obediência no passado em certas esferas — religião, sexualidade etc. — nem sempre é exigida hoje. Mas quem estabelece em definitivo as razões e o critério de racionalidade? O poder. Obedecemos porque é racional obedecer e é racional o que o poder determina; o que dá no mesmo: o poder apresenta o seu querer, o interesse particular que expressa, como racional e universal. Assim, pois, obedecer por motivos é, em definitivo, obedecer pelos motivos do poder.

2. *O sujeito obedece porque está convencido de que se deve obedecer*

A obediência se apresenta aqui como assunto puramente interior e, além disso, moral. Mas a moral em que se inscreve o dever de obedecer não é uma invenção do sujeito, ainda que a torne sua ou interiorize suas normas. Contudo, ao obedecer acredita que responde apenas à sua consciência do dever, separada esta de todo o peso ideológico da moral em que se sustenta e, portanto, da vida real que nela se expressa. Cria-se assim a ilusão de que é ele mesmo quem determina o ato de obedecer, pois crê que obedece porque está convencido de que se deve obedecer. Trata-se de um tratamento tipicamente ideológico, pois a consciência está condicionada socialmente e, além disso, em virtude deste condicionamento, não determina o ato em si. Como destacamos uma e outra vez, o ato de obedecer tem sua determinação como ato fora de si, no poder, e só uma ruptura com ele pode levar a romper essa determinação. Em suma, o sujeito acredita que obedece porque está convencido de que deve obedecer, mas, na realidade, ao mesmo tempo em que a moral faz parte da ideologia dominante, e esta não pode ser separada do poder a que serve, ele obedece porque assim lhe impõe o poder.

3. *O sujeito obedece porque não lhe resta outra alternativa*

Ao contrário dos casos anteriores, o sujeito obedece agora em contradição com suas próprias crenças, razões ou valores. Não acredita que sua obediência seja racional, de acordo com um critério de racionalidade que não seja o do poder, nem acredita tampouco que deva obedecer. Conseqüentemente, não deseja obedecer. Enquanto que nos casos anteriores a obediência é interiorizada antes que se exteriorize, agora o sujeito obedece contra suas próprias razões ou sua consciência do dever e admite inclusive a alternativa da desobediência. No entanto, nem sempre esta possibilidade se realiza. Para isso é preciso, entre outras condições, que o sujeito assuma o risco correspondente ante um poder que não hesitará em fazer valer seu último recurso: o da força. Este risco de perder, em casos extremos, a liberdade pessoal ou a vida, é um risco que — na luta pelo poder — os homens muitas vezes assumiram e assumem hoje deliberadamente. Mas, em outras circunstâncias, o sujeito crê que assumir este risco não se justifica e então obedece por não lhe restar outra alternativa.

Nas três respostas examinadas com relação à questão de por que se obedece vemos que não se trata de um assunto puramente subjetivo. O poder se faz presente nas razões da obediência, na ideologia que impregna a consciência do dever e do risco com o qual fecha a passagem à desobediência. Isto significa que o poder esmaga o sujeito sem nunca deixar-lhe outra alternativa em situações extremas? Se assim fosse, não se explicaria o fato histórico, real — tantas vezes reiterado —, dos que desafiaram o poder com essa forma de desobediência assumida que é a luta revolucionária. E, sem chegar a ela, há situações em que a obediência, embora se explique, não pode se justificar. Como justificar, por exemplo, que os funcionários do campo de concentração de Oswiecin [Auschwitz] obedecessem a seu chefe nazista, Hess, cometendo os horrendos crimes que se lhes ordenava? Por que obedeceram? Pelas razões que o poder lhes inculcava? Pela consciência do dever que respondia à moral nazista? Por que não lhes restava outra alternativa ao não assumir o risco da desobediência? E, contudo, embora tudo isto pudesse explicar sua obediência, não a justifica, pois as ordens monstruosas que cumpriram — justamente por sua monstruosidade — poderiam e deveriam ser desobedecidas.

DIALÉTICA DO PODER E DA OBEDIÊNCIA

Uma releitura do capítulo da *Fenomenologia do espírito*, de Hegel, sobre a dominação e a servidão nos permitirá esclarecer ainda mais as relações entre poder e obediência. O que está em jogo nesse famoso texto é exatamente a questão de como o senhor ascende ao domínio e como o servo, ao ficar sem ele, se vê obrigado a obedecer. Nesta confrontação de senhor e servo é a luta que vai decidir quem domina; mas Hegel faz intervir uma nova instância: o trabalho. O senhor se apropria do trabalho do servo e, portanto, não só o domina como o explora. A dominação dá origem assim à exploração. Porque trabalha, o servo é explorado; porque domina sem trabalhar, o senhor o explora. Mas Hegel situa ambas as posições dentro do espírito rumo à liberdade. Quem é o que abre o caminho até ela? O que não teme a morte e arrisca sua vida ou o que, por aferrar-se a ela, trabalha? O que manda ou o que obedece? A liberdade seria o fruto do domínio ou do trabalho? Quem cria a história ou realiza a liberdade?

A resposta a tudo isto, em termos hegelianos, é clara: o domínio sem trabalho conduz o senhor à perda do seu valor humano; o trabalho do servo — como formação da natureza e de sua própria natureza — o afirma e eleva espiritualmente. O forte se torna fraco e o fraco, forte. Mas o senhor não renuncia àquilo que o faz forte, ou seja, a força ou capacidade de impor a obediência. E, neste sentido, o forte o é enquanto sua força não seja vencida realmente por outra. Certamente, Hegel destaca o papel do trabalho, idéia que Marx aprecia altamente ao tornar sua a tese hegeliana de que o "homem é o produto de seu próprio trabalho". Contudo, o problema de quem manda e quem obedece só pode resolver-se efetivamente na luta. Definitivamente, para Hegel, é ela e não o trabalho que pode libertar o servo, embora no trabalho e por ele adquira a consciência de sua liberdade.

Lido o texto de Hegel com a chave que agora nos interessa, conclui-se que a obediência — tal como a desobediência —, reduzida a seu lado subjetivo, interior, puramente espiritual, não permite o acesso ao poder. O que conduz a ele é precisamente a luta, ou seja, a desobediência assumida. O servo não luta; não opõe sua força real à força do senhor. Não lhe desobedece realmente. No trabalho obtém a consciência de sua força, mas não a força efetiva que lhe permitiria libertar-se de fato do domínio do senhor. E, todavia, o escravo se imagina vencedor e livre no plano ideal. As ideologias que justificam a inação ou que transportam a libertação a outro mundo seriam próprias do servo que, sem luta, quer ser livre. O servo não é forte no plano político — onde se enfrenta a força com a força —, mas o é no plano econômico, no trabalho, onde afirma seu valor humano.

Dois mundos diferentes: o da luta (a política ou a guerra que — como disse um militar hegeliano — é a continuação da política por outros meios) e o do trabalho (a economia). Dois mundos que não se encontram: o do senhor, a quem, enquanto tal, é indiferente a superioridade espiritual do servo — seu não reconhecimento —; e o do servo, que não necessita do reconhecimento do senhor quando já tem o de Deus; que não luta e que no trabalho, sem lutar, vence e se sente livre, embora idealmente. Mas sua obediência se mantém, ainda que externa, pois o que interioriza é a desobediência. O poder efetivo, portanto, o domínio do senhor, se mantém ainda que o servo o vença *em idéia.*

Qual seria a mensagem viva, atual, desta dialética da dominação e da servidão, entendida agora como dialética do poder e da obediência? Que a obediência real não pode ser compensada pela desobediência ideal. Ou também: que a libertação efetiva exige a luta (ou seja, a desobediência efetiva). Se o poder não é destruído realmente, toda a ideologia da obediência contribuirá para mantê-lo.

MAIS ALÉM DO PODER E DA OBEDIÊNCIA

Mas o movimento da liberdade não se detém para Hegel na inação ou liberação ideal do servo. Seguirá sua marcha até passar à ação em uma confrontação de forças que resulta no deslocamento de um poder por outro. Historicamente, Hegel vê este passo na Revolução Francesa. Um novo poder, e com ele uma nova relação de dominação se estabelece, se bem que agora em nome da liberdade. Com a Revolução Francesa o poder "da Liberdade e do Terror" assegura a obediência absoluta. Mas isto marca o fim do poder. Com ele a política jogou todas as suas cartas e sobre suas ruínas se levanta agora o reino da moralidade. E com isto fica colocada uma pergunta, que por não ser a última, é menos radical: pode-se conceber um mais além do poder e, conseqüentemente, da obediência? E a esse mais além se pode chegar, à margem do poder ou através dele, até um novo e definitivo poder?

Examinemos algumas respostas.

Para Maquiavel e Hobbes, o poder não pode extinguir-se: reage à natureza egoísta do homem e é necessário para pôr ordem e harmonia onde sem ele tudo seria desordem e conflito. Se a sociedade é um campo de batalha ou a guerra de todos contra todos, como diziam já os economistas clássicos ingleses, só o poder político pode evitar a desintegração social.

Para Nietzsche a relação de força em que surge e se mantém o poder não só existe e é insuperável, como também nela as posições dos fortes e dos fracos, dos senhores e dos escravos, estão definidas de uma vez e para sempre. O fato de o escravo triunfar circunstancialmente ou, mais exatamente, subtrair uma parcela de poder ao senhor, não significa que vá vencer realmente, ou seja: que deixe de ser escravo. Em Nietzsche não só não existe um mais além do poder como também toda aspiração para miná-lo — a do cristianismo — ou para mudá-lo — com a democracia e o socialismo — se movimenta dentro da ideologia do escravo.

Para as ideologias que resistem ao poder (à força) sem contrapor a ele outro poder (outra força), mas sim um poder interior ou força espiritual que se realizará mais além desse poder efetivo — ideologias estóica, iogue ou cristã —, esse novo poder não surge da luta — em uma relação de forças — com o poder existente. Tal é a posição que Hegel considera própria do servo que ascende ao poder, mas só em idéia. Como já vimos, para Hegel a realização da liberdade passa necessariamente pela confrontação efetiva com o poder e tal é, como vimos também, o significado histórico e espiritual da Revolução Francesa. Mas a liberdade, como princípio do novo poder, se transforma com o Terror em sua própria negação. Assim, a luta que liberta o cidadão burguês conduz a essa negação. Tal é o balanço hegeliano da luta revolucionária. A liberdade negada só pode realizar-se em um novo terreno, o do "espírito moral", que viria a ser o mais além do poder e da política. O que vale, portanto, para Hegel não é o poder ou seu uso revolucionário, mas sim a revolução interior que o transcende. Hegel diz assim adeus ao poder sem demonstrar — a nosso ver — como se pode passar historicamente a essa revolução interior ou como esta pode atuar acima do poder — que não é outro senão o burguês moderno — sem uma mudança radical em sua natureza e exercício.

É Marx quem concebe o fim do poder, da política, de um modo realista e ao mesmo tempo revolucionário, já que passa necessariamente por uma mudança radical do poder. Mas, voltemos à história real. O poder ao longo dela muda de rosto sem mudar seus traços essenciais. Mudam os interesses particulares, de classe, aos quais serve, e mudam as formas de ser exercido. De um modo ou de outro — desde o poder escravista ao poder operário, desde o despótico ao democrático —, o poder é domínio e impõe a obediência. Definitivamente, é sempre ditadura, entendida esta não no seu sentido estrito, habitual, mas no de poder que se apóia em definitivo na violência e é o termo dominante na relação de dominação. Assim entendido, perguntemos de novo: existe um mais além do poder e da obediência?

Vejamos as respostas anteriores. Quer esse mais além seja procurado fora da oposição real ao poder, quer seja situado no reino da moralidade, depois da "fúria da destruição" desatada pelo poder revolucionário segundo Hegel, deparamos com um profundo hiato entre o poder e seu mais além. E esse mais além não pode ser conquistado pura e simplesmente ignorando o poder ou liquidando-o com essa espécie de "tiro" que Hegel lhe dispara, para empregar a mesma expressão com a qual reprovava Schelling por seu acesso ao Absoluto.

O ADEUS AO PODER DO PODER PRÓPRIO

A resposta de Marx — sobretudo em seu escrito sobre a Comuna de Paris — tenta salvar esse hiato. Só se escapa do mais além do poder através do próprio poder; certamente não de qualquer poder, mas do revolucionário, uma vez destruído o poder burguês. Mas não se trata apenas do acesso a este poder nem de um novo uso de sua função repressiva, mas de pôr fim ao próprio poder como domínio e, portanto, às relações de dominação que nele se cristalizam. Mas, como demonstra a experiência histórica, todas as revoluções nada mais fizeram senão substituir um poder por outro, que conserva sua função de dominação. Somente um poder que comece a criar as condições de sua própria abolição como domínio abrirá o acesso a este mais além que consiste na autodeterminação do indivíduo e da sociedade e, portanto, à verdadeira realização da liberdade.

Utopia libertária? Talvez, caso se tenha presente que o novo poder operário, surgido da revolução que destruiu pela primeira vez o poder burguês em 1917, longe de criar as condições para sua extinção, se fortaleceu ainda mais e criou novas relações de dominação. Marx não pôde conhecer esta experiência histórica que culmina com o chamado "socialismo real", mas conheceu a experiência da Comuna de Paris na qual — não obstante sua limitação no espaço e no tempo — o poder estatal tomou uma série de medidas destinadas a sua auto-eliminação.

Poder enfim, dir-se-á. Certo, mas não como domínio e sim como autodeterminação individual e social. Uma vez que este "mal" tenha sido amputado de seu caráter político, já não se tratará de um poder externo, mas sim de um verdadeiro poder próprio. Tal será, por sua vez, o mais além do poder ao qual deverá corresponder o mais além da obediência. Descartada sua relação com o poder político, esta será obediência ao poder próprio e, portanto, consciente e segura de si mesma: uma obediência própria. Mas tudo isto significará do mesmo modo o adeus ao poder externo e à política, à relação de força entre os homens para abrir caminho a relações verdadeiramente humanas não mediadas pelas coisas nem determinadas externamente pela coerção: relações transparentes baseadas na razão e no amor. Em suma, poder próprio ou autodeterminação do indivíduo e da sociedade em lugar de poder político externo e relações de dominação.

A questão do poder em Marx

A questão do poder em Marx é uma das mais debatidas de seu pensamento a partir de uma perspectiva — ou retrospectiva — atual. Antes de abordá-la, não será supérfluo adentrar no terreno mais geral da natureza do poder. Seguindo um velho uso conceitual, digamos primeiro o que, a nosso ver, não é o poder. Não é uma coisa ou a qualidade de um objeto em si que se conquista, possui ou mantém. Tampouco é a qualidade ou capacidade de um sujeito em si, já que este só dispõe dela em virtude de um conjunto de condições ou circunstâncias que tornam possível *seu* poder. E isto pode ser documentado tanto com o exemplo de personalidades históricas excepcionais (um César, um Napoleão ou um Lenin) ou o de um indivíduo francamente medíocre como Luís Bonaparte, que, de acordo com o retrato que dele esboçou Marx em *O 18 Brumário...*, parecia pessoalmente incapaz de alcançar o poder que efetivamente alcançou.

Assim, pois, o poder não é próprio de um objeto nem de um sujeito em si. Só existe em relação com o que está fora dele: circunstâncias históricas, condições sociais, determinadas estruturas etc. O poder não é imanente. Algo exterior a ele o torna possível, necessário, e o funda. Mas o poder não só se encontra em relação como também ele próprio é relação. Entre o quê?; não entre os homens e as coisas, embora o domínio daqueles sobre estas, sobre a natureza, determine certas relações de poder entre os homens.

O poder é uma peculiar relação entre os homens (indivíduos, grupos, classes sociais ou nacionais) na qual os termos dela ocupam uma posição desigual ou assimétrica. São relações nas quais uns dominam, subordinam, e outros são dominados, subordinados. Nas relações de poder, o poder de uns é o não-poder de outros. Dominação e submissão se imbricam necessariamente. Na dominação se impõe a vontade, as crenças ou os interesses de uns a outros, e isso independentemente de que se aceite ou rejeite a submissão, de que se obedeça ou desobedeça interna ou externamente, ou de que a desobediência externa adote a forma de uma luta ou resistência. A aceitação ou rejeição da dominação, a desobediência ou a resistência a ela, caracterizam maneiras de assumir as relações de poder, mas em nenhum dos casos se escapa à sua inserção nelas, ou a seus efeitos desiguais e assimétricos.[1]

As relações de poder não só ocorrem numa esfera exclusiva da realidade humana (econômica, política e ideológica) nem se situam ou centralizam em um só ponto (o Estado), como também se disseminam — como destacou Foucault em *Vigiar e castigar* — por todo o tecido social. Mas isto não significa que os poderes assim disseminados (na família, na escola, na fábrica, na prisão, no quartel etc.) não se relacionem com certos centros de poder e que, por sua vez, entre aqueles e estes, e entre os próprios centros, não ocorra certa relação e inclusive uma hierarquização em seus fundamentos e conseqüências.

De acordo com esta concepção geral do poder, o poder político, por importante que possa parecer, não passa de uma forma, modalidade ou tipo de poder. Portanto, este tipo de poder para nós é, neste momento, a peça no tabuleiro em que se jogará a partida anunciada: Marx e o poder. Pois bem: o que encontramos de fecundo — ou infecundo — em Marx para uma teoria do poder, entendido este como poder político ou poder estatal, duas expressões marxianas — com ou sem razão — intercambiáveis?

1 Sobre "O poder e a obediência", ver meu ensaio assim intitulado no presente volume.

EXISTE UMA TEORIA DO PODER EM MARX?

Mas antes de adentrarmos em tal teoria é preciso tomar consciência do caráter problemático com que se nos apresenta, já que, fora ou dentro do marxismo, se pôs em questão que exista em Marx, ou no marxismo clássico, uma teoria do Estado ou do poder político.[2] Assim, fora do marxismo, Foucault vê em Marx antes de tudo o teórico da exploração e nega que tenha elaborado uma teoria do poder. Norberto Bobbio ressalta que, ao centrar sua atenção no sujeito do poder, Marx deixa de lado — como conseqüência — o problema de como se exerce o poder. Mesmo assim, a partir de uma concepção negativa do Estado, não prestaria atenção às formas de governo nem delinearia um Estado alternativo, socialista, frente ao Estado representativo, burguês, posto que, definitivamente, todo poder estatal seria transitório e estaria destinado a desaparecer. Este problema e o de sua conquista estariam no centro de sua atenção. Daí derivariam as insuficiências da concepção de Marx do poder, ao qual, por outro lado, não dedicaria expressamente nenhuma obra.[3] A partir de dentro do marxismo questionou-se igualmente a existência de uma teoria política marxiana, e especialmente do Estado. Assim o entende Lucio Colletti ao reduzi-la aos princípios rousseaunianos da crítica do Estado,[4] embora suavize esta crítica em sua "Entrevista de *New Left*" ao reconhecer que não é válida "no campo da estratégia revolucionária", e ao afirmar não só a inexistência de uma teoria política marxista como sua debilidade, em virtude de que "tanto Marx quanto Lenin

[2] Sobre esta questão é útil consultar o capítulo que leva o significativo título de "O silêncio de Marx" no livro de Antonio García Santesmases, *Marxismo e Estado*. Madri, Centro de Estudos Constitucionais, 1986.

[3] Cf. Norberto Bobbio, "Existe uma teoria marxista do Estado?", na obra coletiva *O marxismo e o Estado*. Barcelona, Ed. Avance, 1976. Cf. também o capítulo XIII, dedicado a Marx em sua obra *A teoria das formas de governo na história do pensamento político*. México, FCE, 1987.

[4] Lucio Colletti, "Introdução aos primeiros escritos de Marx", em *A questão de Stalin*. Barcelona, Anagrama, 1974, pp. 145-148.

consideraram a transição ao socialismo e a realização do comunismo em escala mundial como um processo extremamente fácil e próximo".[5] Por sua vez, o marxista inglês Perry Anderson sustentou que "Marx não deixou uma teoria política da estrutura do Estado burguês ou da estratégia e da tática da luta socialista revolucionária por um partido operário para derrubá-lo", semelhante — acentua Anderson — à "teoria coerente e elaborada acerca do modo de produção capitalista".[6] Anderson considera igualmente — reafirmando o que Bobbio critica — que o fundamental, como destaca Lenin, é a conquista do poder, em relação à qual corresponde exatamente a Lenin a criação dos "conceitos e métodos" para levá-la a cabo. Por isso, conclui, com o olhar fixado em Marx: "Antes de Lenin, o domínio político propriamente dito estava praticamente inexplorado dentro da teoria marxista."[7]

Finalmente, Louis Althusser, ainda que não negue abertamente a existência de uma teoria política marxista, aponta nela uma "lacuna teórica" ou a carência em Marx de uma análise de como o Estado assegura sua dominação de classe, assim como o silêncio de sua teoria sobre o Estado, a política e as organizações de classe, em virtude de um limite teórico "com o qual Marx teria esbarrado como se estivesse *paralisado* pela representação burguesa do Estado, da política etc., até o ponto de repeti-la sob uma forma absolutamente negativa".[8]

Nem todas estas críticas acertam o alvo, como teremos oportunidade de ver ao abordarmos os conceitos políticos fundamentais de Marx relativos ao poder estatal. Contudo, é preciso reconhecer de imediato: a) com Foucault, que Marx é, antes de tudo, o teórico da exploração e não do poder; b) com Bobbio, que em Marx falta uma

[5] A entrevista de *New Left Review* (n.º 86, julho-agosto de 1974) que Perry Anderson realizou com Colletti apareceu em espanhol em *Cuadernos Políticos* (México, n.º 4, 1975) e em *Zona Abierta* (Madri, n.º 4, 1975).

[6] Perry Anderson, *Consideraciones sobre el marxismo occidental*. Madri, Siglo XXI, 1979, p. 10.

[7] *Ibid.*, p. 19.

[8] Entrevista com L. Althusser em *Dialectiques*, n.º 23, Paris, 1978, p. 6.

teoria alternativa do Estado socialista; c) com Colletti, que Marx considerou a transição para o socialismo e para o comunismo "como um processo extremamente fácil e próximo"; d) com Anderson, que não há em Marx uma teoria do poder burguês e dos meios para derrubá-lo, semelhante à sua teoria do modo de produção capitalista, e finalmente, e) com Althusser, que falta em Marx a análise de como o poder estatal garante sua dominação de classe. Portanto, não obstante este reconhecimento, segue de pé não só a questão assinalada de por que as críticas mencionadas não dão em nada, como também a do motivo de suas debilidades, limitações ou insuficiências — e para alguns a inexistência — de sua teoria política como teoria do poder. Resta de pé, sobretudo, a questão fundamental de em que consiste a mudança do pensamento de Marx, ignorado, silenciado ou negado nesta e em outras críticas, na esfera do poder, da política.[9]

As duas questões pendentes que acabo de formular — as do desnível teórico entre o pensamento político e o econômico de Marx e da mudança que imprime na teoria política e, mais precisamente, na teoria do poder — acham-se inteiramente relacionadas, pois justamente esta mudança explica, por sua vez, o lugar que o econômico e o político ocupam em seu pensamento.

LUGAR TEÓRICO DO ECONÔMICO E DO POLÍTICO EM MARX

Numa primeira fase de sua atividade teórica, a atenção do jovem Marx concentra-se no Estado, no poder político.[10] Na sociedade moderna, o Estado — separado da sociedade civil —, assim como a

[9] Sobre a mudança radical que Marx imprime ao pensamento político ao desentranhar a abstração e o fetichismo do poder e exibir as verdadeiras relações entre o político e o social, cf. a excelente obra de Samir Naïr, *Machiavel et Marx* (Fétichisme du pouvoir et passion du social). Paris, Presses Universitaires de France, 1984.

[10] Cf. sua *Crítica da filosofia do Estado de Hegel*, prólogo de A. Sánchez Vázquez. México, Grijalbo, 1968.

política, têm para ele um caráter negativo, como esfera da alienação do homem real e, portanto, oposta à emancipação humana. O "político", em expressões como "homem político", "Estado político", "emancipação política", tem justamente essa característica ou, pelo menos, um alcance limitado. Daí a necessidade de superar a negociação do Estado, que não seja a simples inversão ou mudança de conteúdo, a que se refere Althusser. O descobrimento do que Hegel mistifica, a saber: as verdadeiras relações entre Estado e sociedade civil, conduz Marx ao achado do fundamento real do Estado na esfera social, dividida, desgarrada sob o império da propriedade privada. Com isso revelam-se a Marx os limites teóricos da teoria hegeliana do Estado e a necessidade de passar à crítica do fundamento real da divisão social e do poder político, ou seja: a economia. E esta crítica — balbuciante ainda nos *Manuscritos de 44* — culmina na sua obra incompleta *O capital*, que não é uma obra puramente econômica, desvinculada da política. E não só não o é porque explica o fundamento real da política, mas também porque esta devia encontrar um lugar próprio em sua crítica da economia. Assim o demonstra seu prólogo a *Contribuição à crítica da economia política* (1859), onde, ao traçar o plano geral de *O capital*, o Estado faz parte de seu exame da economia burguesa. E o demonstra assim mesmo um texto posterior (sua carta a Engels de 30 de abril de 1968), no qual se vê que seu projeto inicial deixava um espaço — não coberto em sua obra inacabada — à teoria política,[11] à luta de classes, "onde vem desembocar todo o movimento (...)". Mas, não obstante os planos teóricos de Marx, o certo é que, ao realizá-los, sua atenção se concentra na crítica da economia política, embora esta tenha sido precedida de uma crítica da política, e embora Marx nos tenha deixado certos conceitos políticos fundamentais e alguns textos propriamente políticos. É inegável, pois, que em Marx não achamos uma teoria política e, dentro dela, uma teoria de poder, comparável — como aponta Anderson — à sua teoria econômica.

[11] Do projeto inicial de Marx, não realizado, e da evolução de seu pensamento da filosofia (política) à economia ocupei-me amplamente no capítulo I de meu livro *Filosofia e economia no jovem Marx*. México, Grijalbo, 1982.

O lugar teórico do Estado, do poder e da política em Marx responde ao lugar que ocupam para ele na vida real. Se o político se baseia no social, cuja anatomia é o econômico, não pode haver uma crítica autônoma da política, mas sim crítica política baseada na crítica da economia. Mas esta relação entre o político e o econômico na sociedade não exclui o papel ativo da política, ou, como diz Engels — na carta a Schmidt de 27 de outubro de 1890 — "(...) da nova potência política que aspira à maior economia possível e que, uma vez constituída, está dotada de um movimento próprio (...)". Assim, pois, se a atenção de Marx se concentra no modo de produção capitalista como chance da sociedade burguesa, isto não exclui para ele a importância — dadas sua autonomia e especificidade — do Estado, do poder político, embora se trate de instâncias que não se fundamentam nem se bastam a si mesmas.

Portanto, a importância da política — e, deste modo, da teoria correspondente — reside não só em sua autonomia relativa dentro do todo social, mas também em sua existência como prática, como luta de classe que aspira — como diz Engels — "à maior autonomia possível" na conquista, manutenção, transformação e desaparecimento do poder político. Este poder é exatamente o objetivo da prática política, ou, nas palavras de Marx: "O movimento político da classe operária tem como *objetivo final* a tomada do poder político" (carta a Bolte, 29 de novembro de 1871). Mas, se na relação entre o político e o econômico, como instâncias do todo social, a atenção principal como chave explicativa é concentrada por Marx na base econômica e não na superestrutura política, quando se trata da conquista do poder determinado economicamente a primazia corresponde à prática política, à luta política de classe sobre outras formas de luta de classe: a econômica e a ideológica. Portanto, se esta prática política é essencial e prioritária, isto se deve a que o poder político — como instância social —, ao contrário do que sustenta uma interpretação economicista de Marx, não significa um simples epifenômeno da base econômica, e sim que tem uma autonomia relativa. Certamente, a prática política seria desnecessária se a tomada do poder ou sua transformação se deduzissem automaticamente das mudanças na base econômica, embora estas não possam ser ignoradas.

CONCEITOS POLÍTICOS FUNDAMENTAIS

Deste modo, se por um lado a teoria econômica é decisiva e a teoria política se apresenta baseada nela, por outro, a teoria política do poder e da prática para conquistá-lo ou transformá-lo também o é. Marx, por conseguinte, não podia ignorar a necessidade de uma teoria do poder e da prática que faz dele seu objetivo.

E daí que tenha deixado uma série de conceitos e teses, relativos a um e outro aspecto, embora não bastem para constituir uma teoria semelhante, como ressalta Anderson, por sua coerência e elaboração, à que deixou acerca do modo de produção capitalista. Em conseqüência, ao contrário do que Anderson afirma também, o político não é em Marx um domínio virgem e inexplorado. Vejamos, pois, esses conceitos ou teses fundamentais que, depois do esclarecimento e críticas necessários, poderiam servir de base, na medida em que continuem sendo válidos, a uma verdadeira teoria política marxista. De acordo com a vertente dupla da política que assinalamos, têm a ver com a origem, natureza, função e destino final do poder político, assim como com a estratégia destinada a conquistá-lo, transformá-lo e extingui-lo. De modo geral, esses conceitos medulares são os seguintes:

Necessidade do Poder Político

O primeiro se refere à natureza do *poder político*, ou poder do Estado. Engels a expressa nos seguintes termos: "é (...) produto da sociedade quando chega a um grau de desenvolvimento determinado; é a confissão de que essa sociedade se enredou em uma irremediável contradição consigo mesma e está dividida por antagonismos irreconciliáveis, que é impotente para conjurar. Mas para que esses antagonismos, essas classes com interesses econômicos em conflito, não se devorem a si mesmas e não esgotem a sociedade em uma luta estéril, se faz necessário um poder situado aparentemente acima da sociedade e chamado a amortecer o choque, a mantê-lo dentro dos limites da 'ordem' (...)."[12]

Aqui se encontram várias idéias que Marx e Engels destacarão e enriquecerão em outros textos: primeira, que o poder político se faz necessário na sociedade dividida por antagonismos irreconciliáveis; segunda, que o poder político é o lugar da ordem, da conciliação dessas contradições que, não se resolvendo, conduziriam à destruição das forças em conflito; e terceira, que o poder chamado a cumprir esta função apenas aparentemente se situa acima da sociedade, das forças conflitantes. Nem tudo nessas três idéias é original. A primeira — ou seja, a idéia de que o poder se constitui necessariamente em uma sociedade dividida por interesses opostos — percorre o pensamento político burguês de Maquiavel a Hegel, passando por Hobbes. Seja porque se considere que "o homem é o lobo do homem" (Hobbes), seja porque a sociedade é um "campo de batalha" ou "a guerra de todos contra todos", como sustentam Adam Smith e Hegel, o poder é necessário para pôr "ordem", conciliar ou equilibrar os interesses opostos. A originalidade de Marx está em haver assinalado o caráter de classe das forças em conflito e dos interesses opostos. E consiste igualmente em haver assinalado que a ordem, equilíbrio ou solução das contradições têm um caráter universal; quer dizer, situam-se acima dos interesses particulares, de classe. Marx aceita, pois, a idéia que percorre o pensamento político burguês da necessidade do poder em uma sociedade dividida, mas com o corretivo fundamental de que a função de "ordem", "amortecimento" ou "conciliação" dos interesses antagônicos só é cumprida universalmente por esse poder no inte-

12 F. Engels, *A origem da família, da propriedade privada e do Estado*, em K. Marx e F. Engels, *Obras escolhidas*, t. III, Moscou, 1974, p. 344

resse de uma das forças ou classes em conflito. Daí o segundo conceito medular que queremos ressaltar.

Natureza de Classe do Poder Político

O poder político estatal não tem um caráter universal — como sustenta principalmente Hegel —, mas particular, de classe. De que classe? Da classe dominante. Esta tese básica do marxismo clássico é formulada inequivocamente, com relação à sociedade burguesa, na passagem do *Manifesto comunista* que assim diz: "O governo do Estado moderno não passa de uma junta que administra os negócios comuns de toda a classe burguesa."[13]

Se omitirmos por enquanto o caráter limitativo e simples desse "não passa de" e considerarmos seu conteúdo fundamental, veremos que para Marx o poder estatal não existe para administrar ou zelar pelo interesse de toda a sociedade, mas sim pelo de uma parte ou classe social dela. Existe para zelar por seus negócios comuns ou interesse fundamental de toda a classe. O poder político é, pois, o poder de toda a classe e, por implicação, não desta ou daquela facção dessa classe ou de um burguês em particular.

Assim, pois, a natureza do poder reside em sua vinculação com a classe a que serve, administrando seus interesses ou "negócios" comuns. Não reside, portanto, no pessoal governante ou nos administradores estatais que o exercem diretamente. A classe que na sociedade moderna, burguesa, dá ao poder sua coloração política é a mesma que domina material e economicamente. E sua dominação política está destinada, definitivamente, a manter e reproduzir as condições gerais em que se leva a cabo sua exploração econômica, ou seja, as relações capitalistas de produção. Quaisquer que sejam as formas do poder político burguês — cuja diversidade Marx admite, embora,

[13] K. Marx e F. Engels, em *Obras escolhidas*, *op. cit.*, t. I, p. 113.

como ressalta Bobbio, não tenha se ocupado especialmente delas —, não pode ocorrer uma contradição de fundo entre o poder político e a estrutura econômico-social correspondente. Ou, dito em outros termos, a classe que a partir do poder domina politicamente não pode voltar-se contra a dominação econômica que exerce pelo lugar que ocupa nas relações de produção.

LIMITES DA AUTONOMIA DO PODER POLÍTICO

Cabe então a pergunta: que margem de autonomia resta ao poder político? Em termos marxianos, não existe margem de autonomia absoluta, entendida como própria de um poder que atuará contra os interesses da classe dominante, posto que, definitivamente, o poder é exercido no marco de determinada estrutura social, de classe. A autonomia estatal absoluta ou estrutural contra os interesses da classe dominante ou acima da estrutura social, de classe, existente, é inconcebível em termos marxianos.

Mas existe, sim, certa margem de autonomia, ou autonomia relativa, que, longe de excluir, pressupõe o caráter de classe ou poder, em uma destas duas formas que se depreendem claramente dos textos de Marx. Primeira: autonomia como possibilidade de adotar diversas formas de poder ou de governo — que historicamente vão desde as mais autoritárias às mais democráticas burguesas — para servir melhor, em condições históricas e sociais determinadas, aos interesses da classe dominante. Segunda: autonomia relativa à classe. A experiência histórica do regime bonapartista na França de meados do século passado leva Marx a conceber esta forma de autonomia na qual se revela uma relação mais complexa entre o poder político e a classe dominante. As reflexões de Marx sobre o fato histórico do bonapartismo francês[14] vêm reafirmar sua tese básica do caráter de classe do

[14] Estas reflexões, de um valor inestimável ao se examinar a dialética da autono-

poder estatal, mas reafirmam por sua vez a idéia — que Marx não desenvolveu — de que a classe só exerce o poder diretamente através de seus administradores e representantes. E, com base nesta experiência histórica, compreende igualmente que a classe dominante não é um bloco monolítico, mas se encontra dividida em facções que têm seus próprios interesses, não obstante seu interesse comum e fundamental de classe. Pode ocorrer — é o que faz ver a sociedade francesa de meados do século XIX — que essas facções, impelidas e cegadas por seus interesses particulares, lutem entre si e percam de vista seu interesse comum. Surge então a necessidade de um poder político que, sem deixar de ser de classe, ou justamente por isso, se autonomize em relação à classe dominante, ou, com mais exatidão, em relação às suas facções e representantes, e sirva aos interesses da burguesia contra os próprios burgueses. Quando a burguesia se mostra incapaz de defender seus interesses através de suas instituições e partidos, dado o seu fracionamento interno, surge um poder político com certa autonomia, mas — como ressalta Marx — "dentro da sociedade burguesa",[15] e portanto sem transcender seus limites estruturais de ordem econômica ou social. Trata-se, pois, de uma autonomia relativa, ou aparência de autonomia, já que o caráter de classe do poder se mantém, não obstante este — como no caso do bonapartismo francês — se apresente como independente e neutro em relação às diferentes forças da sociedade civil. Certamente, neste caso como no anterior, Marx leva em conta a forma de autonomia do poder político nas condições do capitalismo europeu, maduro, de sua época — o que correspondia à sua visão eurocêntrica da história e da sociedade. Não podia por isso ter presente uma forma de autonomia estatal que se daria posteriormente no capitalismo não europeu, periférico, em que o poder político torna-se autônomo ao aliar-se com classes subordina-

mia e o caráter de classe do poder estatal, constituem o corpo teórico fundamental de sua obra histórica *O 18 Brumário de Luís Bonaparte*, em Marx e Engels, *Obras escolhidas*, *op. cit.*, t. I, pp. 404-498.

[15] K. Mark, *O 18 Brumário*, em *op. cit.*, t. III, p. 496.

das — operários, camponeses e setores progressistas dos intelectuais e profissionais liberais —, sem extrapolar os limites do contexto capitalista em que se exerce tal poder. É o tipo de autonomia que encontramos na década de 1930 no México sob o governo do general Lázaro Cárdenas,[16] experiência que lança novas luzes sobre as condições sociais que facilitam a autonomia estatal e sobre seus limites, ainda que confirmem a tese marxiana nascida de experiências históricas anteriores de que, dado o caráter de classe do poder, trata-se de uma autonomia relativa.

PODER E VIOLÊNCIA

Uma passagem muito conhecida do *Manifesto comunista* nos permite destacar outro aspecto do poder político relacionado com a forma em que é exercido: "O poder político, propriamente falando, é a violência organizada de uma classe para a opressão de outra."[17] Esta passagem e outras semelhantes na obra de Marx constituem um dos alvos preferidos de críticas levadas a cabo pelas interpretações instrumentalistas de sua concepção do poder político. E não lhes falta razão se a violência só é entendida como função repressiva e, além disso, exclusiva. Mas não se trata — nesta passagem — do exercício da violência como função exclusiva ou entre outras, mas sim do que está nas próprias entranhas do poder. O poder político é — já foi dito antes — dominação de classe e agora se especifica esta sua natureza como dominação *violenta*. É violência organizada no sentido de que, independentemente de como seja exercida — em maior ou menor grau, efetiva ou potencialmente, e inclusive nem sendo exercida —, existe uma relação intrínseca entre poder e violência, pois todo poder político

[16] Sobre esta experiência histórica, cf. Nora Hamilton, *México: Los límites de la autonomía del Estado*. México, Ed. Era, 1988.

[17] *Manifesto comunista*, em *Obras escolhidas*, pp. 128-130.

repousa na força. Aqui Marx também não *está inventando nada, exceto* que a violência ou o poder do qual é inseparável tem um caráter de classe. Maquiavel já havia visto que o poder é força, e depois de Marx um teórico burguês contemporâneo, Max Weber, introduz este elemento na própria definição do Estado ao caracterizá-lo pelo monopólio da violência legítima. Certamente porque a força, a violência, se encontra nas próprias entranhas do poder político, Marx pôde caracterizar todo o Estado como ditadura, e não só isto como também conjugar o que para o pensamento político moderno, mantido o conceito de ditadura como poder despótico, insubmisso a qualquer lei, é inconjugável ou inconciliável: ditadura e democracia. E, em termos marxianos, se conjugam tanto no Poder democrático burguês como no Estado de transição — do capitalismo ao comunismo — que Marx chama "ditadura do proletariado".[18]

CONQUISTA VIOLENTA OU PACÍFICA?

Outro aspecto importante da concepção marxiana do poder político tem a ver com sua conquista, já que a transformação radical da sociedade passa forçosamente por ela. Só uma leitura economicista de Marx pode menosprezar sua necessidade e importância e, com ela, da estratégia que é preciso seguir para tal conquista do poder político. Embora certamente este seja um dos terrenos menos cultivados por Marx, não se pode ignorar que ele traça uma linha geral estratégica congruente com sua concepção do poder como dominação violenta. Ao conquistar o que se assenta na violência — embora com diferentes graus de aplicação de acordo com as condições históricas —, não se

[18] Sobre o significado da expressão "ditadura do proletariado" em Marx e sua relação com o conceito de democracia, cf. meu ensaio "Marx e a democracia" neste mesmo volume.

pode prescindir da violência, trate-se da violência efetiva ou potencial e inclusive da ameaça de violência.

A esta tese Marx e Engels jamais renunciam, embora não se possam ignorar suas referências — escassas no primeiro — à possibilidade de uma conquista não violenta do poder. Portanto, em aparente contradição com ela, Engels, no final de sua vida, no que é conhecido como seu "Testamento político",[19] impressionado pelos êxitos eleitorais da social-democracia alemã, fala da entrada em ação de "um método de luta (...) totalmente novo", ao contrário do "método das barricadas".[20] Mas ainda que Bernstein tenha visto neste texto a pedra angular da estratégia reformista, de luta legal, pacífica, Engels não descarta nele a luta violenta, imposta não pelo proletariado, mas pela burguesia, já que esta seria a primeira a quebrar a legalidade conquistada recorrendo à violência.[21]

Contudo, o que dominou durante longos anos no pensamento marxista revolucionário é a tese da conquista violenta do poder, embora sem descartar a via pacífica. Tal é a tese fundamental adotada por Lenin e a III Internacional frente à tese oposta da II Internacional. Portanto, a aplicação de uma e outra estratégia viria mostrar que, onde o poder foi conquistado violentamente, não se instalou um verdadeiro poder socialista, e onde a social-democracia o alcançou pacificamente, esta conquista serviu para afirmar o capitalismo, o qual tornou desnecessário para a classe dominante o recurso

[19] Trata-se de sua "Introdução", de 1895, a *As lutas de classe na França de 1848 a 1850*, de Marx.

[20] F. Engels, "Introdução" à edição de 1895 de *As lutas de classe na França...* em K. Marx e F. Engels, *Obras escolhidas*, *op. cit.*, t. I, pp. 199-200.

[21] Assim Engels expressa categoricamente no artigo intitulado "O socialismo na Alemanha, 1891-1892", escrito em pleno auge eleitoral da social-democracia. O artigo afirma: "A legalidade trabalha tão primorosamente em nosso favor que estaríamos loucos se a violássemos enquanto as coisas correm desse jeito. É muito mais importante agora perguntar se não serão exatamente os burgueses e seus governos aqueles que violarão a lei e o direito para nos triturar violentamente. Estaremos preparados ante esta expectativa."

à violência de que falava Engels. Cabe a Gramsci o mérito de ter tentado elaborar uma estratégia propensa a superar os velhos dilemas de reforma ou revolução, ataque ao poder ou irrupção em seu tecido complexo, coerção ou consenso.

Depois de Gramsci, porém, apesar das tentativas teóricas e práticas — como a do eurocomunismo — de escapar às vias mortas das estratégias da II e III Internacionais, o problema continua. Definitivamente, o problema continua sendo o de elaborar uma estratégia que abra novos espaços na conquista do poder, da legalidade e do consenso, sem ignorar a natureza do poder como "violência organizada" (Marx) ou "monopólio da violência legítima" (Weber).

A FISIONOMIA MARXIANA DO NOVO PODER

Um novo problema se apresenta quando se trata não do que o poder é ou tem sido, mas sim do que vai substituir o poder burguês. Portanto, se a antiutopia reiterada de Marx o leva a ser muito parco ao caracterizar a nova sociedade, mais parco ainda se torna ao desenhar a fisionomia do futuro poder conquistado. Não obstante, de seus textos depreendem-se três traços fundamentais do novo poder estatal: 1º) Seu *caráter de classe* como o de todo poder político; poder da classe que o conquistou: o proletariado; poder que, ao abolir a propriedade privada sobre os meios de produção, luta para que a propriedade tenha um caráter social. 2º) Seu *caráter democrático*. Marx o destacou sem deixar lugar a dúvidas em sua análise da primeira experiência histórica, embora limitada no espaço e no tempo, do poder político da classe operária.[22] As medidas da Comuna que ele subscreve — revogabilidade dos eleitos ou subordinação aos eleitores —, longe de suprimir o princípio da representatividade, tratam de torná-lo efetivo,

[22] K. Marx, *A guerra civil na França*, em Marx e Engels, *Obras escolhidas*, *op. cit.*, t. I, pp. 188-259.

dando-lhe um conteúdo democrático mais real e profundo, em contraste com o limitado que tem no parlamentarismo burguês.[23] E, morto Marx, Engels afirma categoricamente em sua *Crítica do programa de Erfurt* (1891) que "a classe operária só pode chegar ao poder sob a forma da república democrática" e que esta "é a forma específica para a ditadura do proletariado", afirmação que não nos pode surpreender depois de nossas especificações anteriores sobre o modo como o marxismo clássico identifica poder estatal e ditadura. O caráter democrático do poder político — como já havia assinalado Marx em seu texto juvenil sobre a filosofia política de Hegel e reafirma em seu escrito sobre a Comuna de Paris — é inseparável da supressão do corpo estranho e parasitário — a burocracia — que exerce o poder como se fosse sua propriedade privada.[24] Terceiro traço fundamental do novo poder: seu *caráter transitório*, posto que é o poder político — o Estado — que corresponde ao período de transição do capitalismo para o comunismo, poder e período que Marx e Engels chamaram em algumas ocasiões — não muitas — de "ditadura do proletariado".[25] O caráter transitório do novo poder não é entendido por Marx como simples antítese do poder burguês que abrirá caminho a outro poder, mas sim como um processo de devolução à sociedade daquilo que o poder estatal lhe havia usurpado e absorvido, processo que haveria de conduzir ao desmantelamento sucessivo do poder estatal enquanto tal. Trata-se de um novo poder (a Comuna em seu exemplo histórico), que se volta não só contra uma forma de poder, mas contra o próprio

[23] Sobre o alcance destas medidas para a democracia e a aceitação marxiana do princípio da representatividade, cf. meu estudo "Marx e a democracia", no presente volume.

[24] Em *O 18 Brumário de Luís Bonaparte* Marx vê na burocracia o "espantoso organismo parasitário que se fecha como uma rede no corpo da sociedade francesa..." (*op. cit.*, p. 488), mas já antes, em sua juventude, havia escrito: "A burocracia 'possui' o ser do Estado; o ser espiritual da sociedade é sua propriedade privada" (*Crítica da filosofia do Estado de Hegel, op. cit.*, p. 61).

[25] Hal Draper, em uma acurada e paciente leitura da vasta obra de Marx e Engels, só encontra a expressão 11 vezes.

poder estatal, ou, como diz Marx com uma ênfase libertária — em suas notas preparatórias do texto definitivo de *A guerra civil na França* —, de "uma revolução contra o Estado".[26] E com isto entramos em um dos conceitos mais debatidos e, para muitos, mais vulneráveis da concepção marxiana do poder: o da extinção do Estado. Estamos diante de um Marx abertamente libertário, anarquista e, portanto, utópico? Vejamos.

O PROBLEMA DA EXTINÇÃO DO ESTADO

Ao traçar-se o objetivo final da desaparição do Estado, Marx imprime, na verdade, uma marca libertária a seu pensamento. Portanto, o caminho que concebe para chegar a ela — ou seja, a democratização cada vez mais profunda do novo poder e o correspondente processo de devolução cada vez maior das funções usurpadas pelo Estado da própria sociedade — afasta-o do anarquismo caso se imagine que, em termos marxianos, esse processo de extinção do poder como meio ou instrumento de dominação passa necessariamente pelo poder. O poder estatal só pode desaparecer se tiver a si mesmo como o motor da sua própria extinção. Não pode desaparecer a partir de fora, como desaparição imposta por outro poder, pois neste caso só teríamos um poder sucedendo ao outro. Portanto, se o novo poder não fixa como tarefa vital sua própria extinção — possibilidade que certamente Marx não fixou —, o que teremos, como demonstra a experiência histórica do chamado "socialismo real", é o seu reforço, que, embora a necessidade deste reforço seja proclamada no interesse da classe — como fez Stalin ao considerar esgotada ou desatualizada a tese extincionista do Estado do marxismo clássico —, se voltará contra a própria classe que diz representar.[27]

[26] Arquivos Marx-Engels, Moscou, vol. III (VII), p. 134.

[27] Ocupei-me especialmente do "socialismo real" em minha tese, de 1981,

Marx por certo não entrevê esta possibilidade, já que estabelece uma relação intrínseca, necessária, entre a desaparição dos antagonismos de classe e a desaparição do poder político, já que este se fará desnecessário ao ser desnecessária a dominação de classe. E assim o afirma inequivocamente: "No decorrer de seu desenvolvimento, a classe operária substituirá a antiga sociedade civil por uma associação que exclua as classes e os antagonismos; e já não existirá um poder político propriamente dito, pois o poder político é a expressão oficial do antagonismo de classe dentro da sociedade civil."[28]

Esta passagem é importante pela relação que estabelece entre a desaparição das condições sociais dos antagonismos de classe, que fazem necessária a dominação, e a desaparição do poder enquanto instrumento de dominação, o que Marx chama de poder político propriamente dito no texto citado, o "Estado político", no texto juvenil antes mencionado. Mas isto significa para Marx a desaparição de todo o poder estatal, ou de todo o Estado? Ao se fazer a pergunta, coloca-se em xeque a própria tese extincionista tantas vezes atribuída a Marx, ou ao menos está se exigindo não só problematizá-la mas também especificá-la.[29] Tentemos responder à pergunta apresentada, reafirmando — com base na passagem antes citada — que o que desaparece é o poder político como instrumento de dominação. Quando desaparecem as diferenças e os antagonismos de classe e, com isso, sua função de dominação de classe, esse poder perderá seu caráter político. Pois bem, isto é — embora tenha escapado a tantas leituras de Marx — o que Marx e Engels dizem literalmente no *Manifesto*: "Uma vez que no decorrer do desenvolvimento tenham desaparecido as dife-

"Ideal socialista e socialismo real", dois ensaios reunidos neste livro e no meu texto "Marx e o socialismo real. Análise crítica".

[28] K. Marx, *Miséria da filosofia*, cap. II, V, Edição em Línguas Estrangeiras, Moscou, *s.f.*, p. 166. Trata-se de um texto mais ou menos contemporâneo ao *Manifesto*, pois Marx o escreveu no inverno de 1846 a 1847.

[29] Ressaltamos a insistência e perspicácia com que Elías Díaz se ocupou criticamente desta tese "extincionista" e de um modo especial no capítulo III de seu livro *De la maldad estatal y la soberanía popular*. Madri, Ed. Debate, 1984.

renças de classe e toda a produção tenha se concentrado nas mãos dos indivíduos associados, *o poder público perderá seu caráter político*."[30]

O que para um bom entendedor significa: se o poder público perder seu caráter político, subsistirá o poder público, sem esse caráter. Portanto, a desaparição da qual se fala nesta passagem ou a extinção de que se falará mais tarde em outras, vão se referir a um poder político propriamente dito que não é todo o poder (público). Esta idéia da não-extinção do poder estatal sem mais nem menos explicaria que Marx, em seus últimos anos e em um dos poucos textos (*Crítica do programa de Gotha*) nos quais se ocupa da nova sociedade, não tenha falado da "extinção do Estado" e se pergunte, em vez disso: "(...) que transformação sofrerá o Estado na sociedade comunista? Ou, em outros termos, que funções sociais, análogas às funções atuais do Estado, subsistirão então?"[31] Marx não dá uma resposta concreta, mas fica claro — na própria pergunta — que o Estado subsistirá com certas funções sociais que, é claro, não se identificam com as próprias do Estado como poder político ou instrumento de dominação.

Se considerarmos na problemática marxiana da extinção do Estado, ainda que reduzida à do poder político, extinção que tem por base — como acabamos de ver — a superação, a divisão da sociedade em classes, baseada na propriedade privada sobre os meios de produção, e o papel que corresponde ao novo poder político como sujeito e objeto dessa extinção, veremos que Marx tem uma concepção por demais otimista acerca do destino final do novo poder estatal. Tão otimista que nem sequer apresenta a possibilidade de que tal poder, em vez de começar a se desmantelar, se reforce, e que, em vez de diluir-se cada vez mais na sociedade, se separe da classe que representa e se volte contra a própria sociedade. Tal é a possibilidade que historica-

[30] *Manifesto do Partido Comunista*, *op. cit.*, t. I, p. 129. Grifo nosso.

[31] K. Marx, *Comentários marginais ao programa do Partido Operário Alemão*, em K. Marx e F. Engels, *Obras escolhidas*, *op. cit.*, t. III, p. 23 [O texto de Marx, conhecido sobretudo como "Crítica do programa de Gotha", foi escrito em abril e maio de 1875 e publicado pela primeira vez (com certas omissões) na revista *Die Neue Zeit*, Bd. 1, nº 18, 1890-1891].

mente encontramos concretizada nas sociedades do "socialismo real". Foi Engels — mais do que Marx — quem admitiu a possibilidade de um "socialismo de Estado" que, ao reforçar-se em lugar de extinguir-se, viria duplicar a exploração dos trabalhadores como exploração ao mesmo tempo econômica e política.[32] Portanto, se a experiência histórica demonstra que não basta abolir a propriedade privada e a constituição de um novo poder político para iniciar-se o processo de extinção do Estado, previsto por Marx, isto significa que é preciso corrigir o excessivo otimismo marxiano neste ponto — o "dogmatismo extincionista"[33] de que fala Elías Díaz —, sem cair em dogmatismos de signo oposto, já que o problema pode ser reformulado legitimamente em relação a outras condições até agora não ocorridas: novas condições históricas e sociais para a construção do socialismo. Mas, certamente, enquanto não surgirem essas condições, a tese marxiana não deixa de ter um ingrediente utópico, porém não dogmático.

OS OUTROS PODERES

Embora nossa atenção tenha se concentrado sobretudo no poder político, como forma específica da dominação de classe, isto não significa que Marx não tenha se ocupado também de outras formas de dominação, ou de poder social. Na obra de Marx ocupa um poder central (particularmente em *O capital*) a dominação econômica na sociedade capitalista como exploração do operário, oculta ou mascarada por uma relação formal, jurídica, entre iguais, o que exclui por isso a necessidade da coerção em que repousa em última instância o poder político. Esta forma de dominação, ou poder econômico, traz no seu bojo uma relação entre classes antagônicas: a classe explorada que

[32] Marx-Engels, *Werke*. Berlim, Dietz, t. 22, p. 232.

[33] Elías Díaz, *Da maldade estatal e da soberania popular*, *op. cit.*, p. 202 e ss.

vende sua força de trabalho, e a exploradora, capitalista, que a compra. É, portanto, real e efetivamente — não juridicamente —, uma relação desigual, e a desigualdade se apóia no fato de que a classe explorada, dominada, se vê forçada a vender sua força de trabalho — já que não é dona dos meios de produção —, sem que para isso a classe que domina economicamente tenha de recorrer à força, à coação física.

Quando se opõe dominação — atribuindo-a somente à sua força política — à exploração, porque nesta se encontra ausente a coação física, só se faz ocultar a natureza específica da dominação no terreno econômico. Certamente não estamos aqui diante de um poder político, mas sim diante do poder econômico do qual dispõe o capitalista frente ao não-poder do operário, sem que este possa esquivar-se a essa forma de dominação ou exploração, embora esta não se baseie na violência própria do poder político. Assim, pois, se partimos de uma definição geral do poder social como domínio de uma classe sobre outra, de uns homens sobre outros, é legítimo falar em termos marxianos de poder econômico. E é legítimo afirmar também que, frente à tradição do pensamento político burguês, que a partir de Maquiavel absolutiza o poder político, Marx é antes de tudo o teórico desta forma de poder ou de dominação que é o poder econômico ou a exploração, sem que ignore por isso a importância de outros poderes sociais, como o político e o ideológico, embora sem absolutizá-los ou colocando-os em relação com o poder econômico.

Em termos marxianos, pode falar-se do poder específico exercido no terreno próprio das ideologias ou das idéias, mas com a condição de não absolutizar tampouco esse poder, considerando — como os jovens hegelianos — que as idéias têm por si mesmas um poder efetivo, sobre o próprio real, que ultrapassa sua esfera própria.[34] Ou também a condição de não cair no extremo oposto, ao considerar que as idéias carecem de poder, ou são simplesmente epifenômenos da organização material da sociedade (como se fez dizer em mais de uma oca-

[34] Tanto em *A ideologia alemã*, de Marx e Engels, como em *A sagrada família*, de Marx, esta absolutização neo-hegeliana do poder das idéias é submetida a uma crítica rigorosa.

são a Marx).[35] Para Marx existe um poder próprio da ideologia enquanto contribui para manter o poder político assim como os fundamentos econômicos e sociais em que se sustenta. A ideologia tem poder ao mesmo tempo que — por sua capacidade de mobilizar as consciências — contribui para forjar um consenso em torno do poder político, legitimá-lo, e aceitar as condições gerais em que ocorre a exploração. Contudo, nem em Marx nem em Engels encontramos uma concepção do modo como a ideologia se relaciona com o poder político nem de como se integra neste ou como exerce este poder ideológico, tarefa que o marxismo contemporâneo carregará nos ombros, em particular com Gramsci e Althusser.

PALAVRAS FINAIS

Chegamos assim à conclusão — como um reconhecimento — de que Marx é, antes de tudo, o teórico da exploração, do poder econômico e, certamente, não do poder, se este é entendido apenas como dominação política. É verdade que não há em Marx uma teoria da dominação política, comparável à sua teoria da exploração. Mas isto não significa que esteja completamente ausente em seu pensamento. Já assinalamos os seus conceitos que poderiam ser pedras angulares de uma teoria do poder político. E assinalamos também suas limitações e insuficiências. Sopesando uns e outros aspectos, não se pode negar que no pensamento de Marx existe uma abordagem fecunda à teoria política e, em particular, à teoria do poder. O que é, ao menos, o que tentamos sustentar.

1989

[35] Cf. a este respeito as especificações que Engels se viu obrigado a formular nos últimos anos de sua vida sobre a gênese, natureza e papel ativo da ideologia, especialmente em suas cartas a Bloch (de 21 de setembro de 1890), a C. Schmidt (27 de outubro de 1890) e a F. Mehring (14 de julho de 1893).

Marx e a democracia

O problema da democracia em Marx compreende, em primeiro lugar, o das relações entre democracia e socialismo. Este problema se desdobra nestes dois: 1) Que lugar ocupa a democracia no socialismo?; 2) Que papel desempenha no caminho que há de levar à sua instauração? E caberia um terceiro: que função cumpre no instrumento organizativo — o partido — que dirige ou organiza a luta pelo socialismo? No primeiro caso, trata-se de determinar se pode ser definido como fim, ou seja, como componente essencial do socialismo; no segundo, trata-se de estabelecer se a via que leva ao socialismo deve ser necessariamente democrática — como o meio mais adequado ao fim — ou se as exigências históricas permitem alcançá-lo por outro caminho que costuma se caracterizar como não-pacífico ou violento, caso no qual seria preciso tomar consciência de em que grau o meio violento utilizado afeta — em um sentido ou outro — o fim em si; finalmente, procura-se determinar em que medida a democracia interna, em determinadas condições históricas, permite ao partido — por sua vez como meio e não como fim em si — cumprir sua função específica.

As três perguntas anteriores têm hoje um interesse não apenas teórico, mas sim prático, já que são ineludíveis, respectivamente: 1) ao se caracterizarem as sociedades surgidas depois da Revolução Russa de outubro de 1917; 2) ao se elaborar uma nova estratégia na luta pelo socialismo que permita superar o bloqueio da estratégia do ataque frontal ao poder e 3) ao ser reconsiderado hoje o modelo leninista de partido que transforma a democracia interna em um apêndice do seu centralismo.

Destas três perguntas, nossa atenção, por motivos de espaço, vai se concentrar na primeira, limitada por sua vez ao marxismo clássico.

Embora obviamente seja mais importante examinar as relações entre democracia e socialismo tal como ocorreram realmente — o que tentamos fazer em outro lugar[1] —, sempre será benéfico voltar a Marx para especificar até que ponto se faz um uso legítimo do conceito marxiano de democracia ou, pelo contrário, se o encaixam de modo ilegítimo em determinada ideologia.

I

Não se pode afirmar que exista propriamente em Marx uma teoria da democracia *per se*. Marx nunca se ocupa dela em relação com o Estado, quer se trate da democracia *no* Estado ou mais além dele, no comunismo. Da mesma forma, nunca se ocupa da democracia em abstrato ou da democracia em geral, mas sim de suas formas históricas concretas, particularmente da forma que apresenta na sociedade burguesa. Por isso, fixa sua atenção nos antecedentes que oferece a democracia antiga. Porém, mais além da experiência histórica — com a exceção da Comuna de Paris — Marx fala — com a cautela que sempre demonstra com relação ao porvir — da democracia futura, ou sua forma superior, na sociedade que há de substituir a sociedade burguesa: primeiro, socialista; depois, comunista.

Marx aborda pela primeira vez, e amplamente, o problema da democracia em um escrito juvenil de 1843, no qual se ocupa centralmente do Estado, ou, mais exatamente, em revisar criticamente a doutrina hegeliana do Estado.[2] No problema da democracia, tal como é abordado aqui, envolve-se toda uma série de questões fundamentais: as relações entre Estado e sociedade civil, entre esfera política e vida real, entre o universal e o particular, entre o abstrato e o concreto,

[1] *Ideal socialista e socialismo real*, na revista *Nexos*, nº 42. México, 1981, e *En Teoría*, nº 7. Madri, 1981 (texto apresentado neste volume).

[2] K. Marx, *Crítica da filosofia do Estado de Hegel*. México, Grijalbo, 1968.

entre forma (política) e conteúdo (social). No exame dessas relações, o conceito marxiano de democracia desempenha um papel fundamental.

Partindo da idéia hegeliana, da qual se apossa, do Estado não só como um todo, mas como um organismo, a democracia é para Marx, como forma de Estado, um todo orgânico cujos elementos contribuem em igualdade de condições para formá-lo sem que nenhum deles seja preponderante. Nisto se distingue do organicismo hegeliano para o qual um elemento — a Constituição política — prevalece sobre todos os demais. O povo é nele um atributo ou, como diz Marx, "o povo da Constituição", enquanto que na democracia tem-se a "Constituição do povo" como atributo seu, já que é "sua própria obra" ou "um produto livre do homem". A democracia é igualmente definida pelo jovem Marx como unidade de forma e conteúdo, ou seja: da regulação ou organização das relações políticas e dos modos de existência da vida real. A democracia é coincidência do princípio formal (Constituição política) e do princípio material (existência real do povo). Na democracia, o Estado deixa de ser um elemento particular preponderante que aspira a organizar universalmente — como forma — todo o conteúdo da vida real.

Tendo como fio condutor este conceito de democracia, como verdadeira unidade de forma e conteúdo, do universal e do particular, Marx encontra seus antecedentes históricos na Antiguidade e na Idade Média, enquanto que no Estado burguês moderno que surge após a Revolução Francesa só vê a negação da democracia. Nos Estados antigos não existia ainda a separação entre Estado político e sociedade civil. A vida pública determinava totalmente a vida privada; a coisa pública era realmente assunto privado. O homem no qual a vida pública não constitui o conteúdo real de sua vida privada é o escravo. A expressão de Marx "o homem privado é escravo" demonstra sua clara visão do mundo social da Antiguidade: o escravo se acha fora da *polis* e, portanto, quando se fala de democracia e da correspondente unidade da vida pública e privada, esta se refere ao cidadão e não ao escravo, ou seja, a uma minoria da sociedade. A Idade Média, na opinião de Marx, não conhece tampouco a abstração do

Estado político, já que coincide com o conteúdo da vida real. As atribuições políticas, públicas, são ao mesmo tempo atribuições privadas e vice-versa. Enquanto se dá esta coincidência, Marx caracteriza a sociedade medieval como democracia da *não liberdade*, já que tem por fundo a servidão.

Na *Crítica* de 1843, Marx recorre a estas referências históricas para ressaltar com elas a unidade de Estado e sociedade civil, das esferas política e real. Por isso, ao registrar a ausência dessa unidade na sociedade moderna, caracteriza sua forma de Estado como Estado político ou não-democrático. Embora fazendo frente a Hegel, Marx fixa a atenção primeiramente na monarquia, sua crítica alcança os Estados mais evoluídos, modernos, burgueses, enquanto que neles a vida real se reduz a sua dimensão formal, política, e o homem concreto só é considerado como cidadão.

Marx nega a esses Estados o caráter de democráticos porque neles o princípio formal não coincide com o material, ou seja, a regulação das relações políticas com as relações reais. Isto se traduz na separação (que Marx apresentará como oposição em *Sobre a questão judaica*) das duas vidas em cada homem real: como cidadão e como homem não político ou homem privado. Cada um deles encarna um princípio, mas o princípio formal, sendo um elemento da totalidade, impregna e domina tudo.

Há, pois, na *Crítica* uma atitude negativa do jovem Marx em relação ao Estado moderno ao negar-lhe todo o caráter democrático, atitude a que se verá obrigado a renunciar posteriormente, pois embora seja certo que não existe nele uma identificação entre a forma política e o conteúdo real, dá-se realmente a identificação entre uma pretendida universalidade que, sendo abstrata, corresponde ao interesse particular, egoísta, do indivíduo na sociedade burguesa. Marx não deixa de levar isto em conta. O interesse particular impele a manter sua identificação com o universal em um plano formal, abstrato, que definitivamente é tautológico, já que viria a ser a identificação do particular consigo mesmo. Todavia — como Marx haverá de ver pouco depois na Introdução que escreveu para sua *Crítica* de 1843 — outros interesses particulares, reais — os do proletariado —, entram também em jogo e obrigam — com sua luta — a situar o problema da identificação do particular e universal em um plano distinto, de classe. E deste modo, no próprio plano do universal abstrato — que continua sendo predominante —, se faz presente o modo de vida real. As liberdades burguesas — tão criticadas nos textos juvenis de Marx — terão de ser consideradas mais tarde não só como liberdades formais, abstratas, mas também liberdades que, por sua origem e natureza, reagem também (historicamente frente ao despotismo feudal) aos interesses reais do povo. Trata-se certamente de uma democracia limitada, de classe, cujo caráter progressista haverá de reconhecer Marx pouco depois.

Mas agora, na *Crítica* de 1843, ao contemplar o Estado moderno a partir do céu da "verdadeira democracia" e vê-lo antes de tudo como uma abstração ou momento do todo que só formalmente impregna a vida real, Marx adota uma atitude unilateral, um tanto antihistórica, que o leva a negar a esse Estado seu caráter democrático com o qual nega a si mesmo a possibilidade de perceber em seus próprios direitos e liberdades os valores democráticos (enquanto têm certo conteúdo real, popular) arrancados à burguesia. Mas este niilismo marxiano não obscurece o empenho juvenil de Marx em destacar o essencial do Estado moderno burguês: sua separação da sociedade civil e com ela a excisão do universal e do privado, da vida pública e da particular, assim como o fundamento dessa separação, a propriedade privada e o papel desempenhado pela burocracia em seu ocultamento e conservação.

Marx destaca que a burocracia só defende uma universalidade imaginária, já que, em definitivo, defende um interesse particular, o seu. Ao mesmo tempo em que "possui o Estado em propriedade privada", embora pretenda revestir sua posse com o manto da universalidade e da espiritualidade, só faz reafirmar o caráter não-democrático do Estado baseado em sua separação da sociedade civil. Da análise marxiana em sua *Crítica* depreende-se que burocracia e democracia são incompatíveis. Como qualquer corporação da sociedade civil, a burocracia entra na esfera estatal lutando pela predominância de seu interesse particular (por isso Marx a chama de "corporação do Estado"). Daí sua oposição diametral à democracia.

A crítica do Estado moderno, burguês, permite a Marx destacar por sua negação os traços da verdadeira democracia. Nela, o Estado se integra na sociedade civil que, em conseqüência, deixa de ser exatamente tal, ao mesmo tempo em que deixa de ser abstrato e determinante. Desaparece, pois, o Estado político, o que requer igualmente a desaparição do fundamento de sua excisão relativa à sociedade civil: a propriedade privada. Desaparece também o corpo de funcionários cuja existência tem por base essa excisão, a saber: a burocracia. Esta democracia já contém traços essenciais do que mais tarde Marx denominará sociedade comunista. Para distingui-la de suas encarnações históricas limitadas ou falsas, ele a chama também na *Crítica* de "verdadeira democracia". Distingue-se, pois, da democracia antiga, válida apenas para uma minoria da sociedade, assim como da democracia medieval da não-liberdade, mas também da democracia moderna, liberal ou burguesa à qual Marx, como já vimos, nega todo o caráter democrático.

II

O conceito marxiano de democracia como: a) unidade do universal e do particular, da esfera política e social (ao contrário da democracia burguesa, liberal, que limita essa unidade); b) democracia para a maioria (que se distingue por isso da democracia antiga) e c) democracia da liberdade (oposta a toda democracia baseada na servidão), conserva sua vigência ao largo do pensamento de Marx.

Em *Sobre a questão judaica* (1844), o que Marx chama de "emancipação humana" equivale a "verdadeira democracia" e, como ela, significa a superação da eliminação do universal e do particular, do homem político e do homem real, egoísta, da sociedade burguesa.

A "emancipação política", pelo contrário, não vai mais além "do indivíduo fechado em si mesmo, em seu interesse próprio e em sua arbitrariedade privada e dissociado da comunidade".[3] Marx reconhece agora seu alcance histórico, mas também sua limitação. "Não resta dúvida", diz, "de que a emancipação política representa um grande progresso, e mesmo que não seja a forma definitiva da emancipação humana em geral, é a última da emancipação humana *dentro* da ordem humana atual."[4] Em *A sagrada família* (1845) parte-se igualmente da cisão entre Estado e sociedade civil e reprova-se Bauer por confundir a emancipação política com a emancipação humana. O que se apresenta como universal — os direitos humanos — são os direitos do "homem da sociedade burguesa, ou seja, do homem independente, entrelaçado com o homem unicamente pelo vínculo do interesse privado (...)".[5] A emancipação política (= democracia política, burguesa) não é senão o reconhecimento do princípio do egoísmo vigente na sociedade. Por isso, na opinião de Marx, a burguesia acaba por ver no Estado representativo constitucional "a expressão oficial de seu poder exclusivo e o reconhecimento político de seu interesse particular".[6] Mas, embora seja certo que a universalidade dos direitos e liberdades é irreal e que a própria burguesia reconhecerá no Estado "universal" a expressão de seu poder exclusivo e de seu interesse particular, isto não significa — cabe citar Marx — que o formal ou o universal (liberdades e direitos do homem) se limite ao interesse particular do homem egoísta da sociedade burguesa. Pode ter um significado que o extrapole, mais além ou contrário a esse interesse particular, e daí seu "grande progresso".

[3] K. Marx, *Sobre a questão judaica*, em Marx-Engels, *A sagrada família e outros escritos filosóficos da primeira fase.* Trad. de W. Roces, México, Grijalbo, 1958, p. 34.

[4] *Ibid.*, pp. 24-25.

[5] K. Mark e F. Engels, *A sagrada família e outros escritos...*, em *op. cit.*, p. 179.

[6] *Ibid.*, p. 191.

Dito em outros termos: se o interesse particular do homem burguês não pode se identificar com o universal, isto não impede que outro interesse particular, por sua própria natureza de classe, se identifique com o universal. Essa classe que ainda não existe para Marx nem na *Crítica* e nem em *Sobre a questão judaica*, começa a ser vista como proletariado na *Introdução* de 1844.[7] Portanto, o problema da democracia como unidade do particular é inseparável para Marx do problema do agente revolucionário que a instaura como democracia para a maioria. No *Manifesto comunista* (1848) isto é claramente demonstrado ao se caracterizar a conquista do poder como conquista da democracia. "O primeiro passo da revolução operária é a elevação do proletariado à classe dominante, a conquista da democracia."[8] Mas também se diz: "O poder político, exatamente falando, é violência de uma classe para a opressão de outra."[9]

Pois bem: como podem se juntar — na conquista do poder em seu exercício — violência e democracia? Estamos diante da pergunta que mais adiante voltará a ser formulada em relação à forma de Estado que Marx e Engels chamarão — não com freqüência — de "ditadura do proletariado". No poder ao qual conduz o movimento da classe operária ocorre uma relação de dominação, mas esta tem por sua vez um caráter democrático, já que expressa a vontade da maioria. É um movimento próprio da imensa maioria em proveito da imensa maioria. Esta revolução da maioria — ao contrário da que postulam os blanquistas — tem por isso, e não apenas por coincidir com o interesse universal que encarna, um caráter democrático.

Portanto, não obstante sua identificação com o universal e com a maioria, para Marx trata-se de um poder democrático limitado e sua limitação repousa exatamente em seu caráter político, como instru-

[7] Cf. em torno da *Crítica da filosofia do direito de Hegel*. Introdução em K. Marx e F. Engels, *A sagrada família* e outros escritos..., *op. cit.*, pp. 14-15.

[8] K. Mark e F. Engels, *Manifesto do Partido Comunista*, em K. Marx e F. Engels, *Obras escolhidas*, t. I, Moscou, 1973, p. 123.

[9] *Ibid.*, pp. 128-129.

mento de dominação, de limitação da liberdade, com o qual se destaca uma vez mais que a verdadeira democracia está forçosamente vinculada à desaparição do caráter político do Estado, ou extinção do Estado político. "Uma vez que no curso do desenvolvimento tenham desaparecido as diferenças de classe e se tenha concentrado toda a produção em mãos de indivíduos associados, o poder público perderá seu caráter político."[10]

A democracia é vista, pois, no *Manifesto,* pelo tipo de relações que inaugura entre os homens: relações livres e não de dominação (embora se trate da dominação da maioria). O problema da desaparição do Estado político, fixado na *Crítica*, ressurge no *Manifesto* como perda do caráter político do poder público. A verdadeira democracia aparece assim vinculada necessariamente à liberdade: "Em substituição à antiga sociedade burguesa, com suas classes e seus antagonismos, surgirá uma associação livre na qual o livre desenvolvimento de cada um será a condição do livre desenvolvimento de todos."[11]

III

A atitude de Marx em relação à democracia burguesa, na evolução posterior de seu pensamento político, leva em conta claramente a experiência histórica do período de 1848 a 1851 na França.[12] À luz dessa experiência, Marx vê como o interesse geral, de classe, da burguesia se fraciona em interesses particulares; como nessas circunstâncias específicas o poder executivo se eleva acima deles e como a república parlamentar, a expressão mais elevada da democracia burguesa,

[10] *Ibid.*, p. 129.

[11] *Ibid.*, p. 130.

[12] Cf. os escritos de Marx sobre esse período: *A luta de classes na França e o 18 Brumário de Luís Bonaparte*, em K. Marx e F. Engels, *Obras escolhidas*, t. I, *op. cit.*

refreia a si mesma e cede terreno ante a autoridade de um indivíduo justamente porque está em jogo o interesse fundamental de toda a classe. O limite da democracia é, pois, o seu limite de classe. A incapacidade da democracia parlamentar para defender o interesse fundamental, de classe, conduz ao seu sacrifício e, com isto, à autonomia do Estado bonapartista e da burocracia. Com isso, Marx nos faz ver até que ponto a democracia burguesa é simples meio e não fim.

A democracia, pelo contrário, é para Marx um fim em si. A partir desta ótica, critica a democracia burguesa, liberal, sem que isto signifique negar seus elementos progressistas e, à frente deles, o princípio da representatividade, uma vez liberado de sua limitação burguesa. A este respeito aborda em mais de uma ocasião o sufrágio universal, vendo-o dentro do processo de luta pela abolição do Estado e da sociedade civil. Ou seja, Marx está muito longe de identificá-lo com o papel que desempenha no parlamentarismo burguês.

Isto aparece claramente no escrito em que analisa a experiência da Comuna de Paris (*A guerra civil da França*). "A Comuna estava formada pelos conselheiros municipais eleitos por sufrágio universal nos diferentes distritos da cidade. Eram responsáveis e revogáveis a todo momento. A maioria de seus membros constituía-se, naturalmente, de operários ou representantes reconhecidos da classe. A Comuna não deveria ser um organismo parlamentar, mas sim uma corporação de trabalho, executiva e legislativa ao mesmo tempo."[13]

Não se trata, pois, de abolir o princípio da representatividade, mas de situá-lo dentro do processo de abolição do Estado. Para isto se introduz um elemento novo, decisivo: o da responsabilidade permanente e da revogabilidade dos eleitos. Deste modo é superada a limitação do parlamentarismo burguês: a separação, a partir do momento da eleição, entre representantes e representados. O princípio da revogabilidade assegura a união de ambos e devolve aos representados, ao povo, o papel determinante. A subordinação direta e imedia-

[13] K. Marx, *A guerra civil na França*, em Marx-Engels, *Obras escolhidas*, t. II *op. cit.*, p. 233.

ta não suprime a democracia representativa, mas a transforma radicalmente no sentido que Marx define: "Em vez de decidir uma vez em cada três ou seis anos que membros da classe dominante vão representar e esmagar o povo no parlamento, o sufrágio universal deveria servir ao povo organizado em comunas (...) Por outro lado, nada poderia ser mais alheio ao espírito da Comuna do que substituir o sufrágio universal por uma investidura hierárquica."[14] Só assim, e não na forma que assume com o "parlamentarismo" ou a "democracia parlamentar" na sociedade burguesa, constitui um elemento integrante da verdadeira democracia. Marx porém não apenas vê o sufrágio universal em relação com a nova sociedade, como também no processo de luta que conduz a ela. Neste sentido, destaca mais de uma vez (recorde-se o seu artigo *Os cartistas* de 23 de agosto de 1852) o potencial revolucionário que tem sua introdução para a classe operária. As esperanças que Marx deposita no sufrágio universal levam-no a admitir a possibilidade de uma conquista pacífica do poder num país desenvolvido como a Inglaterra, possibilidade que descarta ali onde o Estado tem uma tradição e um mecanismo autoritário e onde o desenvolvimento industrial é fraco. Engels, por sua vez, em sua *Introdução* de 1895 para *As lutas de classe na França* enaltece os êxitos alcançados na Alemanha com o sufrágio universal, "método de luta completamente novo", embora isto não significasse para ele — como pretendiam fazer crer alguns de seus intérpretes — que a conquista eleitoral da maioria conduziria diretamente à tomada do poder.

Tudo que foi dito antes demonstra que Marx e Engels não renunciam ao princípio da representatividade, embora assinalem constantemente suas limitações na democracia liberal, burguesa. Daí que Marx proponha sua transformação radical no sentido apontado pela Comuna de Paris. Mas semelhante transformação, que tende a assegurar a participação constante dos representados, conduzia necessariamente a outra forma de democracia: a democracia direta que permite aos

[14] *Ibid.*, p. 235.

cidadãos exercer um controle direto e imediato sobre seus representantes e influir, a todo momento, nas grandes decisões. Nela brota o germe da democracia autogestora, ao ser superada a ruptura entre representantes e representados. Mas, como em toda verdadeira superação, é retido — em um novo nível— o princípio da representatividade que, de forma limitada, ocorre na democracia burguesa. Deste modo, Marx assume também o princípio rousseauniano da democracia direta, dando-lhe uma dimensão nacional e liberando-o assim de seu localismo utópico nos tempos modernos.

IV

Desde seus trabalhos juvenis, Marx vincula estreitamente democracia e liberdade. Mas se a verdadeira democracia está associada à liberdade, deve ser dissipado todo o equívoco na relação entre ambos os termos, pois enquanto o Estado existir à parte e acima da sociedade civil, não poderá haver propriamente liberdade. Em plena consonância com sua *Crítica* de 1843, Marx define a liberdade em um de seus últimos textos (*Crítica do programa de Gotha*, 1875): "A liberdade consiste em fazer do Estado, de um órgão situado acima da sociedade, um órgão completamente subordinado a esta."[15] A rigor, quando deixar de ficar subordinado já não existirá propriamente como Estado, ou terá perdido seu caráter político, como já se dizia no *Manifesto* e reafirma Engels em carta a Bebel de 28 de março de 1875: "(...) Enquanto o proletariado *utiliza* ainda o Estado, não o utiliza no interesse da liberdade, mas sim para subjugar seus adversários e quando se possa falar de liberdade; então o Estado deixa de existir como tal." Se é assim, enquanto existir o Estado, a democracia será uma democracia

[15] K. Marx, *Crítica do programa de Gotha*, em Marx-Engels, *Obras escolhidas*, t. III, *op. cit.*, p. 22.

da não-liberdade. Daí a necessidade de não identificar ambos os termos, o que não exclui a existência da democracia liberal, burguesa, dentro do limite de classe que marca o tipo de Estado em que ocorre.

A democracia liberal não pode ultrapassar o marco traçado pelo tipo de dominação que encarna o Estado burguês; não pode ir mais além — na esfera política — da democracia representativa e do sufrágio universal próprios do parlamentarismo burguês. A democracia, plena, verdadeira, sem adjetivos de classe, só se dará na sociedade sem classes, sem Estado, sem relações de dominação de qualquer tipo, ou seja, na sociedade comunista. Só então se poderá falar exatamente de democracia da liberdade. Portanto, que espaço designa Marx à democracia em fase de transição para o comunismo? Como se sabe, chama esta fase, em sua *Crítica do programa de Gotha*, de primeira fase ou fase inferior da sociedade comunista; trata-se de uma sociedade em que ainda não desapareceram as classes nem o Estado e na qual subsistem certas relações de exploração e dominação. Trata-se, assim mesmo, de uma "sociedade que não repousa ainda sobre suas próprias bases", visto que ainda subsiste a distribuição desigual conforme o trabalho e, portanto, o direito burguês.[16] Mas, como primeira fase ou condição necessária da sociedade superior, se inicia ou desenvolve a tendência à desaparição do Estado e, em conseqüência, a democratização cada vez mais profunda da vida econômica, política e social. Esta sociedade de transição é a que conhecemos pelo nome — não empregado por Marx — de *socialismo*.

Na resposta à pergunta anterior, dispusemos sobretudo dos textos de Marx: *A guerra civil na França* e a *Crítica do programa de Gotha*. No que tange ao lugar ocupado pela democracia na fase de transição, dada sua relação entre ela e o tipo de Estado e, portanto, entre o aprofundamento da democracia e o processo de desaparição do Estado, reveste-se de grande interesse o texto em que Marx anali-

[16] *Ibid.*, pp. 13-15.

sa a Comuna como primeiro governo da classe operária. Já nos trabalhos anteriores (*As lutas de classe na França* e *O 18 Brumário de Luís Bonaparte*), nos quais examina o período histórico de 1845-51, de revolução e contra-revolução na França, bem como seu desenlace, o Estado bonapartista, Marx ressalta que até então registrou-se um aperfeiçoamento da máquina estatal, em vez de sua destruição. A Comuna de Paris oferece-lhe o exemplo histórico de um novo tipo de Estado que, longe de aperfeiçoar-se, começa a se autodestruir como Estado. Embora seja certo que a desaparição do Estado se lhe apresente já como uma necessidade desde os seus textos da juventude, reafirmada no *Manifesto*, Marx a vê agora não só como o resultado de um processo histórico que passa transitoriamente por sua utilização como Estado para os próprios fins, mas também como um processo desencadeado a partir da tomada do poder.

Enquanto no passado a democracia (a república parlamentar burguesa) desempenha um papel decisivo no reforço do poder estatal até se converter, com Luís Bonaparte, em um "regime de franco terrorismo de classe", a democracia na Comuna de Paris cumpre um papel determinante no processo de autodestruição do Estado. Marx refere-se explicitamente às medidas da Comuna que vêm exatamente impulsionar esse processo: supressão do "parlamentarismo" com a conseqüente afirmação — dando-lhe um novo conteúdo — do princípio da representatividade; supressão da burocracia; substituição da unidade da nação, baseada no centralismo militar e político e, finalmente, supressão do exército como órgão permanente, profissional e "onipresente" do poder estatal. Todas essas medidas significavam o desmantelamento do Estado como tal e a devolução ao organismo social de tudo que ele absorvia e usurpava.

Marx assinala expressamente o caráter democrático da Comuna no texto antes citado: "A Comuna dotou a república de uma base de instituições realmente democráticas."[17] E diz também: "Suas medidas concretas não podiam menos do que expressar a linha de conduta de

[17] K. Marx, *A guerra civil na França*, *op. cit.*, p. 236.

um governo do povo para o povo."[18] Se fixarmos agora a atenção nos dois traços assinalados por Marx — processo de autodestruição do Estado e criação de instituições realmente democráticas —, veremos que são dois aspectos inseparáveis, pois a extensão e aprofundamento da democracia significa, ao mesmo tempo, a recuperação por parte da sociedade de funções e poderes até então absorvidos pelo Estado. Resumindo, na nova sociedade não basta usar o Estado em proveito da classe operária, mas é preciso, sim, proceder-se à sua destruição. A democracia é, ao mesmo tempo, causa e efeito desse processo; em conseqüência, a democracia é parte indissolúvel, vital, dessa nova sociedade. Tal é o ensinamento que oferece a análise marxiana da Comuna de Paris.

Passemos agora à caracterização que Marx faz da fase de transição que se abre depois da conquista do poder. Marx, como acabamos de ver, destaca o seu caráter democrático. Engels, tendo presente a primeira experiência histórica de um governo da classe operária, exclama: "Vejam a Comuna de Paris! Eis aí a ditadura do proletariado!"[19] Enquanto Marx nunca utiliza esta expressão em seu escrito sobre a Comuna, não deixa de surpreender — pelo menos enquanto não se especifique o significado atribuído aos termos —, que um e outro caracterizem simultaneamente o mesmo fenômeno histórico como "democracia" e "ditadura".

Pois bem, o que Marx e Engels entendem por "ditadura do proletariado"? Um estudioso do tema, Hal Draper, conseguiu destacar as passagens (apenas 11 no total) em que utilizam essa expressão.[20] Dessas passagens deduz-se que seu conceito deve ser entendido como "ditadura de toda a classe revolucionária, o proletariado" e não no sentido de ditadura de uma minoria. A evidente distinção entre dita-

[18] *Ibid.*, p. 241.

[19] F. Engels, Introdução de 1891 a *A guerra civil na França*, de Marx, em Marx-Engels, *Obras escolhidas*, t. II, *op. cit.* p. 20.

[20] Hal Draper, "The Dictatorship of the Proletariat", em Michael Curtis, ed., *Marxism*. Nova York, Atherton Press, 1970.

dura de *toda* a classe e de uma minoria dela é formulada claramente no artigo de Engels "O programa dos emigrados blanquistas da Comuna" (em *Volkstaat*, 1874). Referindo-se à ditadura que — segundo Blanqui — há de seguir-se necessariamente à ação violenta vitoriosa de uma pequena minoria revolucionária, diz: "Naturalmente, esta não é uma ditadura *de toda a classe* revolucionária, o proletariado, mas sim *da pequena minoria* que fez a revolução e que, por sua vez, também se organizou previamente sob a direção de um ou vários indivíduos."[21] Engels se preocupa em distinguir nitidamente a ditadura de toda a classe, da maioria e da minoria. A "ditadura do proletariado" expressa sua dominação política, de classe, sobre a minoria exploradora que, dada a resistência desta última, tem de apoiar-se na violência, pois só assim pode se garantir o cumprimento dos objetivos aos quais se opõe a classe derrubada.

Com o mesmo significado, a expressão "ditadura do proletariado" — ausente no *Manifesto* — aparece pela primeira vez em duas ocasiões em *As lutas de classe na França*;[22] a segunda delas, mais explícita, em uma passagem relativa à necessidade da ditadura de classe para o cumprimento dos objetivos revolucionários.

Depois de identificar socialismo revolucionário e ditadura de classe do proletariado, Marx diz: "Este socialismo é a *declaração da revolução permanente*, da *ditadura de classe* do proletariado como ponto necessário de transição para a *supressão das diferenças de classe em geral*, para a supressão de todas as relações sociais que correspondem a essas relações de produção, para a subversão de todas as idéias que brotam destas relações sociais."[23]

[21] F. Engels, "O programa dos emigrados blanquistas da Comuna", em Marx-Engels, *Obras escolhidas*, t. II, pp. 402-403. Grifo nosso.

[22] A primeira quando Marx diz que depois da derrota de junho de 1848 foi lançada "(...) a palavra de ordem audaz e revolucionária: Derrubada da burguesia! *Ditadura da classe operária!*" (em Marx-Engels, *Obras escolhidas*, *op. cit.*, t. I, p. 231).

[23] *Ibid.*, p. 288.

Assim, pois, a ditadura do proletariado é um "ponto necessário de transição", tanto na ordem social como na política e ideológica, que responde à necessidade de dominar a classe que resiste à execução de todas as supressões enumeradas na passagem citada. Portanto, como relação de dominação apoiada na força tem um caráter autoritário, mas com relação à classe da qual é exatamente sua ditadura, apresenta um caráter distinto: o que corresponde à concentração do poder político em mãos do povo. E tal é precisamente seu caráter democrático. Engels expressa isto claramente em sua *Crítica do projeto de programa de Erfurt* (junho de 1891) quando diz: "Se existe algo indubitável é que nosso partido e a classe operária só podem chegar ao poder sob a forma política da república parlamentar." E especificando esta idéia, acrescenta: "(...) O que em minha opinião deve entrar no programa é a exigência de *concentrar todo o poder político* nas mãos do povo."

Finalmente, Marx emprega a expressão "ditadura do proletariado" para designar a forma de Estado que corresponde ao período de transição do capitalismo para o comunismo. Temos a esse respeito duas passagens muito conhecidas. A primeira está em sua carta a Weydemeyer (5-III-1852): "(...) Esta mesma ditadura não é por si só mais que a transição até a *abolição de todas as classes* e rumo a uma *sociedade sem classes* (...)".[24] Na segunda insiste-se no período de transição ao que corresponde como Estado a ditadura do proletariado: "Entre a sociedade capitalista e a sociedade comunista situa-se o período de transformação revolucionária da primeira na segunda. A este período corresponde também um período político de transição, cujo Estado não pode ser outro que não a ditadura revolucionária do proletariado."[25]

Tais são as passagens em que Marx e Engels se referem mais explicitamente à "ditadura do proletariado". Nada existe nelas que

[24] Em Marx-Engels, *Obras escolhidas*, *op. cit.*, t. I, p. 542.

[25] K. Marx, *Crítica do programa de Gotha*, em Marx-Engels, *Obras escolhidas*, *op. cit.*, t. III, p. 23.

contradiga suas teses anteriores sobre a democracia. A ditadura do proletariado é, pois, como vemos: 1) *uma forma de Estado que expressa*, como todo Estado, a relação de dominação de uma classe sobre outra, apoiada em definitivo na força, com a particularidade de que, neste caso, trata-se de uma ditadura de classe certamente, mas da maioria sobre a minoria; 2) *uma ditadura de classe* que tem como forma política a democracia (república democrática) para a maioria, como concentração de todo o poder político em mãos do povo; 3) um *Estado de transição* destinado a desaparecer que, como tal, começa a destruir-se a si mesmo.

Entre o conceito marxista clássico de ditadura do proletariado e a democracia política não há contradição, já que o Estado de transição, ao desenvolver o potencial democrático da nova sociedade mais além do limite imposto pelo caráter político do poder, constitui a condição histórica necessária da "verdadeira democracia", ou sociedade comunista.

Mas mesmo com as limitações de um Estado que ainda é político, a democracia é inseparável desta sociedade de transição ou socialismo, embora não seja, contudo, a *democracia da liberdade* que só pode ocorrer no comunismo.

V

De toda nossa exposição podemos extrair as seguintes conclusões:

1) A democracia burguesa para Marx é uma democracia formal que, embora garanta certos direitos e liberdades, assim como certo tipo de representatividade, se acha limitada, em todos esses aspectos, por seu caráter de classe e sua inseparabilidade da instituição da propriedade privada.
2) A sociedade nova ou socialismo que corresponde desenvolver depois da conquista do poder pelo proletariado significa assim mesmo a "vitória da democracia" (*Manifesto*).

3) O socialismo não nega as conquistas democráticas burguesas, mas sim as supera, dando-lhes um conteúdo social, mais além do limite que lhes impõe seu caráter de classe.
4) O socialismo não nega o princípio da representatividade nem o mantém em sua forma burguesa, mas o desenvolve até conjugar a democracia representativa e a democracia direta.
5) O Estado de transição, socialista, embora se apóie, como todo Estado, na força, é profundamente democrático.
6) O Estado que corresponde ao período de transição do capitalismo ao comunismo prepara as condições para sua própria extinção. Para esta contribui sua democratização cada vez mais plena, ao mesmo tempo em que é assegurada pela devolução crescente de suas funções à sociedade.

Com base em Marx não se pode sustentar, portanto, uma concepção do governo da classe operária e do socialismo que concentre o poder em mãos de uma minoria (burocrática estatal ou partidária) e que exclua, por conseguinte, a sociedade da elaboração, discussão e controle das decisões através de sua representatividade real. Em suma, o pensamento político de Marx não pode ser encaixado em nenhuma ideologia que enfraqueça ou rompa o nexo indissolúvel entre socialismo e democracia proletária, na fase de transição, ou entre comunismo e democracia da liberdade, na fase superior da nova sociedade.

1983

Democracia e revolução

Em nossos dias, a Democracia (assim substantivada e com maiúscula) se converteu em um valor acima de qualquer suspeita. Desde as mais diversas e opostas posições ideológicas e políticas, parece haver um amplo consenso sobre o valor puro e incontaminado da democracia.

E tão aceito é este bem, que inclusive regimes que oprimem seus povos ou exploram os outros permitem-se tomar banhos de pureza ou estender patentes de democracia. Não é difícil compreender este consenso se a democracia se acha em um plano abstrato, geral. Os problemas começam — os problemas que dividem ao concebê-la — quando colocamos os pés na realidade. Mas o que entendemos por democracia? O que é que une ou divide ao se falar dela? Vejamos.

UMA DEFINIÇÃO MÍNIMA DA DEMOCRACIA

A democracia pode ser entendida em dois sentidos que não se excluem: como sistema ou regime de organização social em que o poder, a tomada de decisões, se acha submetido a certo controle da sociedade. Ou também como um caminho para chegar a esse poder ou conjunto de procedimentos para exercê-lo sob o controle da sociedade. Em ambos os casos, a democracia é inseparável de certa participação dos membros da comunidade. O democrático se apóia na adoção ou controle coletivo de decisões. Em uma definição deste gênero cabem tanto as concepções clássicas, que fincam pé no sujeito participante ("governo do povo", "governo da maioria"), como as concepções modernas que insistem na forma de sua participação (adoção e controle coletivos das decisões).

Ao definir assim a democracia, parece que avançamos muito e, contudo, não é tanto, pois só temos uma definição mínima, justamente — embora pareça paradoxal — por sua extensão, caráter geral, abstrato e formal: certamente o que permite que a casa da democracia possa ser habitada por hóspedes tão diferentes. Os problemas começam, como dizíamos, quando a realidade nos obriga a concentrar essa formulação geral. Com efeito, quando se trata da democracia em uma situação ou momento determinados, vemos que muda a natureza do sujeito participante, o espaço ou lugar em que participa, sua forma de participar e o objeto, a matéria, sobre os quais recai sua participação.

O QUEM, ONDE, COMO E SOBRE O QUÊ DA DEMOCRACIA

Vejamos, por exemplo, a democracia realmente existente nas sociedades modernas, burguesas. Justamente a democracia que foi classificada, levando em conta suas origens, seus limites e seu conteúdo, como democracia política, liberal ou também como democracia parlamentar ou eleitoral. E perguntemos a ela: quem, onde, como e sobre o quê participa? À primeira pergunta, que é a do sujeito participante, respondem seus ideólogos, e assim se formula, programática ou constitucionalmente: participam todos os membros da comunidade enquanto cidadãos iguais perante a lei. Daí a afirmação: cada indivíduo, um voto. Distantes já as limitações culturais ou econômicas — superadas por certo graças às lutas populares —, o direito de participar, o sujeito participante e, portanto, o sufrágio são universais.

A segunda pergunta hoje não é de quem participa, mas sim *onde* se exerce essa participação. Portanto, como se pode perceber sem dificuldade, ambas as perguntas se acham intimamente entrelaçadas. Já dissemos antes que o sujeito participante é universal (a ninguém é negado o direito de participar). Mas, certamente, não o exerce em todas as partes. Norberto Bobbio diz com razão que a democracia no sistema atual encontra uma barreira insuperável nas portas das fábricas. O sujeito da democracia só o é no seu espaço próprio: as cabines eleitorais em que vota, ou o parlamento ao qual delegou sua vontade através dos representantes.

Ao se abordar a pergunta de *quem* e *onde* participa o sujeito, revelou-se também a resposta à terceira pergunta: a de *como* participa. Participa votando, supondo que sua vontade será respeitada. O cidadão exerce este direito a cada quatro ou cinco anos e, ao exercê-lo, cessa a sua participação, embora esta possa prolongar-se indiretamente através de seus representantes, se estes se atêm à vontade original de seus cidadãos.

Passamos agora à última pergunta: sobre que assuntos podem decidir o eleitor ou seus mandatários? Se o cidadão é um trabalhador, as questões da produção ou da relação capital-trabalho que o afetam de modo vital em seu centro de trabalho ficam à margem de sua participação. Podemos falar de democracia, não obstante, quando o sujeito participante, o espaço em que participa, a forma de participar e o objeto ou assunto de sua participação, se acham limitados nos termos que assinalamos? Pensamos que se pode falar de democracia enquanto existir certa participação, embora então seja preciso reconhecer que se trata de uma democracia formal, política ou representativa e, portanto, limitada. E será preciso reconhecer, mesmo assim, que os limites a enfrentar o afetam no duplo sentido antes mencionado: como regime de convivência numa sociedade determinada e como método ou conjunto de procedimentos para adotar as decisões coletivas que entranham toda participação.

VALOR POTENCIAL E SUBVERSIVO DA DEMOCRACIA

Portanto, estes limites reais, impostos pela sociedade em que se vive, longe de pôr fim à necessidade da democracia, fixam, pelo contrário, a necessidade de estendê-la e aprofundá-la; de passar de uma democracia formal, política ou parlamentar — sem abandoná-la — a uma democracia real, econômica e social; a uma democracia que, ao superar os limites assinalados, se amplie em um processo ininterrupto de participação e cada vez mais rico e diverso nos quatro pontos que assinalamos: sujeito, espaço, forma e objeto da participação. Como a democracia exige uma participação consciente e racional na tomada de decisões que afetam a comunidade, e toda vez em que esta participação é uma exigência de liberdade, a democracia é um valor a que não se pode deixar de aspirar. E ao mesmo tempo em que a realização deste valor requer superar seus limites reais, a democracia, dada sua necessidade de estender-se ou aprofundar-se, é subversiva. E quando esse potencial subversivo supera os limites impostos pelo sistema social vigente, estamos com essa superação no que chamamos — em seu sentido lato — socialismo.

A VEIA AUTORITÁRIA DA ESQUERDA LATINO-AMERICANA

Em nosso continente, a esquerda revolucionária ou socialista, ao denunciar legitimamente os limites da democracia formal, política, representativa, acabou por negar também o próprio valor da democracia. Nem sempre fez a necessária distinção de democracia formal e democracia real, de suas relações mútuas, do que deve ser repelido e do que deve ser salvo. Isto explica que só tardiamente reivindicou a necessidade de democratizar a vida política. E isto num continente onde — até pouco tempo atrás — a ausência total de democracia foi a regra, e onde a democracia — inclusive a mais limitada — foi a exceção.

Seria preciso reconhecer que, neste esquecimento ou subestimação da democracia, se permite sentir o peso de uma cultura política que, embora não possa ser remetida a Marx, encontra pontos de apoio em Lenin e, sobretudo, no Lenin codificado, junto com Marx, como "marxismo-leninismo". Trata-se de uma cultura política com diversas ressonâncias autoritárias e, portanto, antidemocráticas. Às limitações da democracia formal na sociedade burguesa, que são inseparáveis de seu caráter de classe, contrapôs-se durante muito tempo a "ditadura do proletariado", não no seu sentido marxiano, compatível com a mais ampla democracia, mas no de Lenin (o posterior à evolução), como poder "não submetido a nenhuma lei", que, com Stalin, se identificará com ditadura no sentido despótico habitual. A democracia tornava-se assim desqualificada e foi preciso a ascensão do fascismo e do nazismo ao poder para que a palavra democracia adquirisse uma conotação positiva na linguagem política da esquerda revolucionária de tradição leninista. Mas desta cultura política fazia parte não só uma falsa concepção — que impedia de ver as relações entre seu valor universal e seu caráter particular de classe, bem como entre democracia e socialismo — mas também a negação da democracia interna nas organizações políticas que deviam dirigir e canalizar a luta pelo socialismo. Esta prática antidemocrática no seio do partido e em sua relação com as massas baseava-se, por sua vez, no privilégio epistemológico atribuído à vanguarda política de ser por si só — e com ela sua direção — a depositária do saber, privilégio que não podia ser democraticamente compartilhado.

A superação destas concepções e práticas autoritárias permitiu nos últimos anos o empenho em levar a democracia não só ao seio dos partidos políticos de esquerda bem como às relações destes com as massas e os movimentos sociais, mas também reivindicar o valor da democracia, não obstante as limitações que encontra na sociedade presente. O reconhecimento destas limitações na democracia realmente existente, longe de conduzir à negação dos valores democráticos — como costumava fazer a esquerda revolucionária no passado —, deve levar a promovê-los em um processo de luta que não se esgota — dentro ou fora do sistema — e, portanto, a pugnar por ampliá-la ou aprofundá-la. E se a contradição entre democracia formal e democracia real é insuperável dentro do sistema social vigente, ainda que possa suavizar-se, então se trata de superar o próprio sistema, e esta superação tem um nome: socialismo. Daí que a luta pela democracia, quando conseqüente como processo de ampliação e aprofundamento dela, é inseparável da luta pelo socialismo. Perder de vista este objetivo em nome da democracia não só limita o conteúdo democrático da luta democrática em si, mas também limita, por sua vez, a via democrática de acesso a essa nova sociedade. E isto em virtude da unidade, que Marx sempre sustentou, de democracia e socialismo.

DEMOCRACIA REPRESENTATIVA OU DEMOCRACIA DIRETA: UM FALSO DILEMA

Portanto, em toda situação histórica concreta em que se aspira não só a uma participação efetiva do povo na esfera política, eleitoral, mas também em todas as esferas da vida social, esta aspiração não elimina de modo algum a democracia de fato existente, mas obriga a denunciar as barreiras que encontra e lutar para superá-las. Não se trata, pois, de repelir a forma de democracia representativa, mas sim de tornar transparentes as limitações com que esbarra o princípio de representatividade no sistema vigente (crítica que, há mais de um século, Marx fez ao analisar a experiência histórica da Comuna de Paris). Não se trata, pois, de defender a abolição da democracia representativa, ou participação delegada, em nome de uma participação direta que, longe de excluí-la, viria a complementá-la ou enriquecê-la.

A esquerda revolucionária foi propensa, durante muitos anos, embora hoje esta propensão seja menor, a privilegiar a democracia direta, ou dos "conselhos", deslumbrada pelo papel que esta desempenhou nos primeiros anos da Revolução Russa, quando os sovietes asseguravam a participação direta nos centros de trabalho e não se haviam transformado ainda na caricatura — como simples correia de transmissão do poder estatal — que Stalin fez deles.

Mas, assim como a democracia representativa implica sempre o risco de cair em um universalismo abstrato ao separar-se do concreto, do particular — separação que afeta o sujeito, espaço, forma e objeto na participação delegada ou representada —, a democracia direta, dos conselhos ou autogestora, tem entranhada nela o risco do particularismo ou corporativismo quando os grupos que a praticam em determinados centros de trabalho ou unidades de produção, movidos por seu interesse particular ou egoísmo corporativo, perdem de vista o interesse geral. Somente uma prevenção constante frente a um e outro risco e uma incessante complementação de suas duas vertentes, representativa e direta, permitirão o enriquecimento da democracia.

A exclusão da democracia representativa em nome da democracia real, entendida como participação direta, acaba com a própria democracia, ou seja, com toda forma de democracia. Isto é o que nos diz a experiência histórica da Revolução Russa ao dissolver a Assembléia Constituinte e passar todo o poder aos sovietes. Rosa Luxemburgo já havia percebido isto em 1918, quer dizer, bem nos primórdios do processo revolucionário. Começa-se por abolir a democracia representativa e acaba-se por abolir toda a democracia. Este vaticínio de Rosa Luxemburgo, no mesmo ano da tomada do poder pelos bolcheviques, se cumpriria de forma cabal, até que se tenta na sociedade soviética o processo de democratização sob o signo da *perestroika*, um processo que originalmente — como reforma política e social — aspira à restauração da democracia representativa e, ainda em forma embrionária, à democracia autogestora nos centros de produção.

DEMOCRACIA E SOCIALISMO

O que demonstra a experiência histórica das sociedades do chamado "socialismo real", ao excluir toda forma de democracia, assim como a dos movimentos revolucionários de inspiração leninista, é o que Marx havia afirmado e muitos marxistas esquecido, a saber: que democracia e socialismo constituem uma unidade indissolúvel, posto que a democracia conseqüente, ao não se limitar à esfera política e impregnar por todos os poros a vida social, conduz ao socialismo. E o socialismo, por sua vez, entendido como a sociedade que põe a economia e o Estado sob seu controle, ou como participação de seus membros em todas as esferas da vida social, é a democracia radical e, conseqüentemente, a mais ampla e profunda.

A DEMOCRACIA E SUA HISTÓRIA

Mas a democracia não pode se abstrair da realidade e sua história. Suas formas, suas possibilidades, sua extensão e seus limites se acham condicionados historicamente. A democracia não é uma planta que floresça em qualquer terreno histórico e social. Não foi por acaso que a democracia antiga, ateniense, conheceu a democracia direta em toda a sua plenitude ao permitir que os membros da *polis* expressassem sua vontade sem intermediários ou representantes. É claro que se tratava de homens "livres" (um terço da população de Atenas; os outros dois terços, os escravos atenienses, careciam desse direito). Para esta população, por sua vez reduzida e limitada territorialmente, tratava-se da democracia direta com que ainda sonhava Rousseau no século XVIII, mas impossível hoje inclusive num Estado de dimensões — em população e território — pequenas. Mas, mesmo sem deixar de levar em conta este aspecto quantitativo da democracia ateniense, não cabe separá-la de um sistema social em que a máxima liberdade dos que a exercem se une à máxima servidão dos que não podem praticá-la: os escravos. E esta relação entre democracia, história e sociedade encontramos na democracia moderna. Não foi por acaso que surgiu no século XVIII, com a ascensão da burguesia e com as novas relações sociais capitalistas em desenvolvimento na Inglaterra, Estados Unidos e França.

DEMOCRACIA E CAPITALISMO

Não se pode negar que certa democracia fez e faz parte da supra-estrutura política do capitalismo. É a democracia limitada, política, formal, que o capitalismo aceita enquanto serve à reprodução das condições de produção capitalistas, ou enquanto, sob a pressão das lutas populares, se vê forçado a aceitá-la, enquanto não se questiona o processo de acumulação do capital. Mas a história demonstra também que o capitalismo não hesita em desembaraçar-se de toda forma democrática, por limitada que seja, quando assim o exigem seus interesses fundamentais. O exemplo do nazismo é eloqüente neste ponto. A democracia formal, parlamentar, da República de Weimar, é sucedida pela ditadura nazista que, longe de romper com o grande capital ou de se tornar autônoma em relação a ele, se converte na melhor garantia de seus interesses. Certamente, embora o capitalismo, em determinadas circunstâncias históricas, possa jogar fora uma forma democrática como a liberal burguesa, sem deixar de ser capitalismo, isto não significa que tenha de ignorar as diferenças entre uma forma democrática, não obstante suas limitações, e a negação total ou matizada da democracia.

Não ter levado em conta estas diferenças dentro dos limites estruturais do sistema, nos anos que precederam a tomada do poder pelos nazistas, foi um dos erros históricos do Partido Comunista alemão, que tão tragicamente seriam pagos na prática. Mas, levando em conta este e outros exemplos históricos, há que tratar de estabelecer uma equação entre capitalismo e democracia. Inclusive quando, em nossa época, nos países capitalistas mais desenvolvidos, a democracia alcança com o Estado de Bem-estar os espaços mais amplos dentro do sistema — o qual, por outro lado, não se pode desdenhar —, trata-se de um compromisso entre capitalismo e democracia que não questiona o processo de acúmulo de capital. Não se trata, certamente, de um Estado benfeitor com o qual a democracia está extrapolando os limites estruturais que lhe impõe o sistema capitalista. O capitalismo democrático não deixa de ser capitalismo.

VALOR UNIVERSAL DA DEMOCRACIA

A conclusão a que chegamos por enquanto é que a democracia é um valor que deve ser reivindicado não só ante as negações, esquecimentos ou subestimações dela, mas também frente às limitações da democracia realmente existente. Não por acaso a necessidade de democratização é hoje uma bandeira universal. E o é tanto nos países capitalistas desenvolvidos, nos quais se faz necessário estender, aprofundar ou radicalizar a democracia vigente, quanto nos países de desenvolvimento médio ou subdesenvolvidos, que mal começam a transitar pela via estreita da democracia representativa ou política e, finalmente, nas sociedades do Leste europeu, que, após a renegarem em nome do socialismo, iniciam na década de 1980 um difícil e incerto processo de democratização.

AS CRÍTICAS À DEMOCRACIA

Portanto, embora a democracia se apresente hoje como um valor geralmente admitido e, como dissemos no início, acima de qualquer suspeita, isto não significa que se encontre num mar de rosas ou imune a qualquer crítica ou impugnação. Não nos referimos agora às críticas que pode suscitar — e expusemos algumas delas — certa forma de democracia sob o capitalismo, críticas que pressupõem o valor da democracia e que partem justamente dos obstáculos ou limitações que se impõem em sua realização. Referimo-nos mais exatamente às críticas que a consideram como um projeto impossível ou irrealizável, quaisquer que sejam as formas adotadas em sua realização.

Vejamos quatro dessas críticas à democracia. A primeira se refere à sua possibilidade e aborda esta questão em relação com a natureza humana. O que caracteriza a natureza humana, ou o comportamento do homem, com seus impulsos egoístas, seu individualismo extremo, sua intolerância em relação aos interesses, aspirações ou decisões dos outros; em suma, sua falta de solidariedade. Portanto, toda democracia — qualquer que seja seu grau ou seus limites — supõe, pelo contrário, certo espírito coletivo ou solidário enquanto se tenta organizar, acima do egoísmo ou individualismo desenfreado, certa convivência social, e supõe assim mesmo esse espírito coletivo, solidário, enquanto certos assuntos gerais, públicos, se põem em primeiro plano e sobre eles tenta-se adotar determinadas decisões coletivas. A democracia — dissemos antes — é antes de tudo participação, e isto presume não só conceber a presença do coletivo no sujeito participante e no lugar em que participa, mas também na forma e no objeto de sua participação. A participação de um presume a dos demais e, mesmo assim, o respeito e a tolerância em relação a eles. Esta participação, na qual se faz presente o outro, não é a mão invisível guiada exclusivamente pelo egoísmo.

Uma vez que a democracia abriga sempre certo espírito solidário e uma atitude positiva em relação aos que intervêm nesta participação comum, e se por outro lado a natureza humana é fundamentalmente egoísta, não-participativa — ou só participativa se movida por falta de solidariedade —, democracia e natureza humana são incompatíveis. Por conseguinte, dada essa natureza humana, a democracia é impossível.

O que a faz impossível pode variar de acordo com a idéia que se tenha da natureza humana. Pode ser também, como no Nietzsche de *Mais além do bem e do mal*, a obediência cega que torna possível o governo carismático ou a tirania. Quer se trate da natureza egoísta do homem, quer da passividade ou obediência cega, a democracia entra em contradição com a natureza do homem.

Portanto, esta crítica avassaladora da democracia só pode ser aceita se se aceitar que existe uma natureza humana dotada de aspectos imutáveis, à margem da história. Mas tal natureza humana não existe, pois o que podemos considerar como tal só ocorre na história e pela história. Assim, os aspectos das concepções apontadas — o egoísmo ou a obediência cega — podem ocorrer somente em determinadas condições históricas. Da mesma forma, o comportamento humano — solidário, tolerante etc. —, sem o qual é inconcebível a democracia, só ocorre em algumas condições históricas. A democracia, com suas modalidades, formas ou limites, assim como a ausência dela — como ditadura, despotismo ou tirania —, dependem de determinadas condições históricas e sociais e não estão inscritas certamente em uma abstrata natureza humana.

Fica, pois, afirmada a tese da possibilidade da democracia. Mas a prova — definitiva — dela é a própria realidade. A democracia, com sua diversidade de formas e com seus limites variados, existiu e existe efetivamente.

Uma segunda crítica aponta não mais para sua possibilidade afirmada com sua realização, mas para sua própria realidade. E sua tese é esta: a democracia, ao realizar-se, degenera ou se converte em seu contrário. Existe, pois, uma lógica própria de seu desenvolvimento, em virtude da qual a democracia, longe de ampliar-se ou aprofundar-se, acabaria por se desnaturalizar. Não se trata de uma tese nova. Já na Antiguidade, Platão tinha dito mordazmente: "A democracia se transforma em despotismo"(*A República*, VIII, 562). E em nossos dias, Robert Michels, referindo-se à democracia no seio dos partidos ou sindicatos, formula sua lei de ferro da oligarquia, de acordo com a qual a prática da democracia nessas organizações gera interesses que acabam por destruí-la.

Certamente, não faltam exemplos de como a prática democrática desembocou em sua desnaturalização (um exemplo extremo é o da evolução, por via democrática, da República de Weimar até a ascensão do nazismo). E são muitos os exemplos que poderiam ser acrescentados de organizações políticas e sindicais que passaram em seu seio do cultivo de uma prática democrática à sua desnaturalização. Mas, em todos esses casos, independentemente de outros fatores empíricos, específicos, a causa fundamental desse processo involutivo não estaria na aplicação conseqüente da democracia, mas justamente em seu recuo ou desvio; em suma, sua inconseqüência.

A concepção da necessidade de ampliar ou estender a democracia enseja exatamente uma terceira crítica que, atualmente, provém sobretudo dos meios conservadores: a dos "excessos" da democracia. A "excessiva" democracia produz o que seus ideólogos chamam de "ingovernabilidade". Bobbio a entende como a conseqüência da desproporção existente entre as demandas cada vez maiores da sociedade civil e a capacidade do sistema social para atendê-la. Mas Bobbio não vê solução para esta desproporção, já que não cabe diminuir as demandas (que seria a solução autoritária) nem atendê-las melhorando e reforçando os serviços do Estado (que seria a solução social-democrata, inviável dada a crise do Estado de Bem-estar).

Este questionamento do rendimento ou governabilidade das democracias já era planejada pela Comissão Trilateral, em maio de 1975. E o fazia sem rodeios, nos seguintes termos: "(...) Reconhecemos", afirma em um dos seus trabalhos dessa data, "que há limites potenciais desejáveis para o crescimento econômico (...) [como] há limites potenciais desejáveis para a extensão da democracia." E acrescentava: "Um excesso de democracia significa um déficit de governabilidade; uma fácil governabilidade sugere uma democracia defeituosa."

É certo que existe tal incompatibilidade, mas é preciso situá-la em um terreno concreto. Em determinada democracia, a sociedade se torna ingovernável de acordo com os padrões de governo ditados pelos interesses dominantes. E a solução, na verdade, não é — como diz Bobbio —, a autoritária, nem tampouco a social-democrata quando o Estado de Bem-estar já não é tolerado pelo sistema. A solução está justamente em um "excesso" da democracia — entendida como sua ampliação e aprofundamento —, que ao deslocar os interesses dominantes permite uma nova "governabilidade".

Finalmente, outra das críticas à democracia, à qual Bobbio faz eco sem perder o passo, é a da diminuição dos espaços de decisão democrática ante o crescimento da tecnocracia. Uma vez que todos podem decidir sobre tudo, e posto que a decisão sobre questões cada vez mais especializadas tem de cair nas mãos dos especialistas, dos que sabem, a democracia é incompatível com a tecnocracia. Assim, admitir esta incompatibilidade e, portanto, a primazia dos especialistas, técnicos ou tecnólogos, é confundir a racionalidade dos fins e valores com a racionalidade instrumental, ou seja, dos meios, se os meios hão de estar submetidos aos fins, e não podem portanto converter-se em fins em si, a participação seletiva dos especialistas em seu campo específico não pode excluir a participação democrática da comunidade em todos os assuntos que, por sua relação com os fins e valores em jogo, a afetam de modo vital.

REVOLUÇÃO E AUTORITARISMO. REVOLUÇÃO E DEMOCRACIA

Restava pendente uma última pergunta, anunciada já no título de nossa conferência: as relações entre revolução e democracia. Vamos deixar claro que entendemos aqui revolução em um sentido restrito, como processo ou conjunto de atos violentos que levam à tomada do poder, e não no sentido amplo de transformação radical das relações sociais que pode basear-se em um processo democrático. Pois bem, nesse sentido restrito, abordamos agora as relações entre revolução e democracia. Esta abordagem se faz necessária dado que, na atualidade, há aqueles que vêem uma incompatibilidade radical entre uma e outra, ou também os que vêem na revolução limites insalváveis para a instauração de um regime democrático. Na revolução estaria a origem dos males de uma sociedade posterior, entre eles a ausência de democracia. Assim, por exemplo, G. Vattimo assegura que "a revolução (...) nunca poderá inaugurar de verdade a nova história do homem emancipado".[1] E Ludolfo Paramio afirma, por sua vez: "Agora, pelo contrário, começa-se a identificar a revolução com o nascimento de regimes autocráticos e baseados no terror."[2] Vemos, pois, que, de acordo com essas posições, a revolução, longe de gerar a democracia, geraria o seu oposto: a autocracia. E isso em virtude de sua natureza violenta, ou, como também diz Paramio: "Uma ruptura revolucioná-

[1] G. Vattimo, *Más allá del sujeto*, Paidós, 1989, p. 16.

[2] Ludolfo Paramio, *Tras el diluvio*, Siglo XXI, 1988, p. 147.

ria, na medida em que cria um profundo rompimento no tecido social, dá origem a uma forte expansão da capacidade repressiva do Estado (...) e desenvolve, desde o primeiro momento, um aparato armado de força superior."[3]

Resumindo, a natureza autoritária, violenta, da revolução só pode levar a um regime autoritário, com a conseqüente exclusão da democracia. Temos aqui duas afirmações: uma — a primeira —, sobre a natureza da revolução; e outra, sobre a conseqüência que se desprenderia dessa natureza, "uma conseqüência lógica que leva da revolução à autocracia".[4]

Abordemos, pois, o problema da relação entre revolução e democracia neste plano duplo, ao mesmo tempo lógico e histórico, teórico e empírico.

A primeira afirmação, sobre a natureza da revolução, parece ter o aval de Engels quando diz: "Não existe nada mais autoritário que uma revolução." Esta afirmação carece de fundamento? Não, posto que se trata de uma evidência empírica. É um fato que as revoluções não se fazem sobre um mar de rosas, mas sim pela força, a violência e, em ocasiões, por uma força organizada e largamente exercida como luta armada, militar. E, neste sentido, nada existe mais antidemocrático, por ser autoritário ou hierárquico, que o instrumento armado de que se vale a revolução. Por outro lado, como demonstra a experiência histórica com as revoluções vitoriosas de outrora — a Francesa, a Russa, a Mexicana ou a Cubana —, ou a Revolução Sandinista de hoje, as revoluções não podem desarmar-se, já que, interna e externamente, têm de fazer frente à contra-revolução. Existe, pois, um lado autoritário em toda revolução, que lhe é imposto pela luta armada que há de travar, primeiro para vencer e depois para sobreviver.

Entremos agora na segunda questão: a das conseqüências da revolução para a democracia. E comecemos por reconhecer que os aspectos autoritários da revolução, as limitações ou exclusões da

[3] *Idem.*

[4] *Idem.*

democracia na luta violenta, armada, podem se estender mais além dos limites exigidos pela própria revolução, ou perdurar quando cessarem as condições que os exigiam. Mas não se trata de um risco possível que tenha de converter-se inexoravelmente em realidade ao ponto de obrigar-nos a identificar a revolução com um regime antidemocrático com base no terror. Já não se trataria, portanto, de determinada conjuntura histórica que explicaria um eclipse transitório da democracia depois da revolução, mas justamente de sua negação como uma "seqüência lógica" dela. E portanto estaríamos diante da queda do "paradigma" da revolução, sustentam Vattimo e Paramio, como transição para uma sociedade emancipada ou mais justa.

Os fatos parecem abonar a tese de que as revoluções abriram passagem a formas de poder ou métodos autoritários. Assim, por exemplo, a primeira revolução vitoriosa da burguesia (a inglesa) é inseparável da ditadura de Oliver Cromwell; a Revolução Francesa aninhou em seu seio a ditadura jacobina: um período de terror que foi seguido pelo autoritarismo do Império Napoleônico, repetido mais tarde — como farsa, segundo Marx — pelo bonapartismo; a Revolução Russa conheceu o longo período de terror e negação da democracia conhecido como stalinismo, e a Revolução Mexicana produziu primeiro um regime de caudilhos e, mais tarde, de um partido oficial, que só a partir de 6 de julho de 1988 começou a rachar.

E, contudo, não obstante estes fatos que parecem dar aval à tese de uma "seqüência lógica" entre revolução e os males que depois dela afligem a democracia, nos tempos modernos as revoluções estão nas origens da democracia e têm sido sua condição necessária. Ninguém poderia negar que a democracia inglesa é filha de uma revolução; que a democracia francesa é inconcebível sem a Revolução de 1789; que os avanços democráticos no México têm suas origens na Revolução de 1910.

Finalmente, a democracia nicaragüense atual seria inconcebível sem a Revolução Sandinista. Não obstante as agressões externas que poderiam ter constituído um caldo de cultivo para o autoritarismo, ampliam-se os espaços democráticos em consonância com o caráter popular, nacional e antiimperialista da Revolução Sandinista. Em suma, os princípios da liberdade, representação e controle do poder pela sociedade que, não obstante suas limitações, configuram as democracias nos tempos modernos, são frutos de revoluções diversas. Assim, pois, longe de existir uma seqüência inevitável entre revolução e autoritarismo, encontramos um nexo entre revolução e democracia, tanto mais amplo e profundo quanto se avança a partir de um plano político para um plano econômico e social.

Portanto, reconhecer este nexo entre as grandes revoluções dos tempos modernos e a democracia — não obstante seus eclipses, deformações e desvios — não significa afirmar que a democracia, ou pelo menos certo tipo dela, só pode ser alcançada pela via revolucionária (ou revolução em sentido estrito) e menos ainda que a democracia não seja um elemento substancial da revolução (em sentido amplo).

É certo que a democracia — ou, mais exatamente, determinada forma de democracia — nem sempre é fruto de uma revolução, mas sim de uma transição pacífica, embora não possam ser descartados elementos de violência anteriores em sua consecução. Assim acontece, por exemplo, na transição ocorrida na Espanha atual da ditadura para a democracia, ou nas sociedades do "socialismo social", que tentam passar de um regime autoritário para um regime democrático, embora, porém, não seja possível fixar o perfil específico que a democracia assumirá nas citadas sociedades. Na verdade, a revolução, ou mais exatamente a via revolucionária, violenta, de acesso ao poder, não está hoje na ordem do dia. Mas isso não implica forçosamente que, em outras condições, não possa contribuir para a conquista da democracia.

1989

O movimento de 68

Hoje nos reunimos aqui, nos 25 anos do movimento estudantil de 1968, justamente nesta faculdade que nele teve participação tão ativa. Diariamente nossos estudantes vinham ao auditório ao qual decidiram à época dar o nome de Che Guevara. Daqui saíam a toda hora enxames de brigadistas para as ruas da cidade, a fim de propagar os objetivos do movimento e buscar a solidariedade de diferentes setores sociais. Daqui saíam também para as grandes manifestações que comoviam a capital. E de suas assembléias nas salas de aula partiam rumo ao Conselho Nacional de Huelga os delegados, nos quais, democraticamente, se depositava confiança para que ficassem à altura, à grande altura, do movimento. Como professor da Faculdade de Filosofia e Letras, e tal como a maioria dos meus colegas, tomei parte nas atividades de apoio e solidariedade em tudo aquilo que os estudantes consideravam necessário, mas sempre consciente, por minha vez, de que os protagonistas eram eles, nossos estudantes, e de que a nós, os professores, só restava tocar o segundo violino e, em muitos casos, receber as lições políticas e morais que nossos alunos davam, embora sem renunciar, por nosso lado, à opinião própria e inclusive à crítica.

Devo acrescentar a isso que, entre minhas dívidas pessoais com o movimento de 68 está — como reconheci no Prólogo correspondente — o fato de ter-me impelido a escrever um de meus livros — a *Ética* —, que desde o seu lançamento contou com a acolhida favorável dos mestres e estudantes de escolas preparatórias e faculdades de ciências e humanidades.

Finalmente, antes de expor algumas reflexões sobre a natureza, alcance e valor do Movimento, gostaria de trazer à nossa lembrança os nomes de alguns universitários, vinculados estreitamente a ele, todos já falecidos. O primeiro é o engenheiro Javier Barros Sierra, de quem recordo com emoção e ao qual vi, com toda sua grandeza, na grande manifestação dos primeiros dias de agosto. Ao liderá-la, desafiando o poder público, deu — com sua conduta exemplar — um giro decisivo ao Movimento. O segundo é o Dr. Eli de Gortari, que, por tomar parte na Coalizão de Professores que apoiava o movimento, foi encarcerado e sofreu todo o rigor de uma repressão cujas seqüelas o marcaram até sua morte. O terceiro nome é o do Dr. Wenceslao Roces, velho amigo e companheiro do exílio espanhol, do qual recordo participando de todas as nossas reuniões da faculdade e tomando a palavra com ardor juvenil aos seus 72 anos em uma concentração de estudantes e mestres perto da reitoria. O quarto nome é o do então aluno de letras clássicas, Ignacio Osorio, que conjugava sua serenidade — clássica também — com seu impulso inflamado ao Movimento. A todos eles, desaparecidos nos últimos cinco anos, recordo neste momento como exemplos que teria de multiplicar por centenas, de mestres e alunos que honravam a si mesmos por seu comportamento nas jornadas de 68 e que, por sua vez, honravam com sua conduta o movimento estudantil.

E agora apresentarei algumas reflexões sobre 68.

O ano em que nasce, se desenvolve e chega ao seu fim o movimento estudantil no México, é um ano — em escala internacional — de grandes acontecimentos: os dois blocos de potências em que se dividiu a hegemonia mundial medem suas forças, sua vontade de domínio, não só no terreno econômico e político como também no militar, com a guerra do Vietnam, um deles, e com a invasão da Tchecoslováquia, o outro. Mas 1968 é também, nessa mesma escala, o ano dos movimentos estudantis, tanto nos países do chamado Primeiro Mundo — Estados Unidos, França, Alemanha —, como nos chamados socialistas — Tchecoslováquia, Iugoslávia — e, finalmente, na periferia, como é o caso do México.

Não se pode afirmar que entre esses movimentos existisse uma ligação orgânica, mas sim que por alguns traços — particularmente pela composição juvenil e estudantil das forças sociais que se rebelavam contra o *status quo* — eles tinham um ar de família. Mas, junto com as semelhanças, suas diferenças eram notáveis. Certamente, nenhum teve um caráter tão festivo como o Maio francês nem tão trágico como o do México. Em todos eles estava a presença paradigmática de Che Guevara, mas nem em todos ocorria o radicalismo maoísta que seduzia os estudantes franceses, nem calavam tão fundo, como calaram nos *campi* californianos, as idéias dos que aqui, a partir da cadeira presidencial, foram estigmatizados — tendo presente Marcuse — como "filósofos da destruição". Na verdade, o movimento estudantil do México não podia alhear-se totalmente ao que acontecia no mundo. Mas suas causas e raízes, assim como suas características básicas, surgiam de um fundo próprio, nacional, e por isso também teve — como o massacre de Tlatelolco — um final próprio, autóctone, que só se pode explicar pela história política dos últimos decênios e pela natureza do poder, dos meandros da política e da peculiaridade das relações entre Estado e sociedade no México.

Mas centralizemos nossas reflexões no movimento dos estudantes mexicanos para tentar apreender alguns de seus traços fundamentais, tal como se nos apresentam hoje, depois de passar pelo filtro de 25 anos, e independentemente do grau de coincidência ou divergência desses traços com relação a outros movimentos estudantis da mesma época. E a primeira pergunta que nos acomete, com este motivo, tem a ver com a caracterização do Movimento de 68 no México: como classificá-lo? Foi revolucionário, reformista, democrático, propriamente estudantil ou popular? Ao formularmos esta pergunta não temos presentes os desejos deste ou daquele grupo, suas intenções declaradas ou implícitas, mas sim o que o movimento proclamou publicamente como objetivos seus e o que efetivamente foi, ao tentar cumpri-los. Mas antes de caracterizá-lo assim, procuremos fazê-lo pelo que, a nosso ver, não era.

Revolucionário? Não era, não podia ser revolucionário, já que não se propunha — nem podia — mudar radicalmente as estruturas do sistema, e não só a política ou a supra-estrutura — que foi o canal pelo qual fluíram suas ações —, mas também as próprias bases econômicas e sociais. Não contava, nem podia contar, com as forças sociais necessárias para tal. Naturalmente, isto não podia evitar, nem evitou na realidade, que surgissem grupos isolados que, tomando seus desejos por realidades, acreditaram que estavam dadas as condições necessárias para que o movimento fosse revolucionário. Daí que, conseqüentemente, gritaram: "Não queremos abertura, queremos revolução!" E não faltou quem declarasse que para isso era preciso recorrer às armas. Por certo, tal sujeito revelou-se por fim um agente provocador.

Reformista? Se por reformismo se entende buscar caminhos dentro do sistema, tanto na base como na supra-estrutura, sem ultrapassar o marco estrutural, o movimento não era reformista, pois tal tipo de mudanças não entrava em seu projeto.

Democrático? Se por tal se entende um movimento que põe em primeiro plano a reivindicação da democracia, limitada ou negada pelo estado autoritário, este objetivo que haveria de ser central mais tarde como fruto do próprio movimento não se achava então nesse primeiro plano. Pois a democracia não era valorizada pela esquerda que impulsionava o movimento, nem constituía para a sociedade o objetivo prioritário que é hoje, frente ao autoritarismo e ao Partido de Estado.

Estudantil? É inegável que, por seu lugar de nascimento e desenvolvimento, pela composição de seus participantes e dirigentes, foi um movimento estudantil em um sentido amplo e não só universitário ou de uma ou outra instituição, já que nele participaram estudantes de escolas preparatórias e vocacionais, da UNAM e do Politécnico, das universidades particulares e do Código do México. Contudo, ninguém poderia afirmar que suas reivindicações eram exatamente estudantis. Os estudantes enquanto tais não pediam nada para eles; nada que melhorasse ou beneficiasse sua situação. Não que isso fosse legítimo, como o havia sido em movimentos anteriores e haveria de ser em outros posteriores. Portanto, o Movimento de 68 *era* de estudantes, mas não *para* os estudantes. Estes lutaram decididamente e alguns morreram não por algo que respondia a interesses particulares, corporativos, mas por reivindicações que beneficiavam toda a comunidade. Ao participar das manifestações que estremeceram a cidade, ao acercar-se de outros setores da sociedade, não o faziam movidos por reivindicações propriamente estudantis, mas assumindo ou encarnando um interesse comum, de todos. A rigor, por seus objetivos e demandas, o 68 não era um movimento estudantil. E recordem como esta despreocupação pelas coisas próprias de sua condição de estudantes era reprovada avessamente pela imprensa reacionária, já que a imagem que projetava não correspondia à do "bom estudante", egoísta e indiferente ante os problemas que essa imprensa considerava alheios a eles; ou seja, os da comunidade. Contudo, embora o Movimento de 68 não fosse estudantil por seus objetivos e aspirações, o era porém por sua composição, já que os estudantes constituíam sua força principal. Foram eles que o organizaram e impulsionaram com autonomia e independência em relação a qualquer organização ou partido político. Até que ponto esta autonomia ou auto-suficiência, mantida zelosamente até o último momento, conduziu a seu isolamento e selou em parte seu destino final, é uma questão importante que não abordaremos neste momento.

Popular? Como sabemos, no decorrer do Movimento, este chegou a ser denominado estudantil-popular. Já dissemos em que sentido era e não era estudantil. Mas, popular? Depende do sentido em que empreguemos o termo. Podemos empregá-lo nestes três: 1) Se queremos dizer com isso que o Movimento respondia por suas reivindicações aos interesses da comunidade ou povo que engloba professores e estudantes, profissionais e empregados, classes médias e trabalhadores da cidade e do campo, é inegável que era popular. 2) Se levarmos em conta que o Movimento, pela amplitude de sua resposta e a aceitação que teve, assim como pelo apoio e respaldo que encontrou em amplos setores da sociedade, particularmente nos meios intelectuais e profissionais, em largas faixas das classes médias e em setores — não tão amplos — dos trabalhadores organizados, pode reconhecer-se seu caráter popular. 3) Se o popular é medido pelo grau de participação ativa do povo, é preciso admitir que este ficou à margem do Movimento. Fracassaram inclusive as tentativas de incorporar os trabalhadores como aliados. O "movimento operário organizado", em mãos dos seus dirigentes sindicais "*charros*", declarou guerra aos estudantes que, cheios de ilusões, pretendiam se aproximar dos operários nos centros de trabalho sem que estes, manietados por sua organização sindical, mostrassem disposição para ouvi-los e, menos ainda, apoiá-los. Houve certamente exceções: as dos trabalhadores dos sindicatos independentes que se haviam safado do autoritarismo e da corrupção do sindicato oficial. Por certo, esta separação dos estudantes e trabalhadores não foi exclusiva do movimento estudantil mexicano, mas também uma característica dos movimentos de outros países, com a exceção da França, onde 10 milhões de operários responderam com uma greve às exortações dos estudantes parisienses.

O que é, pois, o Movimento de 68 no México se não é — dando-se aos termos o sentido adequado — nem revolucionário, nem reformista, nem democrático, nem popular? Foi — empregando um qualificativo que tem mais ressonâncias bakuninianas do que marxistas — um movimento antiautoritário, ou seja, contra a autoridade ou o poder que se exerce ou abusa em atos concretos e mediane suas instituições (ou aparatos) estatais. Vejamos tão-somente o documento petitório que nunca foi modificado nem ampliado ao longo do movimento.

O que é que se reclama com ele? 1) a liberdade dos presos políticos (que a autoridade encarcerou injustamente); 2) a revogação do Código Penal com o qual se justifica a repressão; 3) a extinção do Corpo de Granadeiros com o qual o poder leva a cabo a repressão; 4) a destituição dos chefes policiais que dirigiram a repressão; 5) a apuração das responsabilidades da autoridade (de seus funcionários) nos atos repressivos e 6) a indenização às vítimas da repressão.

Trata-se, pois, de reivindicações que afetavam tanto a lei e o aparato coercitivo com que a autoridade reprimia, como os atos concretos repressivos que se iniciam com o que desencadeou o Movimento e, em conseqüência dos quais, se exigia da autoridade a apuração de responsabilidades e a indenização às vítimas. Questiona-se, portanto, no documento petitório, o caráter repressivo do poder em suas manifestações concretas. Mas, ao fazê-lo, permanecemos em um plano supra-estrutural, político, sem tocar a natureza de classe nem as raízes sociais e econômicas desse poder. O qual permite supor que, ao não ser questionado radicalmente, o poder poderia ter optado pela negociação e inclusive pela atenção a demandas de certo modo limitadas, nada radicais. Mas, longe de seguir este rumo, o poder se ateve a uma lógica cerrada, repressiva, que levaria à matança de Tlatelolco. Assim, já que não estava em questão a própria estrutura do sistema, cabia outra alternativa, distinta daquela que o poder escolheu. Portanto, com base na experiência histórica — particularmente na mais recente nos países do Leste europeu —, é preciso reconhecer que o poder autoritário crê — e talvez com razão — que qualquer rachadura ou janela nova, no velho e aparentemente sólido edifício, pode levar à queda de toda a estrutura. E foi nisso também que acreditou o presidente do México, daí sua defesa intransigente do princípio de sua "autoridade", que desembocou quase inexoravelmente no massacre de Tlatelolco.

Uma característica importante deste movimento, compartilhada por outros da época, sobretudo na França e nos Estados Unidos, é que o questionamento da autoridade política se estende a outras formas de autoridade que ocorrem não só nas relações entre o Estado e a sociedade, mas também no seio da própria sociedade: relações familiares, entre os sexos, na docência, entre gerações etc. Em todas elas o poder, ou micropoder autoritário, é impugnado.

Não resta dúvida de que esta impugnação tinha um atrativo especial para os jovens e contribuiu para dar um tom festivo ao movimento, sem que, por isso, perdesse sua dimensão fundamental: a política. Certamente, se por esta dimensão política o movimento atraía aqueles que já haviam deixado para trás sua juventude, por esse componente festivo os jovens o reclamavam como seu e se reafirmavam como tais. Daí seu qualificativo de "*momiza*", dirigido não agora aos velhos, mas inclusive aos que, já não sendo tão jovens, ainda não eram tão velhos. E daí também certa mitificação da juventude como depositária natural do protesto e da mudança. Os jovens de ontem, do 68 — e que, por conseguinte, já não o são —, podem perceber que em muitos casos continuam sendo mais jovens, ou seja, mais fiéis ao espírito crítico e de mudança do que os jovens que na Europa de hoje aderem às causas mais velhas e detestáveis: o racismo, a xenofobia e o nacionalismo agressivo e excludente. Cuidado, pois, com as mitificações geracionais que passam por cima dos valores de liberdade, dignidade, tolerância etc., que podem unir os jovens aos maduros e velhos e ignorar ao mesmo tempo as divisões que, em situações concretas, impõem a economia, a política e a cultura a uma mesma geração!

Mas ainda nos falta dar algumas pinceladas para completar a imagem antiautoritária do Movimento de 68. Desenhamos seu perfil político sem desdenhar o traço festivo do que não se pode prescindir nessa imagem. Mas não especificamos que tipo de política interessava ao movimento fazer, ou aspirava a que se fizesse. A política contra a qual o movimento reagia é a política pragmática e supostamente realista, que abre um abismo entre a retórica revolucionária nacionalista e os fatos. Também: a que decide na cúpula e às costas da vontade do povo; a que faz do segredo uma necessidade e, finalmente, a que substitui o diálogo e a negociação pela coerção, suborno ou conchavos. Diante dela, a política que proclama e pratica o movimento é a concordância entre a palavra e os fatos; a tomada de decisões com a participação coletiva e direta, embora isto signifique reduzir o papel da delegação e representação. E a tudo isto é preciso acrescentar — como próprio deste modo verdadeiramente democrático de fazer política — a transparência, a reivindicação do diálogo público e a eliminação dos compromissos obtidos à sombra, embora isto seja caldo de cultivo da suspeita, da desconfiança e inclusive da resistência à negociação.

Enquanto o autoritarismo marcava com seu sinete a política dominante, e enquanto até a própria esquerda não havia conseguido libertar-se, em seus partidos, de hábitos e métodos autoritários, como o provam sua subestimação, durante longos anos, dos valores democráticos e a falta de democracia interna em suas organizações, o Movimento de 68 toma a dianteira e afirma sua autonomia e independência em relação aos partidos políticos de esquerda. Mas é no seio do próprio movimento que se afirmam a transparência, a democracia interna e a submissão da direção às bases. Certamente, isto não deixa de ter seu custo: lentidão na tomada de decisões e rigidez nos acordos adotados até que se ouçam as bases, o que se converte em um lastro que refreia a ação. Mas este é, certamente, o custo imposto por uma política que, ao atender sobretudo aos princípios, adquire uma profunda dimensão moral. Não se trata aqui de uma moral a serviço da política, muito pelo contrário: da política que, ao se opor — por sua fidelidade aos princípios — à corrupção, ao logro e aos conchavos, se impregna toda ela de um conteúdo moral. Não é por acaso que o homem, o revolucionário, que encarna a política assim concebida — Che Guevara —, esteja presente com suas palavras ou imagens nos cartazes das grandes manifestações estudantis. Mas a política não é só assunto de uma moral ou fidelidade aos princípios sem levar em conta sua encarnação na vida real. Está obrigada por isso a medir o possível, a ter presentes as conseqüências, a não mover as pedras no tabuleiro do "tudo ou nada"; resumindo, está obrigada a ajustar seus passos à razão e à realidade.

Talvez o Movimento, por seu caráter insubordinável, assim como por sua desconfiança justificável em relação ao centralismo e à organização e, em grande parte, pela inexperiência de seus dirigentes e bases, tenha impregnado seu modo de fazer política de um utopismo e moralismo que o levaram a impor condições ao diálogo público e à negociação.

Contudo, ainda dentro deste marco, foi o sistema que fugiu ao diálogo até torná-lo impossível ao recorrer à violência extrema. Com esta violência, o Movimento foi derrotado no terreno escolhido pela autoridade: o da força. Mas, ainda assim, derrotado, ele não foi inútil. Os lucros alcançados depois — e não se pode deixar de reconhecer esses lucros arrancados ao sistema, por limitados que sejam — não poderiam ser explicados sem ter presente que têm seu registro de nascimento na profunda comoção que o Movimento de 68 provocou na história e na vida política do México.

Mas talvez o lucro mais importante, em tempo em que o desencanto e a desilusào causam seu efeito em amplos setores da esquerda e particularmente entre os jovens, seja a lição que os estudantes mexicanos deram com sua conduta exemplar em um movimento abnegado e generoso, em moral e política, há 25 anos.

1993

Reflexões — intempestivas? — sobre a igualdade e a desigualdade

REFLEXÕES INTEMPESTIVAS?

Propomos algumas reflexões sobre o conceito, valor ou ideal da igualdade em suas relações com o seu pólo oposto: a desigualdade. Mas, já no próprio título da proposta, terão observado que interrogamos a adequação destas reflexões com seu tempo, que é justamente o que se aponta ao classificá-las de "intempestivas". Na verdade, não faltam razões para pensar que o sejam, levando em conta que, embora a igualdade se inscreva, desde a Revolução Francesa, na trindade suprema dos valores políticos e sociais, junto com os da liberdade e da fraternidade, hoje se abre nessa constelação trinitária um vazio, deixado pela igualdade, ocupado, sobretudo, pela democracia.

Certamente, nem no plano das idéias, como conceito ou valor, nem no da prática, se reivindica hoje a igualdade, ao menos com o vigor e a paixão de outros tempos. Inclusive nos programas e ações políticas de nossa sofrida esquerda, em contraste com o menosprezo com que a fitava em outros tempos, a democracia constitui junto com a liberdade sua reivindicação fundamental. Esta prioridade da democracia, elevada às vezes à condição de panacéia e fetiche, justifica aparentemente que se abandonem, por "intempestivas", as reflexões sobre a igualdade e a desigualdade.

Mas, por outro lado, não podem ser "intempestivas" as reflexões cujo objeto continua existindo como efetivamente real. E quem poderia negar o conjunto de desigualdade de toda classe: em um mesmo país ou, em escala mundial, entre os países ricos e pobres, e sobretudo quando nesse universo impressionante de desigualdades, as econômicas e sociais alcançam os índices extremos que ocorrem no México? Pois bem, se as grandes desigualdades na distribuição da riqueza, do ingresso e do consumo, e na satisfação de necessidades básicas, põem em primeiro plano a exigência de uma política econômica e social mais igualitária, não será supérfluo tentar esclarecer, em diferentes níveis de abstração e generalidade, os conceitos básicos. O nosso será o mais geral e abstrato: o da filosofia.

Portanto, nossas reflexões pareceriam "intempestivas" a partir de outro ângulo: o do pensamento do qual se nutrem: um pensamento — como o de Marx — sobre o qual se desencadeia hoje não só a hostilidade de seus tenazes adversários de sempre, mas também o rancor de antigos beatos "marxistas-leninistas", que agora abjuram dele. Mas Marx não está "morto", como são unânimes em decretar os dogmáticos de todos os "fins": das ideologias, do socialismo, da história, dos "grandes relatos" e, por certo, de Marx e do marxismo? Digamos simplesmente, para não demorar mais a entrar em nosso campo temático, que, na verdade, Marx morreu mesmo: aquele que ficou desnaturalizado ou petrificado na ideologia que inspirava e justificava o "socialismo real". Certamente, vive em Marx que, partindo da realidade, pretendeu transformá-la, estabelecendo novas relações entre igualdade e desigualdade dentro de um processo infinito de autorealização ou emancipação do homem. E esse Marx está vivo entre nós na medida em que, ao assumi-lo hoje, transformemos também — em tudo que seja necessário — seu pensamento. E se assim o assumimos, este ponto de apoio em nossas reflexões, longe de torná-las "intempestivas", permitirá que as atualizemos com um mundo no qual as desigualdades econômicas e sociais, impostas pela exploração e marginalização dos homens e dos povos, atingem hoje níveis tão impressionantes num continente do qual o México faz parte.

TRADIÇÃO IGUALITÁRIA

As desigualdades entre os homens, particularmente na distribuição e no consumo de bens — excetuando-se a mítica Idade de Ouro de um "comunismo primitivo" —, são tão velhas quanto a divisão da sociedade em classes. Outra coisa é a percepção ou consciência delas, e a transformação dessa consciência em demandas e ações igualitárias, como as que testemunham, no século XVI, as revoltas camponesas na Alemanha. E outra coisa é também a reflexão teórica que encontramos, ao longo da história do pensamento filosófico e social, sobre a natureza e fundamentos da igualdade e da desigualdade.

Podemos falar portanto de uma tradição filosófica igualitária desde os gregos até nossos dias, que responde a uma história real e ininterrupta de desigualdades políticas, econômicas e sociais. Fixemos pois a atenção — com o esquematismo inevitável — nos alvos fundamentais dessa filosofia da igualdade e da desigualdade.

O primeiro desses alvos, encontramos na antiga Grécia. A partir de uma desigualdade real, que não se questiona, entre homens livres e escravos, reivindica-se pela primeira vez a igualdade de acesso ao poder político e a igualdade perante a lei. Até então apenas um — o rei ou o tirano — era propriamente igual, enquanto todos os demais eram desiguais. Por sua vez, como este igual, único e supremo, produz e encarna a lei, ninguém pode se equiparar a ele, já que a lei só existe nele e por ele. Quando o *demos* (do qual são excluídos mulheres e escravos) consegue igualar-se no acesso ao poder, no controle de seu governo (democracia) e perante a lei, isto constitui uma virada decisiva nas relações até então existentes — com a monarquia e a tirania — entre a igualdade e a desigualdade.

O pensamento filosófico grego tentará basear esta descoberta da igualdade política e jurídica no princípio da harmonia, que, segundo ele, rege o cosmo, tanto para os deuses quanto para os homens e a natureza. O tratamento desigual dispensado aos escravos, em contraste com o igual reservado aos "homens livres", se justifica naturalmente porque — como diz Aristóteles — "uns nascem livres e outros nascem para ser escravos". Assim, pois, a desigualdade se baseia na natureza. Seria injusto, por isso, diz também Aristóteles, dar um tratamento igual a todos, incluindo nele os que, por sua própria natureza, são desiguais como os escravos.

Na Idade Média cristã não se questiona a desigualdade social nem tampouco a política, o que constitui um passo atrás em relação à democracia grega, não obstante as limitações de classe desta. E, contudo, não deixa de ser registrado um avanço importante em relação a ela, já que, pela primeira vez, admite-se uma igualdade universal entre pobres e ricos, homens e mulheres, poderosos e fracos, reis e súditos, livres e servos. Só que essa igualdade não é deste mundo terreno, no qual é preciso aceitar resignadamente as desigualdades efetivas de todo gênero.

Com a modernidade, tão estreitamente vinculada ao nascimento e consolidação do capitalismo, produz-se outra virada decisiva no binômio igualdade-desigualdade, e no modo de conceber o papel que desempenham nessa relação mútua a natureza e a sociedade. Se Aristóteles encontra na natureza a fonte da desigualdade, Hobbes descobre nela a igualdade. E o que torna iguais os homens em seu estado natural é a força que, como lei, rege e se impõe, com seus efeitos destrutivos, nas relações entre os seres humanos. Semelhante igualdade natural exige uma igualdade social que substitua a lei da força pela força da lei, ante a qual são iguais o rei e seus súditos. O que inquieta Hobbes, portanto, é a desigualdade natural e não, claro, a desigualdade social, já que esta é a que garante a igualdade perante a lei. Inicia-se assim a exaltação da igualdade jurídica, formal, que deixa de lado as desigualdades econômicas e sociais e que, com o liberalismo, se converterá no paradigma da ideologia política burguesa.

Embora Rousseau compartilhe a tese da igualdade natural, ele introduz um importante corretivo nela, já que não lhe atribui as conseqüências destrutivas apontadas por Hobbes. Por outro lado, ainda que também considere que a origem da desigualdade entre os homens está na sociedade, longe de ver nela os benefícios encontrados por Hobbes, a desigualdade social é para ele a fonte de todo tipo de males, perversões e escravidões. A desigualdade dos homens se lhe apresenta, por sua vez, em diversas formas: a do pobre e do rico (econômica), do poderoso e do fraco (jurídico-política) e do amo e do escravo (social). A alternativa rousseauniana estende o campo da igualdade para mais além dos limites jurídico-políticos.

Sua forma jurídico-política não pode conflitar com as outras duas: a econômica e a social. Por isso, diz Rousseau no *Contrato social*:

> Em relação à igualdade, não se deve interpretar por esta palavra que o nível de poder e de riqueza seja absolutamente o mesmo [com o que renega todo autoritarismo, Adolfo Sánchez Vázquez], mas sim que, enquanto poder, este se situe acima de toda violência e só seja exercido em virtude da hierarquia e das leis, e no que se refere à riqueza [que a igualdade política não leva em conta, Adolfo Sánchez Vázquez], que nenhum cidadão seja suficientemente opulento para comprar outro, nem nenhum tão pobre que seja obrigado a vender-se.

A pergunta que Rousseau responde, distanciando-se com ela de luminares como Montesquieu, Voltaire e D'Alembert, a saber: a pergunta de que se basta a igualdade perante a lei, de que se enfrenta a desigualdade dos privilégios de nascença ou se, pelo contrário, como pensa Helvécio, é preciso ter presente também a desigualdade social, que tem sua fonte na divisão desigual das riquezas, passará da teoria à prática durante a Revolução Francesa. A igualdade se transforma em um dos três grandes princípios que inspiram essa revolução. Mas fica reduzida à igualdade de direitos, entre os quais destaca-se o da propriedade e, ainda neste plano jurídico, a igualdade se delineia nas Constituições de 1791 e 1795 ao introduzir o voto censitário para os varões que desfrutam de certa propriedade. Assim, pois, a igualdade, que por um lado não combina com a riqueza, por outro se baseia nela para levar à desigualdade, ao delinear o direito de voto, ao seio da própria lei.

Mas a igualdade de inspiração rousseauniana achará expressão nas idéias de Robespierre, formuladas em seu *Discurso acerca dos princípios da moral política*, no qual faz da igualdade a primeira regra de conduta para consolidar a democracia e se molda na Constituição de 1793 como igualdade social ou como direito à igualdade, que não só se constitui com os direitos políticos, mas também com os que hoje chamamos direitos sociais. Esta reivindicação da igualdade de estilo rousseauniano, que certamente não chegou a prosperar, punha limites ao direito de propriedade e, portanto, incidia no plano das igualdades sociais, superando com isso a desigualdade formal, ou puramente política.

O equilíbrio entre os dois grandes princípios da Revolução Francesa — liberdade e igualdade — que Rousseau havia pretendido manter (pois, como disse no *Contrato social*, "a liberdade não pode subsistir sem ela", ou seja, sem a igualdade), rompe-se o curso da Revolução. Este sacrifício de um termo a outro — da igualdade à liberdade na orientação mais burguesa da Revolução, e da liberdade à igualdade com o impulso jacobino a ela — continuará mantendo-se até nossos dias, nas duas grandes alternativas históricas a essa relação: o liberalismo transformado no neoliberalismo de nossos dias e o socialismo que, ao pretender realizar-se, conduziu — como "socialismo real" — à negação de seus princípios e valores.

O liberalismo como ideologia da liberdade (entendida esta como liberdade do indivíduo) é também a ideologia da propriedade privada enquanto faz dela a pedra angular da liberdade e, em conseqüência, de uma sociedade na qual impera a desigualdade. Esta é aceita como um fato natural (Adam Smith) ou — segundo diz hoje o neoliberal Hayek — como um assunto privado no qual não cabe ao Estado intervir. Os méritos históricos do liberalismo político não impedem reconhecer os limites em que desemboca como liberalismo econômico nem a incompatibilidade nele entre a liberdade e a igualdade. Enquanto o socialismo, que, como o liberalismo, reconhece a associação entre liberdade e propriedade, mas entendida esta como propriedade social, historicamente se deu, na realidade, como uma forma de propriedade — nem particular nem social — do Estado onipotente que produziu uma nova e peculiar incompatibilidade entre liberdade e igualdade. Como previu Rosa Luxemburgo, no próprio alvorecer da Revolução Russa de 1917, a abolição das chamadas liberdades formais ou políticas, longe de conduzir a uma liberdade real, igualitária, conduziu às sociedades falsamente chamadas socialistas, à abolição de todas as liberdades em todos os níveis. Mas, ao mesmo tempo, a abolição da liberdade que se pretendia justificar em nome de uma igualdade real, social — uma vez liquidada a desigualdade própria do capitalismo —, determinou que a desigualdade, não obstante as conquistas sociais alcançadas e que no final se desvaneceram, reaparecesse com novas formas, ao concentrar-se o poder econômico e político em mãos da burocracia, com a conseqüente divisão em classes. Deste modo, o sacrifício da liberdade à igualdade acabou por arruinar não só as liberdades do indivíduo real, mas também a igualdade e a justiça social que, para o socialismo, são tão necessárias como a liberdade. Aqui colocamos um ponto final no retrospecto histórico que esboçamos nas relações entre igualdade e desigualdade, desde seu primeiro alvo fundamental no pensamento e na sociedade escravista da Grécia antiga até a opção que representam, teórica e praticamente, em nosso tempo o liberalismo e o socialismo. Mas, antes de tentar fixar as coordenadas de uma possível superação da incompatibilidade entre liberdade e igualdade, sobre a base de novas relações sociais, tentemos esclarecer o significado de conceitos, valores ou ideais que estão em jogo.

CONCEITOS, VALORES E IDEAIS

A igualdade e desigualdade que agora temos em mente são os modos como os homens se relacionam ou se tratam mutuamente. Dar um tratamento igual aos considerados iguais significa reconhecer que aqueles assim tratados compartilham, acima de suas diferenças, certos traços que, pela importância que lhes é atribuída, justificam tal tratamento. Por exemplo, tratar todos os homens (ou cidadãos) como "iguais perante a lei" significa que quaisquer que sejam suas diferenças (de classe, profissão, sexo, religião, ou de ideologia, idade e cultura), devem ser tratados juridicamente do mesmo modo. Ao tratá-los assim, não se nega que existam diferenças entre eles, mas estas não justificam — no exemplo anterior — um tratamento desigual. Dar-lhes este tratamento seria injusto. Aqui temos, pois, uma imbricação de desigualdade e injustiça que pressupõe, por sua vez, a da igualdade e justiça. Mais adiante, voltaremos ainda a esta imbricação, porém devemos advertir desde agora que não é unilateral no sentido de que a igualdade e a desigualdade sempre se justificam como justa ou injusta, respectivamente. Veremos mais adiante que certas igualdades e desigualdades, por sua própria natureza, reclamam como justo um tratamento igual ou desigual.

Portanto, a partir do momento em que o tratamento igualitário não só é considerado justo como também desejável e, como tal, digno de ser aplicado, quer dizer, de traduzir-se em um comportamento real, efetivo, não apenas se está em um plano ideal, axiológico, normativo, como também prático: o da aplicação ou da ignorância ou violação — na realidade — da norma correspondente: em nosso exemplo de que "todos os homens são iguais perante a lei". O valor que pressupõe esta norma — a justiça — e sua normatividade — a exigência de que esta seja aplicada — não derivam de uma situação de fato. Desde que a Revolução Francesa instituiu este princípio igualitário, nem todos os homens, em todo momento, são tratados juridicamente como iguais. Há situações de fato nas quais os indivíduos ou as coletividades não são tratados como "iguais perante a lei". Mas isto não invalida o valor deste princípio igualitário nem sua normatividade, nem a exigência de que a igualdade, reconhecida formal e axiologicamente, se traduza em uma realidade. Mas, certamente, o valor e o imperativo de sua realização não se desviam de uma situação de fato, na qual, exatamente por ocorrer a possibilidade ou realidade de que alguns homens sejam tratados igualmente perante a lei e outros não, esse valor e essa exigência são mantidos, qualquer que seja a situação real, efetiva. Embora a igualdade formal não se desvie — nem pode impedir por si mesma a desigualdade real —, pode permitir, com base nela, que se condene por injusta uma desigualdade real. Mas continuemos a nos referir ao princípio igualitário, axiológico e normativo, de todos "os homens são iguais perante a lei". Pois bem, embora esta igualdade se imponha, formal e normativamente, sobre as diferenças e não se aceite que aquelas válidas na sociedade pré-moderna — privilégios de berço, posição social, sexo, religião etc. — possam justificar um tratamento diferenciado perante a lei, é inegável que as diferenças reais — de poder, de riqueza, de sexo ou raciais — introduzem a desigualdade formal e realmente a desigualdade. E a introduzem seja ao delinear a universalidade da lei — como no direito de voto censitário até o século XIX, excluindo as mulheres de uma série de direitos faz pouco reconhecidos, ou na discriminação por motivos raciais que ainda ocorre em nossa época —, seja na aplicação da norma, quer dizer, na realidade.

IDENTIDADE E DIFERENÇA NA JUSTIFICAÇÃO DA IGUALDADE E DA DESIGUALDADE

A igualdade e a desigualdade como meios de relação ou tratamento entre os homens pressupõe, por sua vez, certa relação de identidade ou diferença entre eles. Ou seja: pressupõe, nesse tratamento, que os homens compartilham determinados traços comuns e que por compartilhá-los — individual ou coletivamente — são iguais, ao passo que por não compartilhá-los são desiguais. É inegável que todos os indivíduos compartilham certos traços (os naturais anatômicos ou fisiológicos, por exemplo), enquanto que nem todos podem compartilhar, em uma sociedade ou época determinadas, certos traços sociais (de classe, nacional etc.). O princípio da "igualdade perante a lei" descarta, claro, os traços naturais comuns, e dos sociais leva em conta o traço da cidadania, inerente a todos os membros de uma comunidade, acima de suas diferenças de classe, profissão, ideologia ou cultura. "Todos os cidadãos (ou membros dessa comunidade), são iguais perante a lei" (gozam de direitos iguais) enquanto os não-cidadãos (os estrangeiros) não são iguais (não desfrutam dos mesmos direitos).

Assim, pois, o que determina a igualdade, por exemplo, perante a lei por cima de todas as diferenças naturais ou sociais, e se converte em critério distintivo ou linha divisória, é o traço comum que funda esta igualdade, ou seja, a posse da cidadania. Neste caso não contam outros traços, que os tornam iguais, como são os naturais antes assinalados, nem tampouco outros traços que tornam diferentes os cidadãos. O que se leva em conta é um traço comum — o de ser cidadãos —, que se impõe não só sobre as diferenças apontadas, mas também sobre outras igualmente naturais ou sociais. De todos os traços — naturais ou sociais — que tornam os homens iguais ou desiguais em uma determinada situação, o que conta aqui — em nosso exemplo — é o que se considera importante para fundar e justificar esta igualdade concreta: a dos homens perante a lei. Admitido como justo este princípio igualitário, exclui-se, portanto, e se condena por injusto, o tratamento desigual dos homens perante a lei. Admitir essa desigualdade, a partir do momento em que se associa ao da justiça e injustiça, não pode isolar-se do processo de auto-realização ou emancipação do homem no qual se dão esses valores. Mas — segunda razão — outros traços podem e devem ser levados em conta para fundamentar e justificar outras igualdades não menos justas e legítimas, como a que significa a satisfação de necessidades básicas (de alimentação, saúde, vivência, educação, trabalho, aposentadoria) para todos os membros da sociedade. Tratam-se de igualdades que não podem ser reduzidas à igualdade formal, jurídica, e que levam em consideração outros traços, como o da situação econômica daqueles que carecem dos recursos indispensáveis para cobrir as mínimas necessidades vitais.

Assim, pois, a igualdade jurídica, mesmo sendo universal, é insuficiente, razão pela qual, com base em outros traços relevantes, tem de ser complementada com outras igualdades, como as que acabamos de mencionar. Portanto, a igualdade jurídica é insuficiente não apenas por isso, mas também porque como norma, ou seja, como imperativo de realização, exige condições necessárias para que possa realizar-se. Se a igualdade formal é um degrau necessário e valioso no processo de auto-realização e emancipação do homem, não o é apenas como tal igualdade formal, jurídica, pois que valor tem nesse processo quando não ocorrem as condições reais, ou seja, quando não se dá o mínimo na satisfação de necessidades básicas, sem o que as populações desnutridas, enfermas, sem teto, analfabetas e marginalizadas não podem exercer seus direitos em condições de igualdade? E é essa e não outra a situação real da maior parte da humanidade, ou seja: 80% dela só têm acesso a 20% dos recursos disponíveis. Vemos, pois, que a igualdade e a desigualdade têm a ver com os traços que compartilham ou não os homens que se relacionam. Na igualdade se destaca o comum; na desigualdade, a diferença. Mas, como já assinalamos, uma e outra podem ser justa ou injusta. Não é justo dar tratamento desigual baseado em diferenças — como são as de raça ou de sexo — que não se justificam. Tampouco seria justo dar um tratamento igual, por exemplo, ao carrasco e à vítima, ao doente e ao saudável, à criança e ao adulto etc. O tratamento igual seria aqui injusto, ao não levar em conta diferenças que são importantes. Mas o tratamento desigual a membros de uma mesma comunidade, ao se aplicar determinada lei, seria também injusto.

A IGUALDADE QUE ENCOBRE A DESIGUALDADE

Histórica e socialmente, porém, as fronteiras entre uma e outra não se apresentam claras e transparentes. O conteúdo desigual pode ocultar-se e justificar-se sob a forma da igualdade. É o que acontece na relação que partes dela contraem na produção capitalista. Real e efetivamente, trata-se de uma relação de exploração e, portanto, de desigualdade, na qual a forma jurídica oculta e justifica seu conteúdo. Qualquer que seja o conteúdo de exploração a que se recorre, esta exploração do homem pelo homem, ou seja, do trabalhador pelo capitalista, entranha uma relação de desigualdade entre as partes, determinada pelas diferentes posições que ocupam: uma, como compradora da força de trabalho; outra, como vendedora dela. Mas não basta reconhecer a relação de desigualdade, determinada pela diferença substancial entre as partes, para considerá-la injusta. Tal só será considerado a partir da importância atribuída a esta diferença real, de acordo com os interesses e valores que estão em jogo. Para o capitalista a diferença é irrelevante e ele a aceita como um fato natural. É irrelevante levando-se em conta que o essencial para ele é a obtenção de benefício, algo necessário e inevitável, pois como poderia ocorrer a produção sem que o operário ocupasse nela, com seu trabalho, a posição de produtor de mercadorias, de valores de troca, de benefícios? Pelo contrário, a diferença é relevante se, a partir da perspectiva oposta, o operário não só se considera assim, quer dizer, como simples meio, mas também como fim e, portanto, como ser humano.

Há pois na relação entre as partes no processo de produção uma diferença substancial que determina sua desigualdade. Assim, não obstante esta diferença e desigualdade reais, ambas as partes entram nessa relação, e entram, no contrato correspondente, como iguais, ou seja, como proprietários de diferentes mercadorias (capital e força de trabalho) que procedem a um intercâmbio igual delas. Ou, como diz Marx em *O capital*, com um tom de ironia: é o reino da igualdade "porque cada qual entra em relações com o outro como simples proprietário de mercadorias ou o intercâmbio de equivalente por equivalente". A desigualdade real se dissolve aqui — deixa de ser relevante — ante a igualdade jurídica, formal, que acima da diferente posição substancial, que gera a desigualdade real, só leva em conta o que, como proprietários de bens diversos, os torna iguais. O anterior expõe que a igualdade formal não só é insuficiente como inclusive pode servir para mascarar as desigualdades reais. Portanto, enquanto existirem as desigualdades reais não justificadas, a exigência de igualdade real é prioritária. E isso explica que, como ideal ou bandeira, tenha inspirado tantas lutas contra as desigualdades sociais injustas.

Mas, certamente, esta inspiração igualitária contra desigualdades concretas, que historicamente tem sido tão fecunda no processo de liberação e emancipação do homem, não justifica o igualitarismo que faz da igualdade, acima de todas as diferenças, um valor absoluto, como o que leva no seu bojo a reivindicação de Babeuf da "comunidade de bens". Semelhante igualitarismo sustenta que toda desigualdade teria de ser condenada. Frente a este igualitarismo radical, é preciso sustentar que todas as desigualdades são iguais, ou seja, que há desigualdades e desigualdades, e o que determina esta divisão é o tipo de diferença que as torna justas ou injustas. Portanto, tendo presente as desigualdades reais, não justificadas por diferenças relevantes, é preciso dar a prioridade à igualdade concreta que se contrapõe a essas desigualdades. Se, pelo contrário, são igualdades que não se justificam, a prioridade corresponde às desigualdades que essa igualdade desatende ou oculta. Mas o que determina, em definitivo, qual é a prioridade em uma situação histórica determinada — se a igualdade ou a desigualdade — e que traços comuns ou diferentes justificam um tratamento igual ou desigual, é feito de acordo com o valor que lhe atribuímos — como justo ou injusto — dentro de um processo incerto e aleatório de emancipação humana.

A igualdade e a desigualdade não podem, portanto, ser avaliadas em um modo absoluto e abstrato, já que dependerá do tipo de traços que a justificam e da visão do homem no qual esses traços se integram. Tendo isto presente, podemos enumerar alguns princípios igualitários; quer dizer, princípios que exigem um tratamento igual a todos, quaisquer que sejam suas diferenças.

PRINCÍPIOS IGUALITÁRIOS

Um princípio igualitário, e o mais universal de todos, é o dos *direitos humanos* — à liberdade, à vida, à felicidade, à segurança —, que o homem possui pelo fato de ser homem. Não há, pois, limites ou exceções em seu desfrute e são merecedores deles todos os seres humanos. Qualquer que seja sua posição econômica, social ou legal (crianças ou adultos, nacionais ou estrangeiros, juízes ou delinqüentes, sãos ou doentes, nacionais ou estrangeiros, cidadãos ou marginalizados), todos merecem esses direitos. Independentemente da origem histórica burguesa dos "direitos do homem" (é preciso lembrar que foram proclamados na Revolução Francesa e que, entre eles, se incluía o "direito de propriedade") e independentemente também de que hoje as grandes potências, ao "defendê-los", façam uma crítica seletiva — de acordo com seus interesses particulares — pelo que toca à sua inobservância em diferentes países (basta recordar a política dupla dos EUA nesse aspecto em relação à Cuba revolucionária e ao Chile de Pinochet). Assim, pois, independentemente de tudo isto — de sua origem burguesa e de seu uso imperial — é questionável que os direitos humanos, por seu caráter universal, podem e devem ser reclamados por todo indivíduo ou toda comunidade, já que todos os seres humanos são iguais em relação a eles. As críticas do jovem Marx à ideologia burguesa dos direitos humanos são corretas, mas isto não significa que estes direitos se reduzam — como ele dizia — a "piedosos desejos" ou "tópicos liberais".

Um segundo princípio igualitário — ao qual já nos referimos — é o da *igualdade de todos perante a lei.* Já destacamos a sua validade, embora sem ignorar que, por seu conteúdo normativo ou exigência de realização, requer, ao ser aplicado, certa igualdade real, já que sem ela, na prática, esse princípio se verá cerceado ou anulado. O que não exclui que a reivindicação igualitária que o institucionalizou, frente aos privilégios do nascimento e da riqueza, continue vigente, e tanto mais quanto mais se delineia ou se desnaturaliza hoje na realidade.

Um terceiro princípio igualitário, que goza de grande prestígio entre liberais e social-democratas, é o da igualdade de oportunidades. Com ele se pretende suprimir as barreiras que as desigualdades econômico-sociais, de raça ou sexo, levantam no acesso dos indivíduos à educação e a diferentes posições profissionais ou sociais para levar em conta exclusivamente as aptidões e os méritos individuais.

Mas, na verdade, as oportunidades que se oferecem como iguais são desiguais de acordo com as condições materiais de existência. Se não se partir de certa igualdade real nessas condições — como já o percebia o velho Aristóteles —, são desiguais de acordo com as condições materiais de existência. Ou seja: se não se partir de certa igualdade real em tais condições, embora se disponha das aptidões e méritos necessários, as oportunidades iguais para todos não poderão ser aproveitadas ou terão um aproveitamento desigual. Torna-se necessária, pois, certa nivelação das condições de existência para que as possibilidades abertas por igual não se convertam, ao realizar-se, em um aproveitamento desigual das mesmas oportunidades.

Um quarto princípio igualitário, ao qual já se aludiu, é o da *satisfação das necessidades básicas* ou, em certos casos, mínimas, tais como alimentação, habitação, saúde, trabalho, auxílio-desemprego, amparo à velhice e à infância desvalida. É o princípio que inspira a política social que atende, sobretudo, aos mais necessitados. Esta política conhece historicamente duas manifestações concretas: uma, a que nos países ocidentais do segundo pós-guerra conduz ao Estado de Bem-estar e, outra, nos países do Leste europeu, com o sistema do chamado "socialismo real". Portanto, nos países ocidentais, o Estado de Bem-estar não pôde resistir aos embates da ofensiva neoliberal que vê em toda política social igualitária um atentado à liberdade (do mercado, bem entendido) e, dados os custos econômicos que essa política abriga, um atentado à lei sagrada do acúmulo de benefícios. Nos países do Leste europeu, embora não se possam negar as conquistas sociais alcançadas, sobretudo na área de educação, saúde, pensões, garantia de emprego, amparo à velhice e à infância, estas conquistas foram se degradando antes mesmo da queda do "socialismo real". No que toca ao recentemente denominado Terceiro Mundo, a política social encaminhada a reduzir as desigualdades reais mais extremas e satisfazer as necessidades mínimas vitais ou bem não existiram em absoluto ou ficaram a anos-luz da política social que alcançou o Estado de Bem-estar no Ocidente. Assim, pois, o princípio da satisfação das necessidades básicas, que em todas as partes é combatido pelo neoliberalismo, continua sendo uma reivindicação igualitária legítima, tanto mais imperiosa quanto mais extrema é a desigualdade econômica e social que flagela países como o nosso.

OUTROS PRINCÍPIOS IGUALITÁRIOS

Nos quatro tipos mencionados de igualdade: 1) de direitos humanos; 2) perante a lei; 3) de oportunidade e 4) de satisfação de necessidades básicas, trata-se de uma igualdade com a qual se enfrenta desigualdades reais. Mas, por outro lado, são também princípios igualitários que, na prática, ao se realizarem, esbarram nos limites impostos pelo sistema social em que ocorrem as desigualdades econômicas e sociais que se pretende amenizar ou reduzir. Pensou-se, por isso — Marx pensou —, em dois princípios igualitários que reinariam em uma sociedade na qual já não ocorressem as desigualdades econômicas e sociais, determinadas pelo regime da propriedade privada sobre os meios de produção. No meu modo de ver, esses dois princípios não pressupõem anulação dos quatro princípios antes mencionados. E no caso dos três primeiros — igualdade de direitos humanos, igualdade perante a lei e igualdade de oportunidades —, seriam mantidos, mas com um conteúdo real, superando o formalismo ou a universalidade abstrata com que — como assinalamos — ocorrem na sociedade atual. E o quarto princípio — o da satisfação das necessidades mínimas ou básicas — seria transcendido, até elevar-se da satisfação dessas necessidades do homem "rico", que o é — como dizia Marx nos *Manuscritos de 44* —, porque é rico em necessidades.

Marx estabelece dois novos princípios igualitários que, ao contrário dos já mencionados, têm como condição a desaparição prévia da desigualdade real, social, ou seja, a divisão em classe determinada pela apropriação privada dos meios de produção. E estes dois princípios têm a ver com a distribuição justa dos bens produzidos ou meios de consumo. De acordo com a *Crítica do programa de Gotha*, tais princípios correspondem às duas fases — inferior e superior — da nova sociedade comunista. O primeiro é o da distribuição dos meios ou bens de consumo segundo este critério igualitário: "*A cada qual segundo o seu trabalho.*" Trata-se de um critério igualitário, não só porque o trabalho se converte na mesma coisa igual para todos, mas também porque a trabalho igual (ou seja, a contribuição igual) corresponde igual distribuição. Assim, como o próprio Marx reconhece, esta distribuição baseada no "direito igual" é — em seus resultados — uma distribuição desigual, já que a contribuição dos indivíduos com seu trabalho é desigual e, portanto, desigual também a satisfação das necessidades. O "direito igual" que baseia no trabalho a distribuição é, por seu conteúdo e resultados, um "direito à desigualdade" e, portanto, defeituoso a partir do ponto de vista da satisfação das necessidades que não podem ser levadas em conta em toda a sua riqueza, pois o que conta, definitivamente, não são estas necessidades, mas a contribuição desigual com o trabalho. Mas, na opinião de Marx, trata-se de um princípio — embora defeituoso — justo e inevitável no contexto da escassez — pois não há bens suficientes para satisfazer todas as necessidades nessa sociedade. Só no novo contexto da fase superior, comunista, não já de escassez, mas de um crescimento das forças produtivas que permita que "corram a jorro lento os mananciais da riqueza coletiva" (*Crítica do programa de Gotha*), as necessidades de todos serão plenamente satisfeitas. O princípio de distribuição já não seria o trabalho, mas as necessidades de cada indivíduo. O critério de distribuição continua sendo igualitário, já que o princípio da plena satisfação das necessidades é igual para todos, não obstante suas diferentes contribuições e suas diferenças individuais, físicas ou intelectuais. Mas, uma vez que se trata de satisfazer necessidades desiguais, este princípio, por seu conteúdo e resultados, é um princípio de desigualdade. Certamente, não se trata da desigualdade determinada na sociedade burguesa pelas diferenças de classe, nem tampouco da desigualdade inevitável, mas defeituosa, determinada pela desigual contribuição do trabalho que se aporta — como acontece na primeira fase da nova sociedade. Trata-se de uma igualdade justificada e justa dentro do processo de auto-realização do homem, toda vez que se leva em conta o que o torna propriamente tal: sua riqueza — forçosamente desigual — em necessidades. Certamente, não pode ser negado um componente profundamente utópico — no sentido de irrealizável — desta concepção marxiana da desigualdade, já que a sua condição necessária fundamental, ou seja, a superação do conceito de escassez por um desenvolvimento crescente e ilimitado das forças produtivas se revela como uma condição impossível, já que — como hoje se pode ver com a clareza que Marx não tinha — esse desenvolvimento entra em contradição com os imperativos ecológicos. Por outro lado, se nos ativermos ao Marx da *Crítica do programa de Gotha*, e ao modo como são apresentadas nesta as relações entre igualdade e desigualdade, Marx seria antes de tudo, ou definitivamente — a partir do ponto de vista da emancipação e auto-realização do homem —, o filósofo da desigualdade, bem entendida ou justificada, e não o da igualdade, e menos ainda do igualitarismo radical que ele havia condenado com sua crítica do "comunismo tosco" desde sua juventude (nos *Manuscritos econômico-filosóficos de 1844*).

À GUISA DE CONCLUSÃO

A conclusão a que chegamos, depois de nossa exploração no terreno da relação entre a igualdade e a desigualdade, é que seus termos são correlativos. Vale dizer que só no contexto correspondente adquirem determinada prioridade como objetivo ou aspiração no longo e difícil processo, teórico e prático, de emancipação e liberação do homem.

Assim, pois, voltando do plano de sua dimensão utópica futura à realidade presente, cabe perguntar ao concluir estas reflexões: faz sentido hoje lutar pela realização de um objetivo igualitário que não, certamente, o da IGUALDADE em abstrato, à margem das situações históricas e sociais concretas? Sim, faz, enquanto se trata de lutar para abolir desigualdades reais, determinadas em nosso contexto por diferenças que não se justificam e consideramos injustas. Em suma, embora seja certo que não se pode fazer da igualdade — como também da desigualdade — um absoluto, já que dentro do processo de auto-realização não se imbricam sempre com a justiça ou a injustiça em um único e no mesmo sentido, também é certo que, nas condições concretas de um mundo como o nosso, onde predominam a pobreza, a exploração e a marginalização, e com elas as desigualdades mais infernais, a prioridade fica com o imperativo igualitário de reduzir, enquanto não puderem ser abolidas tantas e tantas desigualdades injustas.

1994

Anverso e reverso da tolerância

A tolerância, como relação peculiar entre os homens (indivíduos, grupos sociais ou comunidades humanas diversas), entra tardiamente na história. Se excetuamos alguns tenros brotos na Antiguidade e na Idade Média, é preciso esperar a Idade Moderna para que se abra caminho em espaços ainda muito reduzidos. Primeiro no âmbito religioso, depois no político e, mais tarde, com uma presença escassa e infreqüente, na vida cotidiana. No plano das idéias — descontados os vislumbres pré-modernos de Occam, Marsilio de Pádua e Bartolomé de las Casas —, a reivindicação do princípio da tolerância só chegará com Spinoza e Locke, no século XVII, e com Voltaire, no XVIII. Desde então, as sombras da intolerância, que obscureciam quase todo o planeta, foram se delineando penosa e lentamente, sem deixarem de se projetar até nossa época, inclusive em suas formas mais extremas e repulsivas. Basta recordar a intolerância racista do nazismo, ainda tão vívida em nossa memória, e hoje, ante nossos próprios olhos, a depuração étnica na antiga Iugoslávia. Justifica-se, por isso, que a ONU tenha sentido a necessidade de proclamar, às portas do século XXI, um ano para a tolerância. Este chamamento, partido da mais alta e universal tribuna da convivência internacional, justifica-se plenamente à vista do persistente ressurgimento de conflitos nacionais, raciais, interétnicos e religiosos que, junto com as bárbaras manifestações de xenofobia, hostilidade a imigrantes e perseguição de diversas minorias, se alimentam da mais repulsiva intolerância.

Em uma época que alguns caracterizaram como a do "fim das ideologias", lança-se mão de ideologias opostas, como as do liberalismo e socialismo, para reivindicar a tolerância, ou as do racismo e nacionalismo exacerbado, para defender ou encobrir a intolerância. Nesta dramática situação, tanto no plano das idéias como no da realidade, tentar esclarecer a natureza da tolerância, seus fundamentos e seus limites, tendo como pano de fundo o seu anverso, a intolerância, não é tarefa puramente teórica ou acadêmica, mas sim prática e vital. E a esta necessidade respondem, com maior ou menor sorte, as presentes reflexões.

ESCLARECIMENTOS PRÉVIOS

Antes de esboçar um conceito de tolerância, especifiquemos que se trata de uma forma de relação na qual um é o sujeito tolerante e, outro, o tolerado e alvo dessa atitude. A matéria de tal relação (o que se tolera) é diversa: idéia, gostos, preferências, atos ou formas de vida. E, dada essa diversidade, diversos hão de ser também os tipos de tolerância: religiosa, política, racial, nacional, étnica, cultural, artística, sexual, familiar, escolar etc. Mas sempre se tratará de uma relação entre seres humanos, embora em uma esfera específica — a da religião — possa se atribuir a tolerância — ou seu reverso, a intolerância — a um ser transcendente, divino, sobre-humano, enquanto ao homem só é reservado o papel passivo de destinatário da condescendência divina.

Historicamente, a tolerância foi reivindicada muito tarde e sendo escalonada de um campo a outro. Primeiro foi a tolerância religiosa que Locke reivindica em sua *Carta da tolerância* (1685), quando ainda estão longe de se apagarem as chamas das guerras religiosas entre protestantes e católicos. Posteriormente, no século XVIII, com Voltaire e os iluministas, defende-se a tolerância política e a ela se somam, no século XIX, John Stuart Mill e Jeremy Bentham. Outras formas de tolerância — étnica, sexual — só foram reivindicadas depois, quase diante de nossos olhos, pois só afloram já avançado o século XX.

ASPECTOS DA TOLERÂNCIA

Vejamos, pois, o que podemos entender por tolerância como relação necessária, valiosa e desejável entre indivíduos, grupos sociais ou comunidades diversas. Com este sentido positivo, frente ao negativo da intolerância como relação desnecessária, carente de valor e indesejável entre seres humanos, podemos caracterizá-la pelos seguintes traços:

1) A tolerância se dá na relação de um indivíduo com outro, cuja alteridade se manifesta em suas diferentes convicções, idéias, gostos, preferências, formas de vida etc. Ou seja: pressupõe certa diferença entre um e outro. Se esta não ocorre, ou seja, se ambos compartilham as mesmas convicções, preferências ou formas de vida, carece de sentido, por desnecessária, a tolerância.
2) Não basta que se dê efetivamente semelhante diferença para que se possa falar de tolerância; é preciso assim mesmo que seja reconhecida ou se tenha consciência dela.
3) Tampouco basta o anterior; é indispensável também que a diferença reconhecida, ou da que se é consciente, tenha importância para nós. Ou, em outros termos: que nos interesse ou afete de tal modo que não possamos permanecer indiferentes ante sua existência.
4) Mas, ao mesmo tempo em que se reconhece uma diferença que nos importa e afeta, não se aceita ou aprova ao ser medida com o padrão de nossas idéias, preferências ou formas de vida.
5) Assim, embora não se aceite ou aprove o diferente, por não concordar com as opções próprias, admite-se o direito do outro de ser diferente e de manter suas diferenças.
6) Admitir esse direito não significa para o indivíduo tolerante renunciar ao próprio e, inclusive, tentar fazer com que o outro mude suas opções e assuma outras que, até certo momento, não compartilhe, mas semelhante mudança só deve ser procurada pela via do diálogo, pela argumentação racional ou pela persuasão, e não pela da imposição, coerção ou força, próprios da intolerância.

DISSENTIMENTO E TOLERÂNCIA

A tolerância, pois, como acatamento do direito à diferença, não exclui o empenho de superá-la e de conseguir que se traduza no encontro das opções diferentes em um terreno comum, ou consenso. Mas é preciso reafirmar que a tolerância pressupõe não só o reconhecimento original do outro como diferente, mas também da possibilidade de que este se mantenha como tal e, portanto, que — não obstante o diálogo, a argumentação e a persuasão — não se alcance o consenso que se procura. O que quer dizer que a tolerância não só admite o dissentimento, que tem sua raiz na diferença original, mas também que ele se mantém depois de se ter percorrido inutilmente o caminho adequado e próprio da tolerância. Isto significa, por sua vez, que esta se faz necessária e desejável não porque o outro assenta as opções do sujeito tolerante, mas justamente o contrário: porque discorda de seus princípios, valores, preferências ou formas de vida. Só o dissentimento, e não o consenso, reclama e necessita da tolerância; nele estão sua raiz e o solo que o nutre, mas no dissentimento também estão — e até agora em maior escala — a raiz e o solo nutriz da intolerância.

Certamente, de maneira análoga, a intolerância ocorre quando há diferenças e quando, diante destas — como na tolerância — não se permanece indiferente e se assumem atitudes tão interessadas e destrutivas como as que assume o intolerante fanático, racista, chauvinista ou etnocentrista. Existe, pois, um terreno comum: o da diferença e o dissentimento correspondente — no qual brotam tanto a tolerância quanto a intolerância. Mas, não obstante esta origem comum, uma e outra se distinguem radicalmente pela forma distinta, ou melhor, oposta, da relação com o outro. Enquanto na tolerância se reconhece e respeita a identidade real alheia, ou seja, o que torna o outro efetivamente desigual, na intolerância essa identidade é repelida justamente por ser alheia, diferente. Assim, pois, embora não seja indiferente ante a diferença, como tampouco se o é na tolerância, aquela é repelida, seja ao se excluí-la ou negá-la, seja ao se reduzi-la ou dissolvê-la na identidade própria. O que no outro, por ser diferente, escapa a essa identidade, fica excluído ou dissolvido para afirmar apenas o próprio. Em conseqüência, não se respeita sua diferença, mas se faz valer a identidade imposta que anula ou dissolve a alheia. E exatamente nesta submissão da identidade alheia à própria, do outro a alguém, ou da diferença a certa identidade, está a própria essência da intolerância.

TOLERÂNCIA E LIBERDADE

Se a intolerância tem entranhada semelhante dominação ou submissão, a tolerância, pelo contrário, pressupõe um horizonte de liberdade: liberdade do outro para expressar idéias ou assumir valores, preferências ou formas de vida diferentes das do sujeito tolerante. Sem esta liberdade e seu reconhecimento por parte do sujeito tolerante, não se pode falar propriamente de tolerância. A intolerância se dá justamente em uma relação assimétrica na qual alguém, e não o outro, é livre: um impõe sua identidade à alheia. A tolerância, pelo contrário, tem por espaço comum duas liberdades que, longe de se excluírem, nele se dão as mãos. Trata-se do espaço que se abre com o mútuo reconhecimento de sua liberdade. Ou, como dizia o jurista espanhol Francisco Tomás y Valiente, poucos meses antes de ser vítima mortal da intolerância mais reprovável: "Talvez a tolerância de nosso tempo tenha de ser entendida como o respeito entre homens igualmente livres." E acrescentava, especificando ainda mais seu pensamento: "Assim concebida, como respeito recíproco entre homens iguais em direitos e liberdades, mas que não se gostam, bem-vinda seja esta forma de tolerância." Assim, esta deve ser recíproca, mas com uma reciprocidade que só pode ocorrer em condições comuns de liberdade e igualdade. Certamente, o intolerante — por definição — torna impossível esta reciprocidade, já que não tolera a tolerância: "A tolerância é pecado", dizia Bossuet no século XVIII. E ainda no século XIX era associada — como a associava Balmes — à idéia do mal: más idéias, maus costumes etc. Assim, admitida a necessidade, o valor e a desejabilidade da tolerância, cabe perguntar-se, contudo: o tolerante deve tolerar tudo?

JUSTIFICAÇÃO DA TOLERÂNCIA

Como já afirmamos, a tolerância é uma relação necessária e desejável entre seres humanos quando ocorrem entre eles diferenças reconhecíveis e respeitadas, embora não compartilhadas. Assim, por que tolerar o que não se compartilha e inclusive se repele abertamente? A pergunta é pertinente se levarmos em conta que a tolerância não é um valor em si e que em certas circunstâncias esse valor, por ser relativo, pode ser perdido. Mas, embora com o conteúdo valioso que lhe atribuímos, não se justifica por um valor absoluto que não possui, mas por sua relação com outros valores, que se integram em seu seio, se enriquecem com ela e são irrenunciáveis. Tais são: 1) o respeito à livre e autônoma personalidade do outro, o que exclui que se a considere como objeto de domínio, simples meio ou instrumento; 2) a convivência que esse respeito torna possível e, com ela, a fraternidade e a solidariedade, e 3) a democracia, como forma de convivência de idéias, organizações e ações de diversos atores políticos e entendida, mesmo assim, não só como construção de um consenso pela maioria, mas também como respeito ao dissentimento de indivíduos e minorias.

Tolera-se, pois, o que não se compartilha, sejam idéias, gostos, preferências, formas de vida etc., porque, ao fazê-lo — e esta é a razão —, afirma-se com isso valores supremos, que a intolerância viria negar. Trata-se, pois, de uma justificação baseada fundamentalmente em razões morais: contribuir para a convivência indispensável numa sociedade democrática. Tal é a tolerância que, assim justificada, pode ser considerada autêntica, legítima e, portanto, necessária, valiosa e desejável.

TOLERÂNCIA FALSA OU INAUTÊNTICA

A tolerância se apresenta, em determinadas circunstâncias, com formas que contrariam sua verdadeira natureza e a tornam por isso falsa ou inautêntica. É o que sucede quando se tolera o outro não por respeito à sua pessoa livre e autônoma ou pelos valores que estão em jogo no próprio âmago da convivência, mas para afirmar o próprio, embora esta afirmação seja feita com a atitude benevolente de quem considera — e trata — o outro como menor. Por analogia com a atitude paternal, pode-se falar aqui de uma tolerância paternal, ou falsa tolerância, na qual o tolerado permanece na situação assimétrica ou desigual do subordinado, ainda que esta se suavize com a benevolência paternalista que generosamente a encobre. Caberia também falar de uma *tolerância pragmática*, fruto do cálculo utilitário, quando se tolera não pelo bem que representa para a convivência entre homens livres numa sociedade democrática, mas sim por temor às conseqüências que, para a dominação mesma do outro, estenderia, em circunstâncias determinadas, a intolerância. Trata-se de uma tolerância enganosa, ante as conseqüências negativas que traria para quem a nega, e não assumida internamente nem posta em prática pelas razões morais e políticas que a justificam. Inclusive os regimes despóticos e autoritários não descartam, em circunstâncias históricas determinadas, semelhante tolerância, ainda que sempre dispostos a exercer a intolerância enquanto muda favoravelmente para eles a relação de forças entre governantes e governados. Finalmente, cabe falar — como faz Herbert Marcuse — de uma falsa tolerância que ele chama de *tolerância repressiva*. Com essa expressão refere-se ao tipo de tolerância, de raiz liberal, própria da sociedade capitalista industrial desenvolvida.

Embora Marcuse não deixe de levar em conta uma utópica tolerância universal, fim em si mesma, praticada tanto por governantes como por governados, centraliza sua atenção não na tolerância nesse sentido abstrato, universal, mas na que ocorre em determinadas condições: a das sociedades avançadas, dominadas pelo poder tecnológico, às quais chama também de "democracias com organizações totalitárias". Trata-se, por sua vez, das condições "determinadas pela desigualdade institucionalizada", quer dizer, "pela estrutura de classe da sociedade". Nessas condições, o que ocorre é a tolerância de "orientações políticas, condições e modos de conduta" que "bloqueiam, se não destroem, as possibilidades de criar uma existência livre do temor e da miséria". Tal é a tolerância que Marcuse considera falsa, repressiva. E a exemplifica com a sistemática deformação mental que os meios de comunicação e a propaganda exercem tanto sobre as crianças como sobre os adultos, com a ação dos movimentos destrutivos e o desenfreado logro nas transações comerciais. E a exemplifica assim mesmo com a tolerância da "livre discussão e o direito por igual dos opostos", que só vem corroborar as teses estabelecidas e rechaçar as altertnativas. Sua pretensa parcialidade não é propriamente tal, já que "as pessoas expostas a esta imparcialidade não são *tabula rasa*; estão doutrinadas pelas condições sob as quais vivem e pensam e que elas não superam". A tolerância acha-se, pois, sujeita aos interesses dominantes e, por isso, tende a bloquear os movimentos de dissidência e oposição, razão pela qual resulta tão falsa como a igualdade que se apregoa. Marcuse, como vemos, fala de uma tolerância realmente existente em uma sociedade concreta: a capitalista desenvolvida. Ou seja: a que se relaciona com determinadas condições históricas e com o sistema econômico-social em que se pratica. Semelhante tolerância é o meio — e não o fim em si da tolerância universal — de que se vale tal sistema "para perpetuar a luta pela existência e suprimir as alternativas". Tal é a tolerância *repressiva* cuja contradição nos termos só pode ser entendida em se tratando — como se trata — de uma falsa tolerância. Tolerância repressiva, oposta à verdadeira ou libertadora — "a que aumenta o alcance e o conteúdo da liberdade" —, justamente porque reprime o impulso de liberação. E repressiva, assim mesmo, pelas condições em que se dá: as de uma sociedade na qual o indivíduo, sob as idéias e necessidades que lhe são impostas, não pode atuar como uma pessoa autônoma e livre e impor idéias e necessidades diferentes das estabelecidas. Marcuse, em conseqüência, não está negando o valor da tolerância, que ele tenta resgatar com sua faceta libertadora. O que faz é denunciar a que, em sua forma liberal, se apresenta falsamente como tal, sendo na verdade repressiva, pelo que — podemos acrescentar, levando em conta seu bloqueio da dissidência e da oposição — é a própria intolerância.

LIMITES DA TOLERÂNCIA

Pode-se tolerar tudo, ou o mesmo em todo momento? Bobbio diz com razão: "A tolerância absoluta é pura abstração. A tolerância histórica, concreta, real, é sempre relativa." E não pode ser de outra maneira, se recordamos — com Marcuse — sua relação com as condições concretas e o sistema social em que ocorre. A tolerância, portanto, tem limites e exclui de seu seio o que não pode ser tolerado.

O problema dos limites da tolerância tem a ver não só com as formas inautênticas dela, que acabamos de expor, mas muito substancialmente com a tolerância verdadeira, legítima, quando esta, mais além deles, se desnaturaliza e se volta contra si mesma. Estes limites, impostos pelos valores e razões morais e políticas que os justificam, não podem fixar-se de um modo absoluto; quer dizer, à margem das condições históricas, concretas, com as quais a tolerância real se relaciona. Certamente, alguns limites fixados em determinadas circunstâncias não poderiam ser mantidos hoje. Assim acontece, por exemplo, com os que Locke fixava na sua época à tolerância religiosa. O filósofo inglês, como se sabe, contribuiu consideravelmente para reivindicar a tolerância, justo no campo em que reinava a mais extrema intolerância: o da religião. Locke tolerava toda crença religiosa, qualquer que fosse, em contraste com a tradição pré-moderna, intolerante, que ainda no século XVIII era defendida, como já vimos, por Bossuet, e no século XIX por Balmes e Donoso Cortés. Contudo, Locke não tolerava o ateísmo, ou seja, a negação de toda crença religiosa, e sentenciava inapelavelmente: "(...) Os que negam a existência de um poder divino não hão de ser tolerados de maneira alguma."

Tampouco tolerava, no terreno político, o que atentasse contra o poder do Estado. Hoje, claro, não podem ser admitidos semelhantes limites à tolerância religiosa e política, em uma sociedade democrática — ainda que esta restrinja a democracia a um plano legal ou processual —, sem converter a tolerância legítima em ilegítima intolerância. Como não se pode admitir tampouco que essa democracia estabeleça limites, respondendo a exigências do sistema capitalista, a outras formas de democracia que garantam a participação em outras áreas. A democracia desse gênero, que é por ora a realmente existente, não aceita tal participação — não tolera, por exemplo, a dos trabalhadores no campo de produção. Ou, como diz Bobbio em uma passagem muito conhecida: "A democracia se detém nas portas das fábricas."

Assim, a questão não reside no reconhecimento da existência de limites que separam — e ao mesmo tempo vinculam —, em uma dialética peculiar, a tolerância e a intolerância, mas em determinar a natureza de tais limites, assim como do sujeito que os fixa. Na verdade, dada a natureza histórica, concreta, da tolerância, que vimos sublinhando, não se pode falar a esta altura de limites, critérios de delimitação ou sujeitos absolutos. É certo que se pode adiantar um critério um tanto geral que não deixa de ser abstrato enquanto não enfrentamos sua aplicação concreta, a saber: deve-se tolerar o que amplia ou enriquece a liberdade e, pelo contrário, não deve ser tolerado o que a bloqueia ou nega. Dificilmente este critério universal poderia ser deixado de lado, mas ainda assim a dicotomia tolerância-intolerância exigiria ser mais bem cimentada. Talvez esta pudesse ser encontrada determinando-se o espaço em que hão de fixar-se os limites da tolerância. Marcuse os fixa no espaço das idéias. A seu ver, seria a natureza das idéias a que determinaria o limite que separa a tolerância (das idéias boas, progressistas, próprias da esquerda) da intolerância (das idéias más, reacionárias, que a direita sustenta). Marcuse reconhece o caráter antidemocrático desta intolerância em relação ao "pensamento, à opinião e à palavra" e a justifica "pelo atual desenvolvimento da sociedade democrática, que destruiu a base para a tolerância universal". Bobbio rechaça abertamente esta posição de

Marcuse, e contra ela afirma: "A tolerância só é tal se vier a tolerar também as idéias más." Se formos tratar a tolerância neste espaço das idéias, a razão parece estar mais do lado de Bobbio do que de Marcuse, não obstante a justificação de seu caráter antidemocrático pela intolerância "repressiva" da democracia realmente existente. Pois não se trata de negar o que exista de democracia, não obstante seus limites ou aparência enganosa, mas de dar-lhe o conteúdo amplo e efetivo que, na realidade, não tem.

Talvez se pudesse argumentar que as idéias não deixam de ser boas ou más caso se pense que possam materializar-se ou converter-se em atos que não poderiam escapar à polaridade positiva ou negativa e, portanto, à dicotomia tolerância-intolerância. Assim se revelou ao ser estabelecida certa relação entre a filosofia existencial de Heidegger e o nazismo, ou entre as idéias socialistas de Marx e o "socialismo real". Mas, em ambos os casos, sem descartar por completo certa relação, não se pode ignorar que não se passa diretamente das idéias à realidade, e posto que é preciso levar em conta todo um conjunto de mediações, as idéias não podem ser desclassificadas sem mais nem menos pelo que acontece, ao se aportar na realidade. Apenas, do ponto de vista hegeliano, cabe afirmar que o real já está prefigurado, como uma determinação da idéia. Assim, pois, o problema dos limites da tolerância não pode situar-se no plano das idéias, embora a realidade não deixe de relacionar-se com elas, mas no da própria realidade, qualquer que seja o vínculo que mantenham com esta. E é aí que se deve buscar os limites da tolerância, entendida como convivência não só de idéias distintas ou opostas — à qual não se pode renunciar —, mas como convivência de práticas ou formas de vida não apenas distintas, mas inclusive antagônicas. Mas aqui, e particularmente no tipo de prática, conduta ou forma de vida, que é a política, é onde se torna pertinente a pergunta que nos inquieta: pode-se tolerar tudo, ou o mesmo em todo momento? E se não se pode, nem se deve tolerar, qual é o critério para distinguir o intolerável do tolerável? Se a tolerância abriga a convivência não só de idéias, mas de práticas e condutas diferentes ou opostas, pode-se e se deve tolerar a prática política que a está minando ou destruindo tanto em um plano quanto em outro? Certamente, temos aqui em mente as políticas despóticas, autoritárias ou totalitárias que são exercidas a partir do poder, ou que, fora dele, se preparam para exercê-lo, negando, não só teórica como praticamente, o princípio da tolerância. Temos presente também práticas tão reprováveis e intoleráveis como o fanatismo, o nacionalismo agressivo, a xenofobia, a discriminação por motivos diversos, a perseguição de minorias étnicas, religiosas, sexuais etc. São práticas que, por sua própria natureza, destroem a tolerância e que, por sua vez, na medida em que são toleradas, entronizam a intolerância com sua face mais repulsiva. O que significa que a tolerância deve deter-se ali onde não existe reciprocidade. Ou, como diz Tomás y Valiente, no texto já citado: a tolerância há de ser recíproca, "porque se eu tolero quem não gosta de mim é porque quero ser tolerado por aquele que não aprecie minha maneira de pensar, dizer ou ser". Se não ocorre esta reciprocidade, a intolerância não deve ser tolerada. Como assinala Fernando Savater, um dos requisitos da tolerância é "defender-se contra a intolerância militante", razão pela qual não se pode considerar "uma atitude passiva, resignada, nem a indiferença decadente acerca do que nos cerca". Mas, posto que já retiramos de cena Bobbio e Marcuse, vejamos o que pensam eles em relação a esta exigência de reciprocidade, sem a qual — no terreno político — a tolerância corre o risco de ser destruída em mãos da "intolerância militante" em política.

Certamente, Bobbio se refere não tanto ao intolerante que está no poder, como ao "acolhido no recinto da liberdade", no seio de uma sociedade democrática, e se inclina a tolerar o intolerante, pois "vale a pena pôr em risco a liberdade tornando o seu inimigo beneficiário dela". Na verdade, Bobbio olha mais para o futuro do intolerante com a esperança utópica de levá-lo por este caminho à tolerância, do que para a situação do tolerante que pode acabar destruído e com ele a própria tolerância ao não pôr um limite a ela. Assim ocorreu com a experiência histórica dos nazistas, acolhidos no recinto democrático da República de Weimar, que, democraticamente — dada a tolerância com que foram acolhidos —, acabaram logo, ao assumirem ao poder, com a própria tolerância. Tal tolerância podia ser justificada com umas palavras de Luigi Einaudi, a quem Bobbio se sente tentado a dar razão, baseado em outra experiência histórica: a "gradual democratização do Partido Comunista" e do resíduo fascista na Itália. As palavras que Bobbio cita são as seguintes: "Um partido tem direito a participar plenamente da vida pública, embora seja claramente liberticida." Nesta área, que, claro, não é exclusivamente a das idéias, mas também a da prática política, Marcuse assume uma posição diametralmente oposta. Em sua opinião, a intolerância que destrói a tolerância legítima não pode ser tolerada. E não é preciso esperar que aquela seja exercida a partir do poder; é preciso enfrentá-la antes que se entronize nele, antes que provoque a ruína total e definitiva da tolerância. Como recorda Marcuse, referindo-se aos nazistas quando já era "demasiado curta a distância entre a palavra e a ação (...) se a tolerância democrática tivesse sido suspensa quando os futuros dirigentes faziam sua campanha, a humanidade teria tido a possibilidade de evitar Auschwitz e uma guerra mundial".

Tudo que foi exposto nos leva à conclusão de que a tolerância tem limites necessários e desejáveis e que, portanto, não se justifica tentar estendê-la mais além deles, tolerando o intolerável. Neste caso, a tolerância não faria mais que contribuir, por cegueira e cumplicidade, para desfechar uma intolerância injustificada sob todos os aspectos.

FINS E MEIOS TOLERÁVEIS E INTOLERÁVEIS

De acordo com a vinculação de tolerância e intolerância, em sentido positivo e negativo, respectivamente, e dadas as condições concretas em que são exercidas, não se pode falar de sujeitos absolutos de uma e outra. Mas, com base na experiência histórica, e admitindo-se a validade e vigência — com todos os matizes que se queira — da dicotomia de direita e esquerda em diversos campos, cabe insistir em que a direita tende à intolerância — e tanto mais quanto mais extremada —, enquanto a esquerda se inclina — e tanto mais quanto mais democrática — à tolerância. Assim, na medida em que uma e outra recorrem a certos meios para alcançar seus fins, a dicotomia direita-esquerda tem a ver também com os fins perseguidos e os meios postos em prática. Certamente, existem fins — como os do racismo, etnocentrismo, nacionalismo exacerbado etc. — que são, por sua própria natureza, intrinsecamente perversos. Tratam-se de fins que, por sua vez, só podem necessariamente realizar-se por meios intoleráveis, como por exemplo os campos de extermínio nazistas para afirmar a "superioridade" da raça ariana. Em contraste com isso, existem fins toleráveis que reclamam os meios adequados para realizar-se e que por não poder entrar em contradição com esses fins são tão toleráveis como eles. Mas há também meios tão repulsivos como a tortura, o terrorismo individual e de Estado e, em geral, a violação dos direitos humanos, que qualquer que seja a bondade dos fins que proclamem, e que supostamente se pretende cumprir, são intoleráveis. Não se pode tolerar, por exemplo, que fins tão nobres como o socialismo ou um nacionalismo legítimo sejam invocados quando se recorre a meios tão perversos e intoleráveis, respectivamente, como o Gulag soviético em passado ainda recente, ou o terrorismo do ETA na Espanha democrática atual. Em suma, a natureza dos fins e meios, assim como de sua relação mútua, nos permite vislumbrar, de outro ponto de vista, o espaço próprio da tolerância e de seu anverso, a intolerância, assim como os limites mais além dos quais a atitude tolerante perde sua legitimidade e razão de ser.

E com isto colocamos ponto final nas reflexões a que nos propusemos, apostando na tolerância que reclama e enriquece a dignidade humana, a liberdade e a igualdade que, na convivência democrática, a justificam.

1996

Bibliografia

Bobbio, Norberto, "Las razones de la tolerancia", em *Quórum*, nº 35. México, julho-agosto de 1995 (reprodução de artigo publicado no volume *El tiempo de los derechos*. Madri, Fundación Sistema, 1995).

Camps, Victoria, *Virtudes públicas*. Madri. Espasa-Calpe, 1990.

Garzón Valdés, Ernesto, "Sobre el concepto de tolerancia", em *Claves de la Razón Práctica*, nº 19. Madri, setembro de 1992.

Locke, John, *Carta sobre la tolerancia*. Barcelona, Grijalbo, 1975.

Marcuse, Herbert, "Tolerancia represiva", em Robert P. Wolf, B. Moore e Herbert Marcuse, *Crítica de la tolerancia pura*. Madri, Editora Nacional, 1977.

Muguerza, Javier, *Desde la perplejidad*. Madri, FCE, 1990.

Savater, Fernando, "Los requisitos de la tolerancia", em *Quórum*, nº 35. México, julho-agosto de 1995.

Stuart Mill John, *On liberty*. Glasgow, Collins, 1962.

Tomás y Valiente, Francisco, "Ensayo para una historia de la tolerancia", em *A orillas del Estado*. Madri, Taurus,1996.

Bibliografia

Filosofia, técnica e moral

I

Se a filosofia se ocupa do homem em sua relação com o mundo (natural e social), e se a técnica é parte essencial dessa relação, cabe perguntar: que lugar ocupa na filosofia? Assim, se nosso olhar se detiver, ainda que a vôo de pássaro, em sua história, perceberemos facilmente que a técnica não se inscreve em seus temas maiores. Isto não significa que os homens não tenham tido certa consciência da técnica, de seu poder e seus efeitos, e que a filosofia não a tenha ecoado — em maior ou menor grau —, embora não chegue a ser um objeto principal de suas reflexões. Mas essa consciência e sua expressão filosófica são históricas, ou seja, acham-se vinculadas no tempo: a) ao grau em que a técnica eleva o domínio sobre a natureza; b) à importância que se atribui socialmente a esse domínio e c) ao sentido e alcance que se concede por seus efeitos na existência humana. Por último, a consciência e a filosofia da técnica — entendida esta como produção de objetos úteis ou funcionais — são inseparáveis do ponto de vista da prática alcançado por essa consciência e essa filosofia.

II

Podemos distinguir, claramente delimitadas histórica e socialmente, três atitudes exemplares (espontâneas ou reflexivas) rumo à técnica.

A primeira é a hostil ou negativa da antiga Grécia, que se estende a toda atividade que — como o trabalho ou algumas artes — entranhasse um contato material com as coisas. E essa atitude — que encontra sua expressão filosófica no Sócrates de Xenofonte, Platão e Aristóteles — se justifica pelos fins e objetivos da autêntica existência humana que, liberada de toda atividade prática material, se concentra na vida teórica ou contemplativa. E corresponde, assim mesmo, a uma sociedade de classes na qual os homens "livres" e em particular os filósofos se elevam à verdadeira vida humana por sua dedicação à teoria e ao ócio que o tornam possível. Em contraste com eles, não se reconhece esta condição humana nos escravos, dado o caráter servil, humilhante, de seu trabalho físico. Não cabe, pois, distinguir entre a "bondade" e a "maldade" da técnica, posto que o verdadeiramente humano não está nela, mas em outra parte. Compreende-se portanto que — dado seu *status* humano inferior — a técnica não seja uma questão filosófica maior na Grécia antiga.

III

Uma virada radical chega quando a dignidade do homem é reivindicada — desde o Renascimento — não só na contemplação, mas na prática que o faz sentir-se dono e senhor do mundo. Mas, a rigor, este "dono e senhor" é o homem burguês, interessado em impulsionar e desenvolver a transformação da natureza. Quer dizer, interessado na produção material, porque só desenvolvendo incessantemente as forças produtivas pode satisfazer seus interesses econômicos e sociais, de classe. E a técnica, junto com a ciência que lhe serve de base, é parte integrante desta práxis produtiva.

Com a Revolução Industrial do século XVIII, eleva-se consideravelmente o valor que é reconhecido na técnica. Mas não só enquanto libera o homem da necessidade natural ao elevar o seu domínio sobre a natureza, mas também porque a técnica — acredita-se — abre o seu caminho para a felicidade. Bacon, Hume e em geral os filósofos iluministas destacam suas virtudes não apenas intelectuais — ao estimular o conhecimento —, mas também morais e sociais, ao contribuir para alcançar a liberdade, felicidade e sociabilidade dos homens. A técnica não lhes oferece motivos de inquietação ou receio. E não pode oferecê-los, já que para eles é, definitivamente, a aplicação do que existe de mais próprio do homem: a razão. O que cai sob as luzes da razão não pode ser ensombrecido. É preciso, pois, nesta visão moderna, iluminista, um otimismo tecnológico que seja a extensão de seu otimismo racionalista, só questionado à época por Rousseau e os românticos. Mas o desenvolvimento técnico fará com que surjam sombras, dúvidas e cautela ali onde os iluministas não encontram mais que luzes, certezas e virtudes. A suspeita de que a técnica — como o trabalho humano — pode ter conseqüências desumanizantes torna-se uma certeza a partir de meados do século XIX, como se percebe claramente na crítica de Marx ao papel da máquina no capitalismo do seu tempo. Mas, ainda assim, os filósofos não desviarão seu olhar dos grandes problemas tradicionais para atender aos da técnica.

IV

Uma nova atitude se desdobrará em nosso século quando o impetuoso desenvolvimento científico e técnico abrir, em toda a sua amplitude, o arco ambivalente de seus efeitos impressionantes em nossas formas de vida. Desde as primeiras décadas do século atual, os avanços técnicos foram constantes e crescentes até chegar ao mundo tecnificado de hoje. O técnico nos aborda em cada esquina da nossa vida cotidiana ou profissional; nos objetos e artefatos que usamos; nos edifícios que habitamos, trabalhamos ou nos distraímos; nos meios de transporte com que nos locomovemos e nos meios de comunicação com os quais nos informamos ou "desinformamos"; nos instrumentos de aprendizagem e difusão do saber; na proteção de nossa saúde etc. Não existe necessidade humana que, para sua satisfação, não recorra à intervenção de determinados objetos ou instrumentos técnicos. E, certamente, a técnica contemporânea beneficiou o homem com suas imensas conquistas, jamais conhecidas em toda a sua história anterior. E ainda que seu desenvolvimento tenha sido impulsionado, limitado ou prejudicado pelas exigências da produção e do consumo capitalistas, com vistas à obtenção de benefícios, estas conquistas são inegáveis na satisfação das necessidades humanas, desde as básicas ou elementares até as mais elevadas ou espirituais. E, contudo, não se pode deixar de reconhecer que, em nossa época, a técnica oferece também um lado negativo, inclusive sombrio, por seus efeitos em nossas formas de vida. Estes efeitos impressionantes por sua profundidade e extensão são de tipo diverso: 1) os que nos afetam como indivíduos na relação com nós mesmos e com os demais; 2) os que nos afetam coletivamente enquanto membros da comunidade; 3) os que solapam a convivência ou relações harmônicas entre os povos ou nações; 4) os que, mais além do presente em que vivemos, alcançarão nossos filhos ou as futuras gerações e 5) os que nos afetam não como indivíduos ou membros de determinada comunidade, mas como seres humanos que questionam a própria sobrevivência da humanidade.

V

Levando em conta este mundo tecnificado e o modo como incide em nossas formas de existência, a atitude em relação à técnica já não pode consistir em: a) sua simples desvalorização por não formar parte da autêntica existência humana, já que esta seria procurada em outra parte; b) na contemplação ou teoria, como a que procuravam os antigos gregos, ou c) em sua relação com o transcendente, que é a atitude própria das sociedades pré-modernas, ou alheias — fora do Ocidente — à modernidade.

Nossa atitude em relação à técnica consistirá em vê-la não só com o enorme potencial criativo exposto em seu deslumbrante progresso, mas também no imenso e dramático potencial destrutivo que se desdobra com esse progresso. Portanto, o modo como, em determinado ambiente social, se conjugam ou separam um e outro potencial, obriga a estabelecer certa distinção entre as diversas técnicas. Ou seja, entre: 1) técnicas que, por sua própria natureza, reclamam um uso positivo delas, embora por erro ou acidente possam ter efeitos negativos. Tal é o caso das técnicas médicas, educativas, agrícolas etc.; 2) técnicas que, por sua natureza intrínseca, só podem ter efeitos sociais ou morais negativos, como acontece com as diferentes técnicas bélicas — nuclear, bacteriológica, química, ou a herbicida empregada no Vietnam; 3) técnicas que, pelo nível em que se acha seu desenvolvimento, podem ter efeitos indesejáveis ou incontrolados, presentes ou futuros, como já se pode ver em certas técnicas: informáticas, genéticas, robóticas etc.; e 4) técnicas que, por seu caráter ambivalente, produzem efeitos positivos ou negativos de acordo com o uso que se faça delas. Tal é o caso das técnicas — como a nuclear ou a engenharia genética — que podem propiciar ao homem os mais elevados bens, juntamente com os mais terríveis males.

VI

O peso que uma ou outra forma de técnica represente nas diferentes formas de vida — para os indivíduos, certa comunidade ou todo o gênero humano — não podia deixar de fazer sentir-se na filosofia, embora esta, como o abutre hegeliano, sempre levante seu vôo tarde demais. E não é por acaso que o levante no século XX, quando os avanços técnicos abrem um leque impressionante de criatividade e destrutividade, de efeitos positivos e negativos, no que constantemente tem sido ocupação fundamental da filosofia: o homem, em sua dupla e indissolúvel relação com o mundo e com os outros homens. E daí que o progresso técnico, ao alcançar um nível tão elevado e contraditório, apresente à filosofia problemas deste teor: por que e para que a técnica? Qual é a sua natureza? Que relação guarda como tecnologia com a ciência? Que nexos tem com a produção material, a sociedade civil e o poder? Qual a relação que mantém com princípios, fins e valores e, em particular, com os morais?

Estes problemas, e outros não menos importantes, exigem da filosofia um urgente esclarecimento na medida em que corresponde a ela ocupar-se do homem que cria ou usa a técnica; do conhecimento — a ciência em seu nível mais alto — em que se baseia; da sociedade em que seu desenvolvimento se vê estimulado, bloqueado ou prejudicado; dos valores — sociais, morais, políticos e inclusive estéticos — aos quais aparece vinculada. Pretendeu-se escapar a esse tratamento filosófico partindo-se da premissa de que a técnica é uma esfera autônoma, auto-suficiente, que não reconhece outros fins e valores que não os seus próprios: o da efetividade ou eficiência. Mas o certo é que os apelos da técnica à filosofia já são freqüentes e bastante ruidosos, embora nem por isso sejam sempre atendidos. Melhor seria dizer que a pesada carga teoricista que, durante séculos, levou de arrasto a filosofia ocidental, a fez permanecer surda a esses apelos e que só em nossa época, com Spengler, Heidegger, Bogdanov, Gramsci, Habermas e Marcuse, abriram-se algumas portas filosóficas a elas. Às quais somam-se as abertas pelos filósofos de língua espanhola: Ortega y Gasset, pioneiro neste campo, Juan David García Bacca e Carlos Paris, na Espanha; Ernesto Mayz Vallenilla e Mario Bunge, na América Latina.

Todos os filósofos de renome se ocupam da técnica por motivos diversos; explicam de diferente maneira sua natureza e suas relações com a ciência, o poder e a sociedade, e não vêem com os mesmos olhos a união de seus lados positivos e negativos, de sua criatividade e destrutividade. Mas todos são unânimes em afirmar que a técnica não é algo acidental ou marginal na existência humana, embora concebam sua essencialidade a partir de enfoques filosóficos distintos que vão desde o antropológico mais abstrato ao concreto do homem em seu desdobramento histórico-social.

Em contraste com esta magra colheita filosófica, se destaca a fartura de estudos contemporâneos de economistas, sociólogos, engenheiros, psicólogos. Mas é justo reconhecer que, em contraste com a carga especulativa que os filósofos costumam arrastar consigo, os cientistas sociais e tecnólogos tendem a mover-se em um vazio ideológico, desligados de suas especulações filosóficas, o que os conduz com freqüência a um tratamento empirista no qual desaparecem os fins, valores e interesses que um enfoque filosófico há de trazer à luz. Contudo, o fato de a filosofia ter posto à margem de suas atribuições o comportamento técnico do homem, pode ser compreendido — como vínhamos assinalando — por sua cegueira proverbial para a prática que campeia ao longo de sua história. E quando se reconhece sua importância, não se livra da especulação, quer se torne tributária de premissas ontológicas, como forma de ocultamento do Ser (Heidegger), ou das antropológicas de uma natureza humana não-histórica ou imutável que se resumiria na vontade do poder (Mayz Vallenilla).

Certamente, existem filósofos da ciência que não atacam com semelhantes premissas, mas só vêem a importância da técnica como aplicação do conhecimento científico. Com isso não descartam, é certo, a relação entre teoria e prática, da qual a técnica seria uma variante, mas, nesta relação, a primazia corrresponde à teoria que determina a prática e reduz esta à sua aplicação. Nesta concepção teoricista, a técnica — como a ciência em que se baseia — tem uma lógica própria, autônoma, à margem da história e da sociedade reais. E, como na ciência, essa lógica interna, imanente, a torna asséptica ou neutra ideologicamente, o que a exime de toda responsabilidade pelos riscos e conseqüências que trazem para a existência humana.

VII

A superação desses riscos e conseqüências exige alternativas que poderiam ser procuradas: 1) em outros tipos de técnicas (como pretende Marcuse); 2) no seu uso humano ao ser controlada socialmente a partir de outros fins e valores e 3) em sua cautelosa suspensão quando os maus resultados são imprevisíveis ou manipulados.

Mas essa superação se torna impossível: *ontologicamente*, se o destino do homem — e de sua técnica — se põe fora dele, nas mãos do Ser; *antropologicamente*, se a negatividade da técnica se insere numa natureza imutável do homem; e *cientificamente* (ou melhor, em uma filosofia científica), se a técnica — como a ciência que aplica — é atribuída a uma lógica própria, interna, à margem dos fins e valores que dominam na história e na sociedade em que se desenvolve. E mesmo que nesta concepção — ao mesmo tempo tecnicista — sejam reconhecidos seus efeitos negativos na existência humana, estes são considerados externos a sua lógica imanente, ou conaturais de seu necessário desenvolvimento. Certamente, com esta concepção, a técnica já não se apresenta tributária de algo exterior a ela: o Ser ou a Natureza humana. Mas, ao orientar as relações entre técnica e sociedade numa só direção — a que impõe a técnica —, chega-se à conclusão de que seu desenvolvimento autônomo ou irresistível não só configura e domina a natureza como também o homem, o que conduz a legitimar o poder dos especialistas, ou donos da técnica; ou seja, a tecnocracia.

Não se trata, pois, de concepções inocentes, já que nelas está em jogo a possibilidade da alternativa que submete a técnica a um controle social, democrático, ou da que reduz seu controle ao estreito círculo dos tecnocratas. E enquanto as concepções especulativas — ontológicas ou antropológicas — vêem na técnica intrinsecamente perversa, ou em seu uso perverso, um mal necessário determinado pelo Ser ou pela Natureza humana, a visão tecnicista da técnica lhe confere um valor próprio — a eficiência —, que se impõe sobre qualquer outro, justificando assim o poder da tecnocracia.

VIII

Poderia ser inferida de tudo isso a necessidade de conceber a técnica centrando-a no homem, como ser histórico-social que só se afirma humanamente em sua relação de domínio crescente e ilimitado com a natureza, domínio que se expressaria, ao mesmo tempo, no duplo desenvolvimento da razão e das forças produtivas. Esta concepção do homem como "dono e senhor" em suas relações com a natureza tem sua raiz no humanismo burguês que, a partir do Renascimento, se desdobra no Iluminismo. Portanto, essa concepção proclamada abertamente por Descartes em seu *Discurso do método* impregna inclusive o pensamento de Marx quando, no *Manifesto comunista*, aplaude esse desenvolvimento, o que propiciou a certos marxistas interpretá-lo em termos produtivistas. Embora historicamente esse domínio do homem seja movido por um interesse particular, de classe — o lucro —, que beneficia sobretudo a burguesia, trata-se de um domínio, graças à ciência e à técnica, cujos benefícios se estenderão algum dia, segundo Marx, à sociedade inteira quando a revolução instaurar as novas relações de produção que haverão de assegurar o livre e ilimitado desenvolvimento das forças produtivas.

Hoje sabemos, melhor do que Marx, o que ele já havia observado, se não no *Manifesto*, pelo menos em *O capital*, a saber: que esse crescente desenvolvimento produtivo não só tem conseqüências negativas para o trabalhador, como também para a natureza. Hoje sabemos muito bem que o progresso tecnológico tem um lado perverso, inumano, mas em grau muito mais alto que o que conheceu e previu Marx. E começamos a saber também o que Marx não podia prever ao propugnar, para uma nova sociedade, o livre — e portanto irrefreável — desenvolvimento das forças produtivas. Hoje já é evidente que a pretensão de impor a submissão total da natureza ameaça a própria existência do homem. Os desastres ecológicos conhecidos — tanto em países capitalistas desenvolvidos como nas sociedades do que se chamou o "socialismo real", desastres de que não escapam os países do Terceiro Mundo — demonstram que o domínio do homem sobre a natureza não pode ser ilimitado, já que sua expansão irrefreada vem a destruir a base natural, indispensável, da existência humana. Isto significa que o antropocentrismo tem que ser revisado para pôr em harmonia as relações entre o homem e a natureza. Isto exige traçar limites ao domínio do homem sobre ela; ou, mais exatamente: dominar esse domínio para colocá-lo efetivamente a seu serviço. O que requer, mesmo assim, estabelecer limites ao desenvolvimento tecnológico que a visão ocidental, capitalista, orienta rumo à produção e consumo ilimitados. Este domínio humano sobre o domínio que a técnica exerce não implica de modo algum a renúncia a ela, mas seu controle social, democrático. Assim, para que esse controle seja factível, é preciso uma transformação radical da sociedade, na qual reinam a exploração, o lucro e o egoísmo, a fim de que o interesse comum — e não particular da classe que domina econômica e politicamente — prevaleça nas relações humanas.

O exposto acima demonstra até que ponto se faz necessário em nosso tempo esclarecer a dimensão técnica da relação do homem com a natureza, seu verdadeiro caráter — autônomo ou heterônomo — e, em conseqüência, compreender que o domínio técnico sobre a natureza tem que deixar de ser uma ameaça para o homem, o que só pode ser obtido se este consegue dominar seu próprio domínio. Mas, para chegar a semelhante esclarecimento e compreensão, é preciso deixar de lado o tratamento técnico (ou melhor, tecnicista) da técnica, porque a sua essência — diríamos, parafraseando Heidegger — não é técnica, mas sim humana, social.

IX

O conceito de técnica não pode ser separado daquele da práxis, como atividade prática, transformadora, com a qual o homem se faz — ou desfaz — ante a natureza; quer dizer, afirma ou nega sua própria natureza. Como um ser da práxis, o sujeito técnico se vale do conhecimento da realidade e produz os instrumentos com os quais se pode transformá-la. O conhecimento serve de base a essa produção, a qual, por sua vez, impulsiona esse saber (ou ciência). Com sua técnica, o homem responde à necessidade de transcender seu próprio ser natural (Carlos Paris). Mas o modo de transcendê-la nessa empreitada técnica é histórico e social. Embora não se possa ignorar que a técnica —

como a ciência — possui uma lógica interna, própria, cujas fases não se pode saltar, essa lógica não pode ser desligada do contexto social em que se dá, não só porque este, historicamente, pode retardar ou acelerar seu desenvolvimento, mas também pela direção — humanizante ou desumanizante — que se pode imprimir a ele.

A história real, neste ponto como em outros, é instrutiva. Assim como uma sociedade — a grega antiga, escravista — que não conhece a necessidade de desenvolver a produção material, e na qual prevalecem a exaltação da contemplação, do ócio, com o conseqüente desprezo pelo trabalho físico, não pode deixar de bloquear mental e socialmente o desenvolvimento científico-técnico, como demonstraram Schull e Magallaes-Villena, o contexto social moderno, que exige um desenvolvimento incessante das forças produtivas, é decisivo para o desenvolvimento crescente da ciência e da técnica. Se assim é, a questão da técnica não pode isolar-se do tipo de organização social que a impulsiona ou bloqueia. E por ter realçado esta dimensão social frente a tantas concepções especulativas ou tecnicistas, constitui uma das abordagens filosóficas mais fecundas de Carlos Paris.

Certamente, não é preciso cair na dissolução historicista ou sociologista da técnica, já que esta é essencial no homem, como ser da práxis, e a técnica — como destacamos — é um comportamento dela. Portanto, o lugar que ocupa na vida humana, o modo como a afeta, seus efeitos sociais, não estão inscritos em uma essência intemporal, abstrata, mas são possibilidades que se realizam historicamente e em determinadas condições sociais. Podemos garantir, por isso, a caracterização da técnica como dimensão *transcendental* do ser humano (Carlos Paris), justamente porque o homem, com sua práxis, transcende o mundo natural e transcende a si mesmo como ser natural. Nesta autotranscendência ocorre a possibilidade de que se consolide, mas também a de que se negue, sem que esta negação o rebaixe a um plano puramente natural ou animal. É o próprio homem — como "ser natural humano" (Marx) — aquele que desenvolve seu potencial transcendental em um sentido ou noutro; ou seja, humanizando ou desumanizando a si mesmo. Mas, na verdade, só desenvolve um ou outro em determinada situação concreta, histórico-social.

X

Que a técnica e seus produtos se voltem contra o homem, ao não contar com o controle necessário sobre eles, é próprio do fenômeno da alienação, tão convincentemente exposto pelo jovem Marx com relação à atividade do operário, aos produtos do seu trabalho e às suas relações com os demais. Como em toda forma de alienação, a técnica — ou, mais exatamente, certa técnica ou uso dela — ergue-se como um poder estranho que se impõe ao homem, transformando-o em simples coisa, meio ou instrumento. Mas não se trata somente de que tenha conseqüências estranhas, não desejadas ou impossíveis que, neste momento, são difíceis de prever ou controlar, mas dos efeitos de uma técnica necessariamente perversa por sua natureza intrínseca. O que claramente se torna patente em nossos dias é que o desenvolvimento tecnológico alcança, junto às cotas mais altas de criatividade, os níveis mais elevados de potencial destrutivo. Se não obstante essa criatividade, ou mais exatamente graças a ela, a técnica se travestiu em uma ameaça à existência humana, não se pode renunciar à técnica como se fosse um capítulo acidental da história humana a ponto de se encerrar, retornando a uma fase pré-moderna em que a natureza — integrada com o homem e os deuses — na totalidade do cosmo deixasse de ser o que foi desde a modernidade: objeto de conquista para o homem. O fato de que a técnica moderna esteja associada ao antropocentrismo da civilização ocidental não autoriza certo naturalismo que, como reverso desse antropocentrismo, põe a natureza no centro como "dona e senhora", inclusive como sujeito moral e jurídico, independente do homem. Mas hoje não é possível nem a integração pré-moderna de homem e natureza em um todo que os transcenda, nem o senhorio e independência, supostamente pós-modernos, da natureza em relação ao homem. Na técnica fica patente uma relação indissolúvel entre o homem e a natureza, e o que se tenta é alcançar a harmonia que o antropocentrismo ocidental solapou, mas que pode ser solapada também por um naturalismo absoluto. Vivemos em um mundo no qual a técnica se apresenta com sua face dupla: de criatividade e destrutividade. E ambos os casos vivemos — ou malvivemos — *de*, *com* e *por* ela, entendida como uma dimensão essencial do homem que, portanto, ele não pode evitar, e menos ainda abolir, ainda que se possa e deva orientá-la num ou noutro sentido, desde sua circunstância histórica e social, na medida em que o domínio técnico sobre a natureza e os homens se converte no domínio do homem sobre a técnica.

XI

Se vivemos num mundo tecnificado que modela nossas formas de existência, e do qual não podemos escapar, torna-se necessário planejar a questão das relações entre técnica e moral. Esta questão é pertinente, já que, como forma de comportamento humano, a técnica põe em jogo nossa conduta em relação a nós mesmos e aos demais. Mas a técnica não se esquiva a essa dimensão moral, dada a sua condição de instrumento? Não é por acaso o fim — e não o meio e o instrumento — o que pode e deve ser classificado moralmente? Na verdade, não há fins que não possam ser classificados moralmente, mas isto não significa que os meios sejam indiferentes a partir do ponto de vista moral, ou que sua classificação a partir desse ponto de vista esteja inscrita em "o fim (que) justifica os meios". Assim, nem os meios são neutros ou assépticos moralmente, nem basta o fim para justificá-los por muito eficientes que sejam, como o foram — tecnicamente — as câmaras de gás nazistas, as bombas atômicas sobre Hiroxima e Nagasaki, as torturas físicas e psíquicas para obter confissões nos processos de Moscou, ou o desfolhamento dos campos na guerra do Vietnam. E embora os fins fossem válidos — o que não acontece certamente nos casos citados — e se apelasse a meios eficientes para eles, a classificação moral desses meios não dependeria exclusivamente desses fins e meios, mas das conseqüências sociais que tiveram e que, em certos casos, se voltariam contra os fins que os meios empregados pretendiam servir. Mas se a classificação moral da técnica não está simplesmente nos fins, aos quais remete sua condição instrumental, nem tampouco nesta condição, em sua eficiência, o sujeito técnico não pode discordar das conseqüências de sua atividade ou circunscrevê-la, a partir do ponto de vista moral, às intenções que se aninham na sua interioridade. É certo também que, justamente por ser moral, sua classificação há de levar em conta o que acontece nessa interioridade, ou seja: o grau de consciência e liberdade com que se comporta, mas não entendida como um reduto isolado, já que esse comportamento se dá em condições sociais determinadas, geradoras de certos princípios e valores que o sujeito assume livre e conscientemente a partir desse condicionamento. Elabora-se então o problema crucial da responsabilidade moral imputável ao técnico que atua de um modo ou outro.

Portanto, de acordo com o que se estabeleceu antes, a responsabilidade moral é planejada em relação aos efeitos dos atos dos sujeitos técnicos (individuais ou coletivos), realizados em determinadas circunstâncias que os condicionam, mas sem abolir certo grau de consciência e liberdade. Em concordância com a natureza da técnica respectiva, esses efeitos ou conseqüências são de três tipos: 1) efeitos necessária e intrinsecamente negativos, como os próprios da técnica bélica nuclear; 2) efeitos ambivalentes de acordo com a dupla natureza de uma mesma técnica (como acontece com a técnica produtiva, química, informática, ou robótica) e 3) efeitos incontroláveis ou imprevisíveis (como os das técnicas, por exemplo, de manipulação genética).

A responsabilidade moral variará em cada um desses tipos de efeitos. No primeiro caso, o técnico não poderá fugir à responsabilidade que começa com o próprio planejamento, já que as conseqüências não podem ser outras que não as negativas cuja opção assumiu, necessária e intrinsecamente. No segundo caso, será moralmente responsável pelas conseqüências de certo uso da técnica que, dado o seu caráter ambivalente, não deriva forçosa e inevitavelmente dela. Por último, quando seus efeitos são imprevisíveis, a responsabilidade moral do técnico está em provocá-los com sua atividade sem o conhecimento e o controle necessários.

Em nenhum dos casos mencionados, pode-se fugir à responsabilidade moral correspondente argumentando que esta se limita a fazer bem as coisas, quer dizer, perceber o valor próprio da técnica, sua eficiência, livrando-se dos riscos, danos ou conseqüências que supostamente serão julgados de acordo com fins ou valores alheios a sua funcionalidade. E embora se reconheça que a técnica, por sua condição instrumental, possa servir a outros fins ou valores, nem estes nem os efeitos sociais provocados por ela pertencem à essência da técnica. A técnica enquanto tal — se diz também — é asséptica ou neutra moralmente, e o técnico só tem compromissos com seu valor ou fim próprios: a eficiência. Quanto a seus efeitos, só lhe interessam os que provam praticamente a realização desse fim ou valor. Esta posição, com a qual se pretende justificar sua não-responsabilidade ou, mais exatamente, sua irresponsabilidade moral, tem por base uma separação entre meio e fins que, como vimos, não pode sustentar-se. E não só pela impossibilidade desta separação, uma vez que escolher o meio — por exemplo, nas técnicas de extermínio — é escolher o fim, mas também porque os meios podem desnaturalizar ou inclusive anular os fins — por mais elevados que pareçam — que se pretende utilizar.

Certamente, decidir-se por uma técnica intrinsecamente destrutiva já pressupõe escolher determinado fim, e com uma firmeza tanto maior quanto mais eficientes sejam os meios postos em prática. Assim, quando se trata de uma técnica ambivalente, a opção por um uso ou outro dela não é puramente técnica ou uma simples questão de eficiência, mas de uma opção ideológica, moral. Por último, no caso de técnicas cujos efeitos sociais são imprevisíveis ou incontroláveis, optar por interrompê-las ou continuar com elas tampouco é assunto puramente técnico, de eficiência (a opção técnica exigiria bem mais do que prosseguir com elas), mas é também uma opção ideológica, moral. Esta desatenção aos efeitos sociais que tem ou pode ter, repousa na separação da ciência e da técnica, por um lado, e sua aplicação, por outro. Em uma época em que o potencial destrutivo técnico-científico alcançou índices terríveis, não se pode garantir a inocência de ciências e técnicas "puras", sobretudo quando, por sua própria natureza, só podem mostrar na vida real um rosto destrutivo.

Mas a responsabilidade moral dos sujeitos técnicos (individuais ou coletivos) não pode ser planejada à margem do sistema de relações sociais em que atuam e no qual a técnica tem determinados efeitos nas formas de vida dos homens. As implicações morais de certas técnicas — produtiva, nuclear, biomédica, genética, informática, robótica etc. — se fazem sentir, definitivamente, enquanto que, em vez de servir ao ser humano, o dominam e convertem o fim em meio (conversão que, para Kant, era a negação da própria moral). Contudo, ante essas conseqüências, não é preciso atender apenas às decisões dos sujeitos, mas também ao sistema, que, de acordo com sua natureza e seus interesses, necessita da produção e do uso de semelhantes técnicas. Não se trata, pois — mais uma vez insistimos —, de repudiar a técnica em geral, mas sim aquelas intrinsecamente perversas, ou o seu uso perverso. E esse repúdio alcança também o sistema no qual — não de um modo casual, mas necessário — se produz e se usa tal técnica. E essa produção e esse uso entranham certa dimensão moral. E, embora no marco dessas condições o sujeito técnico tenha uma responsabilidade moral, enquanto decide e atua livre e conscientemente, a questão da técnica não é assunto puramente individual ou de grupo, mas social. Portanto, o convencimento de que, pelas conseqüências sociais que há de assumir, a técnica que as provoca não é neutra ou moralmente asséptica, há de levar também ao convencimento de que o destino definitivo da técnica — a favor ou contra o homem — está vinculado necessariamente à forma de organização social, bem como sistema atual de exploração e alienação que faz do homem um simples meio, instrumento ou coisa, ou bem como sistema em que o homem é um fim em si mesmo ao oferecer-lhe uma vida mais digna e livre, mais justa e solidária. De onde resulta que o imperativo moral de resistir-se hoje a produzir uma técnica perversa, ou a repelir o uso desumanizante dela, ou de ser cauteloso quando seus efeitos são imprevisíveis, desemboca no imperativo político de transformar o sistema social em que a técnica tem — pela própria estrutura desse sistema — semelhante natureza e tais efeitos negativos em nossa existência.

1992

Bibliografia

Bunge, Mario, *Tecnología y filosofía*. México, Universidad Autónoma de Nuevo León, 1976.

García Bacca, Juan David, *Elogio de la técnica*. Barcelona, Anthropos, 1987.

Habermas, Jürgen, *Ciencia y técnica como "ideología"*. Madri, Tecnos, 1986.

Heidegger, Martin, "La pregunta por la técnica", en *Época de la filosofía*, I. 1. Barcelona, 1985.

Instituto de Investigaciones sobre Ciencia y Tecnología, vários autores, *Anthropos*, Revista de documentação científica de la cultura, n°s 94-95. Barcelona, 1985.

Marcuse, Herbert, *El hombre unidimensional*. Barcelona, Ariel, 1986.

Mayz Vallenilla, Ernesto, *Crítica de la razón técnica*. Caracas.

Nitchan, Carl, *¿Qué es la filosofía de la tecnología?* Barcelona, Anthropos, 1989.

Ortega y Gasset, José, *Meditaciones de la técnica y otros ensayos sobre ciencia y filosofía*. Madri, Revista de Occidente/Alianza, 1982

Paris, Carlos, *Mundo técnico y existencia auténtica*, 2ª. ed. Madri, Revista de Occidente, 1973.

Paris, Carlos, *La civilización nuclear*, 2ª. ed. Madri, Ediciones Libertarias, 1986.

Sanmartin, José, *Los nuevos redentores*. Barcelona, Anthropos, 1987.

Esquerda e direita na política: e na moral?

DIREITA E ESQUERDA NA POLÍTICA

Já faz mais de dois séculos, exatamente desde que as posições políticas dos representantes do povo, na Assembléia Revolucionária Francesa, foram chamadas de direita e esquerda, de acordo com o lugar que ocupavam diante da presidência, esta dicotomia se generalizou e sobreviveu em diversos países e em épocas distintas. Na verdade, não foi a única dicotomia proclamada para situar os partidos, forças, frentes ou atores no cenário político. Ocorreram também, em particular nos países de língua espanhola, outras divisões antagônicas, como as de liberais e conservadores autoritários e libertários, progressistas e reacionários, fascistas e antifascistas, reformistas e revolucionários etc. Assim, embora em determinados períodos alguma dessas dicotomias tenha predominado sobre as demais, é inegável que a de direita e esquerda, por sua amplitude e persistência, é a que se impôs sobre as restantes. Certamente, não faltaram tentativas de situar-se acima desta distinção. Tais são as do nazismo na Europa ao pretender assumir e integrar elementos essenciais da direita (o nacionalismo) e da esquerda (o socialismo), e do populismo de Vargas e Perón, assim como do PRI mexicano, na América Latina, cujo referencial básico é o povo acima das divisões não apenas de classe, mas de direita e esquerda. Porém, no caso do nacional-socialismo, estava claro desde o primeiro momento que, por seu programa e ação, longe de superar a dicotomia de direita e esquerda, nada mais fazia senão situar-se no extremo de um dos termos do espectro político, pelo qual, como outras tentativas análogas — as do fascismo italiano e do nacional-sindicalismo espanhol —, não podia enganar ninguém. Quanto ao populismo latinoamericano, longe de transcender a dicotomia mencionada, nada dizia senão reproduzi-la em seu seio e imprimir uma distorção de direita ou esquerda, de acordo com as circunstâncias históricas, a sua política.

Durante quase dois séculos, o significado dos termos antagônicos esteve claro, e não só para designar os extremos, mas também para situar os agentes políticos que, não obstante o seu alheamento desses extremos, não deixavam de ser reconhecidos como de direita ou esquerda. Assim ocorreu com os partidos conservadores que, mesmo sem se identificarem com o fascismo, não deixavam de ser de direita, ou com os partidos democratas, social-democratas ou socialistas, que sem compartilhar os objetivos da esquerda revolucionária, nem por isso perdiam sua coloração esquerdista. É verdade que a linha divisória não era rígida, pois variava historicamente, e que uma mesma força política, em diferentes momentos históricos, podia ocupar — como vimos anteriormente no caso do PRI mexicano — a posição de direita ou esquerda frente à qual se havia situado em outro momento. Basta recordar como exemplos de tal mudança de posições em uma mesma força política o PRI, em épocas diferentes: o "liberalismo social" salinista e o cardenismo nacional-revolucionário. E exemplos de semelhante inversão das posições originais de diferentes matérias políticas ocorreram nas últimas décadas do franquismo na Espanha e ocorrem hoje, em relação ao socialismo, inclusive em esquerdistas radicais, "marxistas-leninistas" de ontem. E, finalmente, em nossos tempos neoliberais de sacralização do mercado e da "eficácia econômica", não faltam governos ocidentais supostamente de esquerda que fazem uma política de direita tão extrema quanto a do neoliberalismo.

FIM DA DICOTOMIA DIREITA-ESQUERDA?

A dicotomia direita-esquerda, cujo uso e predomínio foi reconhecido e justificado durante quase dois séculos, não goza atualmente de boa saúde. Questionada nos últimos anos, vozes se fazem ouvir decretando que não só perdeu o vigor que efetivamente teve em outros tempos, mas que hoje carece de sentido. Proclama-se, em conseqüência, que chegou a seu fim. Deste modo, a já ampla seqüência de mortes que se vem decretando já faz algumas décadas — morte ou fim da ideologia, da razão, da modernidade, da história, do marxismo, das revoluções, do socialismo, da utopia etc. — teria que agregar agora o "fim" da dicotomia de direita-esquerda em política.

Os argumentos de mais peso que costumam ser esgrimidos a esse respeito são basicamente três. *Primeiro*: vivemos os tempos tecnocráticos do "fim das ideologias"; portanto, sendo ideológica — como é — a distinção política direita-esquerda chegou também a seu fim. É certo que embora não se possa deixar de reconhecer o caráter ideológico dessa distinção, só se assumirmos como verdadeira a premissa desse silogismo — e nós podemos assumi-la como tal — é que a conclusão a que se chega seria verdadeira. Assim, pois, este argumento não pode nos convencer de que a distinção política mencionada careça de base.

Vejamos o *segundo* argumento, que assim poderíamos formular: nossa época enfrenta problemas novos e insuspeitados, diferentes daqueles da época em que surgiu, foi reconhecida e floresceu a distinção de referência. Hoje enfrentamos — comenta-se com razão — problemas inexistentes ou apenas balbuciantes em épocas passadas; problemas que por seu alcance universal poderíamos chamar antropológicos, já que afetam não só esta ou aquela comunidade, mas inclusive o gênero humano. Tais são a crescente degradação natural da existência humana, a avassaladora alienação e massificação dos seres humanos na sociedade atual, a ameaça, que parece não ter fim, de um cataclismo ecológico ou de um futuro sombrio ante os avanços da genética etc. Tratam-se de problemas que, por afetar — não de um modo particular, mas sim universal — os membros da comunidade humana atual, e alguns deles não só no presente, mas também no futuro, reclamam soluções universais ou universalizáveis, que escapam às soluções parciais de direita ou esquerda. Tudo isto é certo. Todavia, não se pode negar que o modo de ter acesso a essas soluções, os meios a que se recorre para buscá-las e colocá-las em prática, assim como o grau de sua aceitação em determinada sociedade, não se dão em uma comunidade ideal, mas sim real, e se encontram mediados pelos interesses particulares dos grupos ou classes em que se divide essa comunidade. Como se pode ver claramente na hora de responder a imperativos universais, como os ecológicos ou os do reconhecimento e aplicação dos "direitos humanos", esses interesses particulares condicionam as soluções e os meios para atingi-las e praticá-las. Por tudo isso, inclusive nesta esfera dos problemas universais, as posições dos atores, quando se expressam politicamente, dadas as suas divergências ou antagonismos, se situam politicamente à direita ou à esquerda.

Finalmente, o *terceiro* e mais socorrido argumento nestes últimos anos tem a ver com a queda do que, durante muito tempo, constituiu o referencial de um amplo setor da esquerda: o chamado "socialismo real". Ao desaparecer este referencial histórico, a esquerda teria ficado desnuda, no ar, sem bandeira nem apoio, e, por isso, careceria de sentido sua diferenciação daquilo a que se opunha: a direita. Assim, em relação a este argumento, é necessário enfatizar os seguintes pontos: a) que o "socialismo real" nunca foi diferente de toda a esquerda, e nem sequer de toda a esquerda socialista, ainda que o tenha sido para uma parte importante dela. Mas hoje está claro, inclusive para a esquerda que tornou seu o "socialismo real", o que muitos marxistas críticos já haviam assinalado: que não se estava diante de uma sociedade, mas sim diante de um sistema burocrático que, por uma série de razões que pretendemos expor em outro lugar, havia usurpado em nome do socialismo o verdadeiro referencial socialista, e b) que, não obstante a falsa identificação do socialismo e "socialismo real" — apoiada tanto por ideólogos soviéticos quanto pelos porta-vozes mais conservadores do capitalismo —, o socialismo continua sendo hoje um referencial válido, embora incerto e distante, para um setor da esquerda.

É claro que não se pode negar que os argumentos anteriores — qualquer que seja o grau de verdade ou falsidade que se lhes atribuía — contribuíram para minar a credibilidade de que gozava no passado a diferenciação política de direita e esquerda. E é preciso reconhecer também que este declive de sua vigência estimulou na prática o comportamento de certas forças políticas: o da direita neoliberal à ofensiva, disposta a ocupar todo o espaço político, e o da esquerda desencantada, que não consegue enfrentar essa ofensiva e, perante ela, cede inclusive o seu espaço próprio. Portanto, o deslocamento das posições de direita e esquerda no espectro político atual não anula de modo algum a necessidade e validade da distinção dessas posições em tal espectro. A proclamação do seu "fim" só pode representar uma operação ideológica tendente a ocultar o conflito de objetivos, valores e interesses que ocorrem em uma comunidade real. E ao tentar manchar, com isso, a linha divisória, o que se pretende em definitivo é fazer prevalecer a posição que está à direita dela, excluindo de uma vez por todas a que continua sendo necessária e válida à sua esquerda. Daí a importância de que se reveste, em nossos dias, a tarefa de esclarecer e justificar a diferenciação política que nos ocupa para enfrentar a operação ideológica que traz dentro de si o "fim" dessa distinção.

CRITÉRIOS DE UMA DISTINÇÃO POLÍTICA

Contamos nesta tarefa com a valiosíssima colaboração de Norberto Bobbio com seu recente livro *Direita e esquerda. Razões e significados de uma distinção política*. Trata-se de uma obra, como outras de sua autoria, de um valor teórico excepcional, e ao mesmo tempo digna da trajetória fecunda e honesta de quem, a partir da ótica de seu socialismo liberal, situa-se claramente em uma posição inequívoca de esquerda. Não podemos nos deter agora, por óbvia falta de tempo, em um livro que suscitou um enorme interesse por sua riqueza temática, sólida argumentação, espírito polêmico e estimulante atualidade. Limitar-nos-emos a assinalar que compartilhamos plenamente a conclusão a que chega seu autor, depois de examinar com respeito, agudeza e clareza os argumentos que respaldam ou impugnam a distinção política de direita-esquerda. E a conclusão — com a qual concordamos, como pode perceber facilmente o leitor — é que essa distinção se acha longe de ter chegado ao seu fim e que, portanto, sobrevive e mantém a vitalidade de seu significado. E posto que direita e esquerda são termos correlativos do universo político, a sobrevivência de sua contraposição significa também para Bobbio que a esquerda existe como pólo essencial e original no universo político. Portanto, o reconhecimento da estrutura dicotômica do espectro político expõe forçosamente o problema do critério da distinção direita-esquerda, que Bobbio encontra na "diferente posição que os homens, que vivem em sociedade, assumem perante o ideal da igualdade". Depois de deixar claro que por igualdade não entende a igualdade absoluta, mas a que se especifica ao responder às perguntas de: igualdade "entre quem?", "em quê?" e "com base em que critério?", Bobbio reafirma o critério único da igualdade que — como ideal — foi e continua sendo a "estrela polar" da esquerda. Neste ponto nos permitimos discordar de Bobbio, como já discordaram outros comentaristas, ao considerar insuficiente este critério único e completá-lo com o da liberdade. Mas, ainda assim, esse critério continua nos parecendo insuficiente, pois embora ambos os conceitos se enriqueçam — a) o da igualdade com sua consolidação em diferentes níveis: da igualdade perante a lei, igualdade de oportunidades e igualdade de posições econômicas e sociais mínimas e de necessidades básicas, e b) o da liberdade —, ao estendê-lo do plano formal para o real, a distinção política de direita e esquerda tem que abrir mão de outros critérios que permitam definir estas posições ante múltiplos referenciais, como são: Estado e sociedade civil, relações de propriedade, papel do mercado, reivindicações das minorias étnicas, nacionais ou sexuais; relações diversas: entre o homem e a natureza, a Igreja e o Estado ou entre as nações, assim como políticas concretas: de bem-estar social, profissional, científica, educativa, artística etc. O critério de diferenciação política há de ser, pois, aberto e plural, e sua amplitude, assim como a prioridade de uns referenciais sobre outros, dependerá das condições sociais em momento e lugar determinados, condições que variam historicamente. É certo que o eixo em torno do qual giram esses critérios particulares são a igualdade e a liberdade, junto com o modo de sobrepor uma e outra em suas realizações concretas.

Com relação a esses dois critérios básicos, a direita inclinou-se historicamente a limitar a área das liberdades reais para a maioria da população e a frear os avanços na igualdade social reclamados pelas classes mais desprotegidas. A esquerda, pelo contrário, tendeu — em maior ou menor medida de acordo com a faixa em questão — a superar esses limites e freios e a ampliar a esfera das liberdades reais e da igualdade social. Ser de esquerda — ou mais exatamente, estar à esquerda — continua significando hoje assumir com um conteúdo concreto, efetivo, certos valores universais: dignidade humana, igualdade, liberdade, democracia, solidariedade e direitos humanos, cuja negação, proclamação retórica ou estreitamento foram sempre próprios da prática política da direita.

A DICOTOMIA DE DIREITA E ESQUERDA EM OUTROS CAMPOS

Por sua origem e natureza, direita e esquerda designam, antes de mais nada, posições políticas opostas. Contudo, podemos nos perguntar: cabe estender esta contraposição a outros campos não exatamente políticos? Adiantemos uma resposta geral: será pertinente estendê-la se e apenas se, neles, a política se faz presente, de um modo ou outro. E essa presença terá que ser rastreada: 1) no conteúdo dessas áreas específicas do comportamento humano; 2) na orientação estatal ou social que promove esse comportamento e 3) no uso político e social que se faz de seus produtos. Vejamos, pois, até que ponto a distinção política de direita e esquerda se deixa sentir em determinadas áreas específicas: científica, técnica, artística e religiosa do comportamento humano e seus produtos.

1) A distinção política direita-esquerda na ciência

Por seu valor de verdade, objetividade, estrutura sistemática e ordenação lógica, esta diferenciação ideológica-política é alheia à ciência. Por serem irredutíveis à ideologia, não obstante o papel que desempenham nas ciências — particularmente nas sociais —, não existem ciências de direita ou esquerda. Semelhante diferenciação é incompatível com a especificidade da ciência como conhecimento fundado, verdadeiro ou objetivo. Certo é que, ao longo de sua história, e sobretudo na mais recente, ocorreram tentativas de distinguir em seu seio posições ideológicas políticas de signo antagônico. Tal foi a tentativa nazista de distinguir entre "ciência alemã", entendida como ciência autêntica, incontaminada, e "ciência judia", inautêntica, contaminada racialmente. E tal foi também o empenho stalinista de estabelecer uma distinção de classe entre "ciência burguesa" e "ciência proletária", que deu lugar, no campo da genética, ao escandaloso "caso Lyssenko". Por seu conteúdo de verdade e objetividade, a ciência não admite semelhantes distinções ideológicas, quer estas se façam por motivos raciais ou de classe. Mas se tais diferenças não cabem na ciência por seu conteúdo, sobretudo nas ciências formais e naturais, podem ocorrer em outros campos nos quais a ciência se vê inserida. Assim as justificam, em primeiro lugar, a orientação que o Estado ou determinados grupos sociais imprimem à investigação, difusão e desenvolvimento científicos, que constituem o que justamente se chama *política* científica. Com ela são traçados os objetivos fundamentais da atividade científica e se estabelecem a prioridade de certos problemas e a preferência por certas áreas de investigação. A política científica, como toda política, admite a diferença entre direita e esquerda, de acordo com as posições que adotam em relação aos objetivos, prioridades e opções possíveis. Mas o Estado e os grupos sociais dominantes não só levam a cabo certa política no terreno da investigação e difusão, mas determinam também a aplicação dos frutos científicos alcançados, aplicação que pode ser de signo oposto para o poder político e econômico e para os grupos sociais subalternos, ou para toda a sociedade.

Assim, pois, as conquistas do desenvolvimento científico não podem escapar a diferentes avaliações a partir de posições políticas de direita e esquerda.

2) A distinção direita-esquerda na técnica

Enquanto a técnica se considera — por seu conteúdo e especificidade ou natureza própria — neutra ideologicamente, parece escapar à distinção política de direita e esquerda. De modo análogo ao que temos visto na ciência, essa distinção só tem sentido em relação à política que segue o poder estatal ou econômico ao imprimir-lhe certa orientação, prioridade ou opção. Do mesmo modo, tal distinção poderia ser aplicada visando à avaliação positiva ou negativa de seus efeitos em nossa existência, de acordo com o uso que determinada política lhe impõe. Assim, a diferença se justifica ainda mais quando se trata não só de técnicas que admitem um uso ambivalente (benéfico ou pernicioso para a sociedade), mas de técnicas que, por sua natureza intrinsecamente perversa, como são as técnicas bélicas — nuclear, bacteriológica, química ou herbicida —, só podem ter efeitos sociais negativos. Em suma: em relação à política que incrementa, em um caso, uma técnica ambivalente e, em outro, uma técnica intrinsecamente destrutiva, perversa, não deixa de ser pertinente a distinção política de direita e esquerda relativa às posições adotadas perante elas.

3) A distinção direita-esquerda na arte

O que dizer desta distinção política na arte? Devemos reconhecer, em primeiro lugar, que ocorreu efetivamente em um passado não muito distante. Vamos reconhecer também que foi terminante tanto a partir de certas posições políticas de esquerda, radicais ou revolucionárias, ao classificar como própria e autêntica uma arte "de esquerda" ou "revolucionária", quanto a partir de posições extremas de direita como o nazismo, que só reconhecia como própria e verdadeira a "grande arte alemã", ou "ariana".

Por certo, esta comum politização da arte coincidia em condenar toda arte da vanguarda do século XX como arte "decadente", na ex-União Soviética, ou "degenerada", na Alemanha nazista. Certamente, em ambos os casos trata-se de uma distinção que tem por base a redução da arte à ideologia (racista e de classe, respectivamente), ignorando por completo sua natureza criadora específica. A redução da arte ao conteúdo ideológico-político, que estava na base de sua classificação como "arte de esquerda", "revolucionária", ou de sua desclassificação como arte "burguesa", "decadente", esquece que, na obra artística, o conteúdo só existe como conteúdo formado ou criado. E que, como tal, o conteúdo político — assim formado ou criado — é parte indissolúvel desse todo que é a obra de arte. A distinção direita-esquerda, ao abstrair o conteúdo político — exterior à obra — desse conteúdo novo, criado, que só existe *nela* e por *ela*, situa-se fora da arte. A distinção política, tantas vezes mencionada, carece de sentido se a obra de arte é aplicada como tal, considerada esta não como simples documento sociológico, manifesto ou testemunho político. Vê-la apenas com os antolhos políticos de direita e esquerda significa — repito — situar-se fora da arte, embora certamente não da política. Na verdade, pode-se falar de uma arte conservadora, acadêmica — embora isto seja uma contradição nos termos —, e de uma arte revolucionária, inovadora, verdadeiramente criadora, mas os conceitos "conservador" e "revolucionário" não têm aqui o mesmo significado que na política. Que não se confunda a chamada arte revolucionária, ou da revolução, com a revolução na arte. Mas negar que a distinção política de direita e esquerda na arte seja pertinente não significa negar que uma relação propriamente artística entre arte e política possa ocorrer, como ocorre efetivamente, em obras de Delacroix, Goya, Brecht, Neruda, Alberti, Picasso ou Siqueiros. O que achamos, pelo contrário, ao levar a distinção de direita e esquerda à arte, é a dissolução desta na política. Não existe, pois, por sua natureza específica, uma arte de direita e uma de esquerda, embora — como em outros campos — seja válido adotar semelhantes posições ante a política artística promovida pelo Estado ou certos setores sociais, ou também em relação à função ideológica, política, que a arte pode cumprir em determinado momento. Mas, ao se reconhecer isto, é preciso notar que a arte cumpre tal função não à margem de sua natureza estética, mas graças a ela. Ou, como dizia Gramsci: "A arte pode ser política, mas com a condição de que o seja como arte."

4) Direita e esquerda na religião

Como nos campos anteriores, a distinção direita-esquerda faz sentido quando na religião ocorre uma dimensão política. Mas esta não se faz presente em seu conteúdo teológico próprio, em torno do qual encontramos posições crentes, agnósticas ou atéias. Assim, enquanto o crente que predomina em nossas latitudes é, ou pretende ser, cristão, não só em seu comportamento íntimo e ritual em relação a um mundo transcendente, mas também a este "vale de lágrimas" que é o mundo terreno, sua ação pode cobrar uma dimensão política ao ter que se mover em um emaranhado de relações sociais no qual é exercido certo poder e afloram por toda parte aspirações e interesses de grupos sociais diversos e antagônicos. Historicamente, esta ação — tratando-se do cristianismo e, mais exatamente, de sua versão católica — mostra uma face dupla: o da cumplicidade com o poder político e econômico e o da opção evangélica pela libertação — aqui na Terra — da servidão, da pobreza e da opressão. E embora o primeiro rosto seja o mais conhecido por ter sido o que predominou ao longo da história, o segundo não deixou de estar presente nela em certos momentos, e particularmente em nosso século a partir dos anos 60 na América Latina, com a Teologia da Libertação. Como "opção pelos pobres", não retórica, mas prática, combativa, trata-se de uma ação que, por suas raízes religiosas, remete a Cristo e à Bíblia, mas que cobra uma clara dimensão política ao ecoar as reivindicações de forças políticas e sociais, oprimidas e exploradas em nosso tempo, e ao aspirar — como elas — à transformação deste mundo terreno, libertando-o da opressão política, econômica, social, e até étnica, que vigora. Vemos, pois, que enquanto a religião cristã, institucionalizada, se projeta na ordem mundana da "coisa pública", incide necessariamente na prática política, seja apoiando o sistema existente, seja optando por transformá-lo, mais além do templo, na praça pública. Em conseqüência, é neste terreno em que se encontram religião e política, embora seus encontros sejam de símbolo oposto e, justamente por isso, é pertinente aplicar a distinção política de direita e esquerda à religião.

Chegamos assim à conclusão de que esta distinção nos campos específicos que abordamos — ciência, técnica, arte e religião — faz sentido enquanto a política se faz presente neles, de um modo ou outro.

E NA MORAL?

Ao examinar a pertinência da diferenciação política direita-esquerda na moral, partimos da idéia de que esta forma de comportamento humano se caracteriza pela regulação das relações entre os indivíduos, assim como entre eles e a comunidade, com a particularidade de que esta regulação é acatada livre e conscientemente pelos indivíduos, ou seja, com a convicção íntima de que suas normas devem ser cumpridas, sem a imposição de uma instância exterior. A moral pressupõe, portanto, certa autodeterminação, liberdade e responsabilidade do sujeito. Mas o ato moral, sendo necessariamente individual, é também social, não só porque afeta a outros indivíduos e à comunidade, mas também porque as normas às quais se submete o indivíduo respondem a necessidades e exigências sociais que determinam as modalidades desta regulação normativa.

O comportamento moral tem efeitos ou conseqüências para os demais, e neste sentido se faz presente na vida pública. E esta é justamente a esfera em que se encontram, ou desencontram, a moral e a política. Estamos nos referindo à política como atividade prática de indivíduos concretos, pertencentes a diferentes setores ou classes sociais, que se agrupam e atuam de acordo com suas aspirações e interesses comuns para manter, reformar ou mudar radicalmente o Estado e a ordem social existentes. Considerada a política neste amplo sentido, a pertinência da aplicação da distinção direita-esquerda no terreno da moral terá que ser procurada — como a temos procurado em outros campos — no modo como a política se faz presente na moral, ou também no modo como ambas as formas de comportamento humano se relacionam, ou de regulação das relações entre os homens. As relações entre uma e outra podem ter um caráter pretensamente excludente: política sem moral ou moral sem política; ou ainda podem ser interdependentes, embora a posição dos termos nesta relação seja assimétrica. Vejamos cada uma das três modalidades da relação entre moral e política.

1. Política sem moral

A política se separa da moral tanto se desconhece a autonomia (relativa, certamente) e a especificidade dela, quanto se ao afirmar uma coisa ou outra o faz com um critério alheio à moral. No primeiro caso, a moral é concebida — parafraseando o aforismo de Clausewitz — como a continuação da política por outros meios; no segundo, é introduzido, como critério próprio e inseparável da política, o instrumental ou maquiavélico da eficácia, medida esta pelo êxito alcançado na conquista, na manutenção ou na destruição do poder existente e alheia a toda consideração moral. Ou seja: a moral se dissolve na política, no primeiro caso, e a política se separa da moral, no segundo.

Quando a moral se dissolve na política com a pretensão de servi-la, o serviço se transforma em servidão, já que, ao perder sua autonomia e especificidade, se desvanece como comportamento livre, voluntário e responsável ante a política. Quando a política absorve assim a moral — caso se trate de uma pretendida política de esquerda —, entra em contradição — pela servidão que impõe à moral — com os valores assumidos de liberdade e autodeterminação individual e social que definem politicamente a esquerda, e com isso imprime um meio-termo alheio a seus próprios valores no terreno da moral. Semelhante servidão da moral à política é consubstancial com os regimes totalitários, antidemocráticos ou autoritários, pois constitui o corolário forçoso de sua política, e o é também — como demonstra a recente experiência histórica — dos regimes supostamente socialistas que, com essa servidão, castram o conteúdo libertário e emancipatório próprio do socialismo.

No segundo caso, quer dizer, quando a política afasta-se da moral, a "boa política" é "boa" precisamente por sua "eficácia" ou "realismo político", que só podem ser afirmados e reconhecidos na medida em que escapam a toda avaliação ou julgamento moral. Não é que com isso seja negada a presença da moral, mas esta fica relegada à vida privada, sem encontrar portas abertas no campo próprio da política: a vida pública. Tal separação do público e do privado na vida social, ou do cidadão e do indivíduo real, é própria da sociedade burguesa, como já assinalou Marx em seus escritos da juventude. Esta cisão, que permite esvaziar uma política "realista", "eficaz", de seu conteúdo moral, ocorreu também em nossa época nas sociedades do "socialismo real". Portanto, semelhante cisão, e a correspondente separação de política e moral em nome da "eficácia" ou do "realismo", não pode ser aceita a partir de posições políticas de esquerda. Há valores que a definem — como os da igualdade, liberdade, democracia, solidariedade — e que, não obstante as modalidades de sua presença, são comuns a certa política e a determinada moral, sem que possam ser abstraídos de uma e outra. Portanto, uma política que assuma tais valores a partir de posições de esquerda não pode ser subtraída em sua prática, em nome da "eficácia", de tais valores, nem pode relegá-los, por exigências pragmáticas, à vida privada individual, esfera supostamente exclusiva da moral.

Embora o que tenhamos sustentado até agora quanto à relação primordial entre política e moral (ou seja, política sem moral), prefigure as outras duas, quer dizer, a também excludente de moral sem política e a interdependente (ou relação mútua entre ambos os termos), vamos nos deter nelas, ainda que brevemente.

2. Moral sem política

Tal é a moral da intenção (Kant) ou da convicção (Weber). É a moral do sujeito que atua: a) sem pretender que o que se empareda em sua consciência tenha necessariamente uma realização efetiva, política, fora dela; vale dizer, na praça pública; ou b) que, consciente de sua realização, atua conforme seus princípios e convicções, mas ignorando suas conseqüências ou assumindo somente a responsabilidade das que se adequam a esses princípios e convicções, fiel àquele velho anseio de "Salvem-se os princípios, ainda que o mundo afunde!". Trata-se da moral que assepticamente se desembaraça da política, ou que só torna sua a que se ajusta à rasoura de sua moral. Moral e política se separam aqui, seja porque a primeira prescinde da segunda, seja porque só se reconhece a política que responde à intenção, convicção ou princípios do sujeito; quer dizer, a política que continua a moral. Em suma: trata-se da moral que ignora a política, ou só admite esta dissolvida na moral.

Até que ponto a distinção política de direita e esquerda se torna pertinente na moral, tanto se a política é: a) ignorada ou b) reconhecida apenas por seu ajuste a princípios e convicções morais? Vejamos.

Quando a moral é separada da política, ou esta só é considerada a partir de um ponto de vista moral, nem por isto deixa — ou pode deixar — de ter conseqüências políticas. Portanto, independentemente de que se as ignore, ou de que só se atenda às que se ajustam às intenções ou convicções morais, as conseqüências políticas de um signo ou outro, positivas ou negativas, não podem escapar à dicotomia de direita e esquerda que, portanto, é alcançada pela moral que tem essas conseqüências. Embora, levando exatamente em conta a moral kantiana da intenção, Marx tenha classificado a moral como "a impotência em ação", isto não deve ser tomado ao pé da letra: a moral — inclusive a da intenção — tem com freqüência resultados negativos, pois, como diz o velho provérbio, "de boas intenções o inferno está cheio".

Nas duas relações que estivemos considerando — política sem moral e moral sem política — ocorre a absorção ou redução de um termo a outro, porque em ambos os casos se apaga a especificidade de cada um. Na política sem moral, esta se dissolve na política; na moral sem política, esta se reduz à moral.

Examinemos agora a terceira relação anunciada entre moral e política: aquela em que ambos os termos, sem perder sua natureza específica, são interdependentes, com o que veremos — a partir de outro ângulo — até que ponto a dicotomia de direita e esquerda faz sentido na moral.

3. Interdependência de política e moral

Trata-se da relação em que a política — como prática efetiva em comunidades reais — assume certos fins que considera valiosos, assim como os atos correspondentes. Para a política de esquerda, estes fins e valores que a definem são, entre outros, como já vimos: a igualdade, a liberdade, a justiça, a democracia, a solidariedade. Por sua vez, a política de direita se caracteriza pelas limitações e obstáculos que interpõe na realização desses fins, assim como por assumir outros que considera necessários ou valiosos, tais como a desigualdade social, étnica ou sexual, o culto à autoridade e à tradição, e em suas formas extremas totalitárias, autoritárias ou neoliberais: o integrismo religioso, o nacionalismo agressivo ou a idolatria do mercado. Mas para que determinada política possa realizar os fins almejados, isso requer certos meios e seguir a estratégia e as táticas adequadas, sem o que esses fins ficariam desencarnados, em um plano ideal. A política, portanto, não só tem um lado axiológico, e nele sua dimensão moral, que é a que até agora temos ressaltado, mas também um lado instrumental que, como tal, é julgado por sua eficácia. Sua caracterização pelos fins ou valores que lhes dão seu sentido de direita ou esquerda (políticas opressivas e discriminatórias, ou emancipatórias e liberadoras), não pode ignorar os meios necessários para sua realização. Assim, pois, uma política avaliada positivamente por seus fins, dado seu necessário aspecto instrumental, não pode prescindir dos meios adequados, já que, sem recorrer a eles, esses fins não poderiam se materializar. Assim, não só os fins como também os meios necessitam ser justificados, e estes não se justificam simplesmente por sua adequação — enquanto são eficazes — a eles, mas exigem igualmente uma justificação própria, não puramente instrumental. Mesmo sendo eficientes, existem meios que, por sua natureza intrínseca, podem e devem ser desclassificados, independentemente de se adequarem ou não aos fins almejados. Os campos de extermínio nazistas não só funcionavam com eficiência como também se achavam em plena concordância com os fins destrutivos, racistas, aos quais serviam. O *Gulag* soviético, por seu turno, não obstante sua eficiência repressiva, estava em contradição com os fins emancipatórios, socialistas, que a retórica oficial proclamava (não é por acaso que entre suas vítimas estivessem não apenas a velha guarda bolchevique, mas milhões de comunistas). Se o *Gulag*, com seu horror e eficiência repressiva, constituía um meio adequado para manter no poder a *nomenklatura*, em um novo sistema de dominação e exploração, era também uma aberração para se construir uma verdadeira sociedade socialista. Assim, pois, o meio em ambos os casos deve ser condenado, quer concordem com o fim racista que se busca (campos de extermínio), quer neguem o fim que se proclama (*Gulag* soviético), e isto independentemente de que, num e noutro caso, o meio seja eficiente para a política posta em ação.

MAIS ALÉM DA DIREITA E DA ESQUERDA NA MORAL?

A relação entre os fins e os meios da política, que consideramos, nos permite concluir que a distinção de direita e esquerda tem a ver não só com os fins, mas também com os meios. Levando bem em conta esta carga dupla — axiológica e instrumental —, cabe afirmar, com base nas experiências fracassadas de uma esquerda delirante em nosso continente, que a pureza dos fins não salva a ineficácia dos meios ou de determinada estratégia militarista ou vanguardista. E, de modo análogo, pode-se afirmar também, com base no pragmatismo social-democrata ou no "realismo" stalinista, que não se salva tampouco a política que, ao recorrer a meios "eficazes", perverte os fins e valores que proclama. É certo que a direita tende a justificar os meios se eles são eficazes para os fins que considera valiosos. Assim, a esquerda tem que justificar os meios não só por sua eficácia, pois existem meios que, mesmo eficazes, são incompatíveis devido à sua natureza perversa — como já assinalamos —, com seus fins e valores. Há meios como o genocídio, o terrorismo individual ou de Estado, o seqüestro, a fraude, a tortura, a corrupção etc., que uma política de esquerda não pode utilizar sem negar-se a si mesma. A crítica que se pode e deve fazer à utilização de semelhantes meios, qualquer que seja a roupagem com que se apresente, não há de ser uma crítica político-instrumental, mas sim político-moral. Mas, justamente por seu conteúdo moral, esta crítica transcende as posições políticas de direita e esquerda ao condenar o uso de certos meios, sejam eles eficazes ou não, em nome de certos valores — como a dignidade humana e o respeito aos direitos humanos — que não estão adscritos exclusivamente a uma posição — de direita ou esquerda — no universo político.

Assim, embora esta crítica moral, que não se detém em barreiras ideológicas ou políticas, tenha um alcance universal e vise sobretudo à direita que escarnece dessa dignidade e desses direitos, a esquerda não se lhe escapa quando recorre a meios perversos para atingir seus fins. Esta crítica moral de certa política de esquerda, que ocorreu historicamente, volta-se ainda mais imperiosa para ela enquanto cumpre também a função política de impulsioná-la para encontrar o caminho adequado; ou seja, a harmonizar seu lado instrumental com seus fins e valores irrenunciáveis. Uma crítica deste gênero, ainda que, por seu conteúdo moral universal e incondicionado, escape à dicotomia de direita e esquerda, deveria ser, contudo, um componente essencial de toda política de esquerda. Poderia ser igualmente, e o é já na medida em que se defende efetivamente, e não só em um plano retórico formal, a dignidade humana, se respeitam os direitos humanos e se atende ao imperativo — de origem kantiana, ao qual Marx deu um conteúdo real — de tratar sempre o homem como fim e não como um simples meio (instrumento ou mercadoria); poderia ser, repetimos, uma antecipação dessa moral universal que, até agora, só ocorre nas utópicas "comunidades ideais" de diálogo ou de outra natureza.

Mas a verdade é que nas comunidades reais em que vivemos, com diferenças — às vezes abismais — econômicas, de classe, étnicas, nacionais, religiosas ou de gênero, que se traduzem em posições políticas de direita e esquerda, esses princípios morais universais, não obstante as conquistas alcançadas, ainda exigem, por sua insuficiência, uma luta tenaz e firme para estender e aprofundar sua aplicação. E ainda que, por sua universalidade e incondicionalidade, essa moral supere em teoria a distinção política de direita e esquerda, na prática não escapa aos atentados contra esses princípios e imperativos, provenientes não só da direita, o que não pode nos espantar, já que, por sua própria natureza — sobretudo em suas formas extremas — é incompatível com eles, como também de certa esquerda autoritária, dogmática, quando recorre — como testemunham experiências históricas recentes — a meios perversos para consumar os fins e valores que proclama. E a política de direita conspira assim mesmo contra essa antecipação de uma moral universal quando faz do universal — os "direitos humanos" — um uso instrumental como simples meio dos interesses particulares que regem a "defesa" desses direitos, ou quando com uma moral dupla, movida por esses mesmos interesses, se faz uma defesa seletiva deles, tolerando suas violações em certos países e denunciado-as em outros.

Assim, nas comunidades reais, assimétricas, como as nossas, com profundas divisões sociais que se expressam — com todas as colorações que se queira dar — na dicotomia política de direita e esquerda, a moral — inclusive aquela que hoje antecipa precariamente em nossas sociedades sua universalidade e incondicionalidade — não pode escapar a essa dicotomia e, ao mesmo tempo, impregnar a política. Mas, então, torna-se uma necessidade atuar politicamente para remover os obstáculos que, na vida real, se interpõem na aproximação ou realização dos fins e valores dessa moral. Assim, uma política desse gênero há de estar impregnada, por sua vez, de um profundo conteúdo moral, com o qual se torna patente a imbricação ineludível de uma nova política e uma nova moral. E esta é a imbricação que, no México de nossos dias, pretende forjar o Exército Zapatista de Libertação Nacional, pretensão que, por seu turno, exigirá para isso sua transformação em uma força política.

Tentar remover os obstáculos que se interpõem efetivamente à realização dos valores negados ou confinados em nossas comunidades reais — dignidade humana, direitos humanos, liberdade, igualdade, democracia, justiça — necessita de uma política na qual se conjuguem indissoluvelmente seus lados axiológico e instrumental; que faça do poder a conquistar, manter ou transformar, um meio e não um fim, ou também um meio ao qual se tente chegar ou manter sem entrar em contradição com o fim. Portanto, esta política, longe de poder fazer-se à margem da dicotomia de direita e esquerda, pode e deve ser assumida pelas forças que optam pelos valores e fins que definem a esquerda.

1995

SEGUNDA PARTE Socialismo

Ideal socialista e socialismo real

O SOCIALISMO COMO IDEAL E COMO NECESSIDADE HISTÓRICA

Quaisquer que sejam as formas de que se revestiu historicamente o socialismo, sempre significou um modelo alternativo de sociedade e, portanto, uma meta a alcançar ou uma aspiração a cumprir. Com isso queremos dizer também que é um ideal e, ao dizê-lo, não passamos por cima do que Marx e Engels declaram em *A ideologia alemã*: "Para nós o comunismo não é um *estado* que se deve implantar, um *ideal* ao qual a realidade deva submeter-se. Chamamos de comunismo o movimento *real* que anula e supera o estado de coisas atual."[1] Este ideal que Marx e Engels repelem é o que pretende auto-sustentar-se, independente das condições necessárias para sua realização: um ideal, por conseguinte, que não exige apoiar-se em um conhecimento da realidade que há de ser anulada e superada, nem do sujeito que há de levar a cabo esta transformação, nem dos meios adequados para realizá-la. Como simples meta de uma aspiração, esse ideal é uma utopia: não no sentido platônico que torna supérflua sua realização, dadas sua perfeição e auto-suficiência, mas no socialista utópico de uma aspiração a realizar condenada à sua irrealização. Assim, para que o socialismo fosse uma força ideológica mobilizadora "como meta do movimento social" — meta que os socialistas utópicos, "ao criticar a sociedade atual, descreviam claramente",[2] seria exigida precisamente uma críti-

[1] K. Marx e F. Engels, *A ideologia alemã*. Trad. De W. Roces. Montevidéu, Pueblos Unidos, 1959, p. 36.

[2] Marx-Engels, *Werke*, t. 17, p. 557.

ca desse utopismo. E tal é o passo que deram Marx e Engels ao contrapor ao "ideal ao qual há de ajustar-se a realidade" o que surge do próprio real como possibilidade não realizada porém ainda realizável. Ao socialismo ideal, utópico — não ao ideal socialista —, sucedeu assim o chamado socialismo científico.

A expressão "socialismo científico" é válida se com ela se quer destacar que, como movimento real emancipador e produto histórico desse movimento, o socialismo tem um fundamento objetivo que pode e deve ser conhecido cientificamente para fundar racionalmente a ação. Mas ela resulta estreita caso se esqueça de que o socialismo não só é um resultado possível e necessário historicamente, mas também um ideal por cuja realização vale a pena organizar-se e lutar. E como tal requer não só inteligência, mas também vontade; não só conhecimento, mas convencimento de sua superioridade histórica e social.

Marx e Engels descobriram que o socialismo podia ser realizado quando se somavam as condições adequadas entre as quais deviam constar forçosamente a consciência da possibilidade de sua realização, a aspiração de realizá-lo e a organização e luta correspondentes. O socialismo como alternativa ao capitalismo resulta assim não somente um produto histórico possível e necessário, mas um ideal fundamentado objetiva e historicamente. Enquanto não se realiza, porém, funciona como uma hipótese que há de ser verificada na prática. Assim, qual é o conteúdo dessa hipótese? Ou também: como descrever este produto necessário do movimento histórico real, ao mesmo tempo desejável e desejado? Começar a descrevê-lo não é pôr de novo o pé na utopia? Marx não teria sorrido das descrições utopistas da sociedade futura, e talvez até gargalhado ante os minuciosos planos, horários e receitas de Fourier?

Certo é que o esforço teórico fundamental de Marx se detém na descrição do mecanismo presente do modo de produção capitalista no qual se incubam as possibilidades objetivas dessa sociedade futura e não — como os socialistas utópicos — na descrição dela. Contudo, isto não significa que Marx não tenha tentado caracterizar em mais de uma ocasião a sociedade nova que para ele constitui a alternativa ao capitalismo. Já o fez, com as limitações compreensíveis, desde seus trabalhos de juventude. Os *Manuscritos de 44* têm o mérito indiscutível de haver assinalado o nexo indissolúvel entre a abolição da propriedade privada e a construção de uma nova sociedade (ou comunismo), mas não é menor seu mérito ao perceber que tal abolição possa ser seguida não por sua "superação positiva" mas por um "comunismo tosco" ou por um comunismo de natureza política (ou despótico).[3] Por outro lado, é preciso assinalar que nos *Manuscritos* não se faz ainda a distinção posterior do socialismo e comunismo e que a caracterização deste último como cancelamento de toda alienação se acha carregada de elementos utópicos.[4] Fixamos por isso a atenção, dadas essas limitações, em textos posteriores de Marx, como *A guerra civil na França* (1871) e *Crítica do programa de Gotha* (1875). É inegável que em ambos os textos se destacam alguns traços essenciais da nova sociedade, comunista, que Marx concebe como alternativa ao capitalismo e cuja fase inferior se identifica com o que chamamos socialismo. Nesta fase inferior encontramos: a) a propriedade comum, social, sobre os meios de produção; b) a remuneração aos produtos conforme o trabalho aportado à sociedade; c) a sobrevivência do Estado ao mesmo tempo em que se inicia, a partir do próprio Estado, o processo de sua própria destruição; d) a abertura de um espaço cada vez mais amplo à democracia ao transformar radicalmente o princípio da representatividade e e) a autogestão social ao se devolver à sociedade as funções usurpadas pelo Estado.

As características *a* e *b* aparecem claramente expostas na *Crítica do programa de Gotha*;[5] as *c*, *d* e *e* se afastam da análise que Marx faz em *A guerra civil na França* da Comuna de Paris como primeiro go-

[3] K. Marx, *Manuscritos econômico-filosóficos de 1844*, em K. Marx e F. Engels, *Escritos econômicos diversos*. Trad. De W. Roces. México, Grijalbo, 1962, pp. 80-83.

[4] Cf. o trecho em destaque "Elementos utópicos em Marx" em meu trabalho *Do socialismo científico ao socialismo utópico*. México, Era, 1975, pp. 51-58.

[5] K. Marx, *Crítica do programa de Gotha*, em K. Marx e F. Engels, *Obras escolhidas*, em três tomos. Moscou, Progresso, 1974, pp. 13-14.

verno da classe operária registrado pela história.[6] O que ocupa aqui o centro da atenção de Marx é este novo Estado que inicia seu próprio desmantelamento em vez de tentar se auto-aperfeiçoar e todo um conjunto de medidas (entre elas a revogabilidade para assegurar a união constante entre representantes e representados, assim como a supressão da burocracia enquanto transforma os cargos públicos em sua propriedade privada) que tendem a devolver à sociedade aquilo que o Estado e a burocracia, como "corpo estranho e parasitário", lhe absorveram e usurparam. A autodestruição do Estado, a democracia e a autogestão social não são, pois, traços de um modelo ideal, mas sim traços que Marx extrai da própria realidade como particularidades que ocorreram efetivamente na Comuna de Paris, com a característica de que ocorreram mal o poder foi conquistado, nas condições verdadeiramente difíceis de uma cidade sitiada e no breve período histórico de 72 dias. Certamente, por sua limitação no tempo e no espaço, tratava-se de uma experiência histórica muito peculiar que dificilmente se identificaria com o socialismo realizado, embora Engels visse nela um exemplo da ditadura do proletariado,[7] apreciação que contrasta nesse aspecto com o silêncio de Marx.[8] Mas é indubitável que esse primeiro Estado da classe operária oferece traços essenciais a Marx — apreciados igualmente por Lenin nas vésperas da Revolução de Outubro[9] — que farão parte das senhas de identidade de uma sociedade socialista, particularmente de sua superestrutura política, a saber: transição à destruição do Estado enquanto tal, democracia real

[6] K. Marx, *A guerra civil na França*, em K. Marx e F. Engels, *Obras escolhidas*, *op. cit.*, t. I, pp. 231-240.

[7] F. Engels, Introdução de 1891 para *A guerra civil na França, op. cit.*, p. 200.

[8] Marx não utiliza nunca no texto citado a expressão "ditadura do proletariado" com referência à Comuna, embora diga abertamente que se trata de um "governo da classe operária (...) a forma política por fim descoberta para levar a cabo dentro dela a emancipação econômica do trabalho" (*A guerra civil na França*, *op. cit.*, p. 236).

[9] Lenin, *O Estado e a revolução*, V. I. Lenin, *Obras completas*, t. XXI, Buenos Aires, Cartago, 1958, pp. 480 e 416-417.

e autogestão social. Embora o socialismo seja para Marx (*Crítica do programa de Gotha*) uma sociedade de transição ou primeira fase da sociedade comunista e, portanto, uma sociedade comunista que não descansa nas suas próprias bases e constrói o novo com materiais da sociedade burguesa, este caráter transitório e contraditório não pode empanar os traços essenciais, assinalados por Marx e expostos anteriormente.

O SOCIALISMO *REAL* NA UNIÃO SOVIÉTICA

Em busca do socialismo como objetivo ou ideal almejado, depois de Marx e Engels seguiram-se dois caminhos fundamentais: a) *O caminho reformista social-democrata* que, em suas formulações clássicas, dissocia o que o socialismo tem de ideal e de produto histórico necessário. Como ideal, ele se reduz a uma aspiração moral ou desejo de justiça; como produto, é resultado da necessidade histórica (econômica) que leva inexoravelmente a integrar o capitalismo no socialismo. Na prática, a social-democracia foi rompendo suas amarras com o socialismo para transformar-se, quando se aproximou a crise geral capitalista, em um baluarte da defesa dos interesses da burguesia através de seu controle de amplas organizações sindicais; b) *O caminho revolucionário* que, em 1917, conduz os marxistas revolucionários à derrubada do poder burguês na Rússia czarista e à construção de uma nova sociedade que, a partir dos anos 30, se oferece como modelo para o movimento comunista mundial e, depois da Segunda Guerra Mundial, para todas as sociedades do Leste europeu que aboliram as relações capitalistas de produção.

Esta sociedade, tal como existe hoje na União Soviética, é chamada de *socialismo real*, e para distingui-la de outras atuais, que se atêm ao mesmo modelo mas que se encontram à retaguarda, é chamada também *socialismo desenvolvido*. Segundo Boris Ponomariov, "o socialismo real é a principal fonte de inspiração e *apoio político de todas as revoluções libertadoras*".[10] B. S. Semionov, outro destacado ideólogo soviético, especifica que não se trata simplesmente da "prática concreta do socialismo, mas justamente da concepção científica, do projeto científico e imagem do socialismo tal como se encarna na prática, na realidade".[11]

E acrescenta que significa "a realização prática das idéias fundamentais marxistas-leninistas do socialismo". Este socialismo — diz também — é desde meados da década de 1930 uma realidade que a Constituição soviética de 1936 veio a sancionar. Quanto ao *socialismo desenvolvido*, assinala-se que, já em novembro de 1967, Brejnev proclama que o resultado principal alcançado no caminho percorrido desde a Revolução de Outubro "é a construção em nosso país da sociedade socialista desenvolvida".

Os maiores expoentes da ideologia soviética vêem nesse socialismo superior ou maduro o degrau mais alto da construção do socialismo e, ao mesmo tempo, o início da transição gradual ao comunismo, já que, em seu seio, foram criadas as condições para sua edificação. Entre um processo e outro — proclama-se — já não existe separação: à medida que se aperfeiçoa a sociedade socialista ocorre também sua transformação gradual em comunista. E neste processo se encontraria exatamente hoje a sociedade soviética. Quanto às características do *socialismo desenvolvido*, destaca-se como principal a orientação de todo o desenvolvimento social rumo aos mais altos valores humanos: criatividade, igualdade e justiça social, liberdade, paz e fraternidade entre os povos. Mas acrescenta-se também entre suas características fundamentais: que se cria sobre uma base própria, socialista; que se apóia em alto desenvolvimento das forças produtivas; que reina nele a autêntica liberdade e a democracia real; que a superestrutura política, o "Estado de todo o povo", é um novo tipo de poder estatal que diminui sua função reguladora, de classe, ao mesmo tempo em que

[10] *Kommunist*, 2. Moscou, 1979.

[11] B. Semionov, "A doutrina do socialismo desenvolvido e de sua transformação em comunismo", em *Voprosy filosofii*, 7. Moscou, 1980, p. 9.

aumenta sua função reguladora social; que no terreno político se afirma a unidade política do povo e cresce o papel do Partido como vanguarda de todo ele; que na medida em que esse Estado se fortalece, aumentam a atividade e a participação dos cidadãos em todas as esferas e que isto faz parte da transição da administração estatal para a autogestão social comunista etc.[12] Certamente, não se perdeu de vista em algumas dessas declarações os traços essenciais da nova sociedade assinalados por Marx. Mas, posto que se trata de um socialismo que se considera realmente existente, estamos obrigados, como marxistas, a não nos imobilizarmos no plano das declarações, das palavras e ir direto à própria realidade, apoiando-nos no instrumental teórico que o próprio marxismo põe em nossas mãos.

Da realidade soviética fazem parte, certamente, imensas conquistas no terreno da produção material, da ciência e da técnica, do ensino e da seguridade social. Fazem parte igualmente os enormes sacrifícios do povo soviético na derrota militar do nazismo e na resistência que o Estado soviético opôs aos planos mais agressivos do imperialismo ianque. Não se pode ignorar que uma série de chagas sociais do capitalismo (miséria, desemprego, prostituição etc.) desapareceram da vida soviética enquanto outras — mais conjunturais, como o vício em drogas — mal são conhecidas. Mas isto não nos impede de reconhecer, em contraste com o quadro triunfalista, quase idílico, de seus ideólogos, outros aspectos da vida política e social realmente existentes, a saber: o produtivismo predomina sobre os valores humanistas proclamados; uma densa rede de privilégios afasta cada vez mais a igualdade social; as liberdades proclamadas se tornaram formais, barrando o caminho às liberdades reais; a inexistência de uma democracia efetiva, socialista, bloqueia o caminho da administração estatal para uma autogestão social; ao se reforçar e tornar-se cada vez mais autônomo, o Estado, longe de iniciar o processo de sua autodestruição, usurpa cada vez mais as funções da sociedade civil até torná-la

[12] A respeito de todas estas características do *socialismo desenvolvido*, cf. o artigo de B. Semionov antes citado.

quase inexistente; o Partido, como partido único, fundido com o Estado, segue ostentando-se como vanguarda sem uma verdadeira legitimação popular.

QUESTÕES DE FUNDO

No *socialismo desenvolvido*, o degrau superior do *socialismo real*, dificilmente se reconheceriam os aspectos essenciais que Marx traçou, embora se proclame que praticamente se encarnaram. Assim, como caracterizar essa sociedade, e que critério seguir para proceder à sua caracterização? Em primeiro lugar, não pode ser aceito o critério pragmático de chamar de socialista uma sociedade porque assim o dizem a Constituição do Estado, o programa do Partido ou seus ideólogos autorizados.[13] Isto equivaleria a julgar essa sociedade não pelo que é na realidade, mas pelo que é idealmente. Tampouco se trata de julgá-la com um modelo ideal à margem das condições históricas concretas em que teve lugar o processo de transição para o socialismo, em especial as próprias de um país economicamente subdesenvolvido, isolado internacionalmente e submetido com freqüência à agressão — potencial ou efetiva —, econômica, militar ou ideológica do capitalismo mundial. Mas nenhum marxista tentará safar-se deste apriorismo ou idealismo caindo no extremo oposto do empirismo ou do pragmatismo, mas tentará explicar-se e caracterizar esta nova sociedade acercando-se da própria realidade com o apoio dos conceitos teóricos e metodológicos fundamentais do materialismo histórico. Ao tentar caracterizar o *socialismo real*, a questão de fundo é a de se o que é real é também socialismo. E esta questão envolve uma série de perguntas elementares para um marxista: que caráter tem a propriedade sobre os

[13] Não concordamos, por esta razão, com Umberto Cerroni quando afirma: "São socialistas os países que traçam conscientemente para si um programa de tipo socialista." (U. Cerroni, *Crise do marxismo*? Roma, Riuniti, 1978, p. 76).

meios de produção? Quem é que possui, controla e dirige esses meios? A quem pertence e representa o Estado? Quem ocupa os postos de decisão na economia, no Estado e no Partido? Qual é o grau de participação dos produtores ao nível das empresas e do Estado na tomada e controle das decisões? Em que nível se encontra a transformação da administração estatal em autogestão social? E por aí adiante.

A maior parte dos críticos marxistas do *socialismo real* são unânimes em afirmar que: 1) a propriedade sobre os meios de produção é diretamente estatal; 2) quem possui, controla e dirige os meios de produção é a burocracia; 3) o Estado não pertence aos nem representa os trabalhadores, mas sim a burocracia; 4) são exatamente seus membros que ocupam os postos-chave na economia, no Estado e no Partido; 5) os trabalhadores não participam, nem nas empresas nem em nível estatal, na tomada e controle das decisões; 6) o Estado, com seu fortalecimento constante, inibe a criação de condições para a transformação de sua administração em autogestão social.

Contudo, na hora de caracterizar a natureza do *socialismo real* encontramos respostas diversas que podemos resumir a três, fundamentais.

ESTADO OPERÁRIO DEGENERADO?

A primeira — primeira por sua vez no tempo — nasce na caracterização feita por Lenin, em 1920, do jovem Estado soviético como "Estado com deformações burocráticas". Esta resposta, elaborada teoricamente no essencial por Trotski há 40 anos, reafirma-se na atualidade particularmente nos trabalhos de Mandel.[14] A tese acerca da socieda-

[14] Cf. especialmente de Ernest Mandel, "Sobre a natureza social da URSS", *El viejo topo*, extra 2. Barcelona, 1978, e "Por que a burocracia soviética não é uma classe dominante" (*Revista Mensual/Monthy Review*. Barcelona, dezembro de 1979), onde responde a um artigo de Paul Sweezy.

de soviética como "Estado operário burocraticamente degenerado" baseia-se no caráter social do sistema de propriedade: os meios de produção são propriedade da sociedade por intermédio do Estado. Deste sistema de propriedade depreende-se que os operários constituem a classe dominante. A eles pertencem, tanto quanto ao Estado, os meios de produção, embora não exerçam efetivamente, em virtude de determinadas condições históricas, o poder econômico nem o poder político. No exercício desse poder, a burocracia supre a classe operária. Uma vez que a burocracia — que não é uma classe, "mas sim um câncer parasitário no corpo do proletariado"[15] — exerce o poder, o que existe realmente é um Estado operário degenerado que obstrui ou inibe o processo de transição do capitalismo para o socialismo. Trata-se de um fenômeno historicamente transitório que irá durar até que a classe operária — com uma revolução política que não afetará o sistema de propriedade nem a natureza operária do Estado — ponha fim ao domínio da burocracia e liberte o Estado e a sociedade de suas degenerações burocráticas. Os críticos desta posição (como Bettelheim, Sweezy e Paramio)[16] objetam sobretudo à apreciação legalista, jurídica e não real do sistema de propriedade estatal por parte de Mandel, repelem seus argumentos sobre o caráter operário do Estado soviético e sua tese da burocracia como suplente provisório de uma classe operária dominante.

[15] E. Mandel, "Porque a burocracia soviética não é uma classe dominante", em *op. cit.*, p. 33.

[16] Cf. de Paul Sweezy, "Existe uma classe dominante na URSS?", em *Revista Mensual/Monthly Review*, vol. 2, nº 12, julho-agosto de 1979, e "A natureza de classe da burocracia soviética. Resposta a E. Mandel", em *Revista Mensual/Monthly Review*, vol. 3, nº 5, dezembro de 1979. De Ludolfo Paramio, ver: "Sobre a natureza do Estado soviético", em *Les Temps Modernes*, 349/350. Paris, agosto-setembro de 1975 (em espanhol *Zona abierta*, 9-10. Madri, 1977), e "Sobre a natureza do Estado soviético: segunda tentativa", em *Revista Mensual/Monthly Review*, vol. 3, 2/3. Barcelona, outubro de 1979.

SOCIEDADE CAPITALISTA PECULIAR?

Uma segunda resposta, sustentada principalmente por Bettelheim,[17] caracteriza a URSS como um capitalismo de Estado ou sociedade capitalista de tipo peculiar com duas classes fundamentais: a burguesia estatal e o proletariado. Segundo Bettelheim, as leis da acumulação capitalista e, portanto, as do benefício, são as que determinam o emprego dos meios de produção. Os planos econômicos não seriam mais que uma cobertura para as leis da acumulação capitalista e a burguesia de Estado. Esta nova classe dominante e exploradora, que detém a propriedade real sobre os meios de produção, seria a que exerce por sua vez o poder político. Apoiando-se em um consciencioso estudo histórico sobre a luta de classes na URSS, Bettelheim tenta escorar com uma firme base teórica a débil e superficial tese maoísta de que o capitalismo foi restaurado na sociedade soviética. A posição de Bettelheim foi objeto de vigorosas objeções, particularmente por Mandel.[18] Contra ela, ele insiste em que as leis do movimento do capital não determinam a dinâmica da economia soviética e que um traço essencial do sistema econômico capitalista — a produção generalizada de mercadorias (estendida portanto aos grandes meios de produção e à força de trabalho) — não ocorre na sociedade soviética. Falta igualmente a competência gerada pela pluralidade de capitais, sem a qual seria extinto o crescimento capitalista. Meszaros enumera uma série de características essenciais do capitalismo: produção para o intercâmbio com o caráter dominante, força de trabalho tratada como mercadoria, aspiração ao benefício como força reguladora fundamental da produção, mecanismo da construção da mais-valia em forma econômica, subtração privada pelos membros da classe capitalista da mais-valia constituída e tendência a uma integração global, por intercâmbio do

[17] Charles Bettelheim, *Les luttes de classes en URSS*. Paris, Seuil/Maspero, 1974 (ed. esp. Madri, Siglo XXI, 1976).

[18] E. Mandel, "Dez teses acerca das leis sócio-econômicas que regem as sociedades de transição", em *Zona aberta*, nº 6. Madri, 1976.

mercado mundial a um sistema de dominação e subordinação econômicas.[19] Destas características essenciais, segundo Meszaros, a mais-valia só subsiste nas sociedades pós-revolucionárias, mas com a diferença fundamental de que se regula politicamente e não economicamente.[20] Por tudo que foi dito antes, é difícil sustentar que a sociedade soviética seja uma versão peculiar do capitalismo.

SOCIEDADE SOCIALISTA AUTORITÁRIA?

Uma terceira resposta à questão vital acerca da verdadeira natureza do *socialismo real* fixa sua atenção nas relações peculiares, tal como se deram efetivamente, entre a base econômica e a superestrutura política. A primeira seria socialista e a segunda teria adotado uma forma autoritária, não-democrática, sem que por isso as sociedades do Leste europeu deixassem de ser socialistas. O que se teria produzido nelas, em conseqüência de determinados fatores, é uma "alienação da revolução". Tal é a posição sustentada nestes últimos anos por Adam Schaff.[21] Concentremos agora nossa atenção no modo como ele concebe as relações entre base econômica e superestrutura política e no critério que segue, dado o modo peculiar em que ocorrem essas relações nas sociedades do Leste, para caracterizá-las como socialistas.

[19] Cf. Istvan Meszaros, "La question du pouvoir politique et la théorie marxiste", no II Manifesto. *Pouvoir et opposition dans les sociétés postrévolutionnaires.* Paris, Seuil, 1978.

[20] Sobre a economia e a política do socialismo, cf. Roger Bartra, *As redes imaginárias do poder político.* México, Era, 1981, pp. 177-187.

[21] Cf. Adam Schaff, "Sobre a alienação da revolução" e os comentários a este texto de Gabriel Vargas Lozano, Óscar del Barco e Juan Mora Rubio, em *Dialética*, nº 7. Puebla, dezembro de 1979. Cf. também: "Adam Schaff e a 'alienação da revolução'" (entrevista de Rodrigo Vázquez-Prada com A. Schaff), em *Argumentos*, nº 41. Madri, 1981.

Schaff parte do conceito marxiano de "formação econômica da sociedade" (*ökonomische Gesellschaftsformation*) que se refere à base econômica e não ao sistema global da sociedade (com sua base e sua superestrutura). Entendido assim mesmo como "conjunto de relações de produção", este conceito, aplicado já por Marx à sociedade capitalista, se estende às sociedades do Leste para designar nelas a "formação econômica socialista da sociedade". Resumindo, nessas sociedades a base econômica ou o conjunto de suas relações de produção tenderiam a um caráter socialista. E este caráter se daria porque nelas "aboliu-se a propriedade privada dos meios de produção e a classe capitalista como proprietária desses meios".[22] Schaff não se detém aqui e estende esta caracterização ao sistema global, quer dizer, à sociedade inteira: "(...) toda sociedade que levou a cabo essa dupla abolição é uma sociedade *socialista* enquanto *formação econômica socialista.*"[23] E acrescenta, para que não haja dúvida acerca de sua caracterização: "Neste sentido, sim, são socialistas as sociedades dos países do Leste europeu."[24]

Antes de passar à segunda parte da questão — o caráter da superestrutura política que se levanta sobre a base econômica — podemos objetar à tese de Schaff de que o caráter socialista das relações de produção, ou seja, da base econômica, possa ser determinado simplesmente pela abolição da propriedade privada sobre os meios de produção e a classe dos capitalistas. Já o próprio Marx se opusera a semelhante caracterização a partir dos *Manuscritos de 44*. Mas, além disso, a própria história real apresenta exemplos convincentes de sociedades baseadas na propriedade coletiva que excluíam portanto a propriedade privada dos meios de produção e a classe dos proprietários privados deles sem que por isso deixassem de ser sociedades exploradoras (recordemos simplesmente as sociedades do modo de produção asiático).

Mas, passando à segunda parte da questão, Schaff reconhece que nas sociedades do Leste ocorre uma forma de superestrutura política

22 Entrevista citada, p. 59.

23 *Idem.*

24 *Idem.*

não-democrática. Por esses outros textos de sua autoria deduzimos que essa forma política consiste no poder da burocracia estatal e do Partido que, ao servir à sociedade, "situa-se ao mesmo tempo por cima dela e se orienta, com freqüência demasiado excessiva, contra ela".[25] Como pode acontecer uma sociedade socialista que exclua de sua superestrutura política a democracia? Schaff não foge à questão. Reconhece que o conceito de socialismo inclui a forma democrática, mas acrescenta que é utópico exigir a perfeição do conceito. Reconhece igualmente que a forma democrática seria a "superestrutura adequada" ou "desejada", mas admite que... é possível que exista uma "formação econômica socialista da sociedade" com uma superestrutura autoritária, antidemocrática, "contrária às liberdades e aos direitos do homem".[26] Sustentar o contrário — acrescenta — significaria cair em certo automatismo do papel da base econômica que negaria a relativa autonomia da superestrutura. (Observemos antes de seguir adiante: por um lado, o papel da base é tão determinante, tão absoluto, que se basta a si mesmo para dar um caráter socialista à sociedade em seu conjunto, não obstante sua superestrutura política autoritária; por outro, não seria tão determinante, já que a superestrutura política — não democrática — poderia entrar em contradição com a base econômica socialista.)

Assim, como pode ocorrer semelhante relação entre base econômica e superestrutura política em uma sociedade socialista? Schaff argumenta: uma e a mesma formação econômica, como demonstra historicamente o capitalismo, pode adotar formas superestruturais políticas, ou sistemas políticos, diferentes: monarquias e repúblicas, democracias parlamentares e ditaduras totalitárias, regimes pluripartidários e de partido único etc. Schaff estende este critério às sociedades cuja superestrutura se eleva sobre uma base econômica socialista. Resulta então que, sem variar esta base (as relações socialistas de pro-

[25] A. Schaff, *A alienação como fenômeno social*. Trad. de A. Venegas, Barcelona, Crítica, Grupo Editorial Grijalbo, 1979, pp. 317-319.

[26] Entrevista em *Argumentos*, antes citada, p. 59.

dução), podem ocorrer formas políticas não-democráticas, inclusive autoritárias.

Às teses de Schaff seria preciso opor: por um lado, que a democracia não é um componente utópico ou uma tendência simplesmente "desejada" do socialismo, mas um elemento efetivo (como demonstraram as experiências históricas da Comuna de Paris, em 1871, e os sovietes nos primeiros anos da Revolução de Outubro). Por outro lado, a tese da relação base econômica igual-superestruturas políticas diferentes sob o capitalismo não permite extrair as conseqüências que Schaff extrai para uma sociedade socialista. Em primeiro lugar, a diversidade de formas políticas sobre uma mesma base econômica não significa — não obstante sua diversidade — que não sejam formas de uma mesma dominação política de classe: a da burguesia. Sob o capitalismo não pode ocorrer, é óbvio, uma forma política (democrática ou despótica) que não expresse o domínio da classe dominante. Sob o socialismo, a mesma base econômica pode admitir, certamente, diversas formas políticas através das quais a classe operária exercerá seu domínio, mas não pode admitir formas não-democráticas (poder de uma elite ou de uma nova classe), que usurpem ou excluam esse domínio. Uma superestrutura autoritária, antidemocrática, não pode levantar-se sobre uma base econômica verdadeiramente socialista. Caso exista, a contradição entre base e superestrutura é apenas aparente: o que se daria na realidade seria uma correspondência entre a superestrutura não-democrática subtraída ao controle da sociedade e da base econômica com um sistema de propriedade estatal que exclui os produtores da posse e controle efetivos dos meios de produção. Em conclusão, as sociedades do Leste europeu nas quais ocorre não uma contradição entre base socialista e superestrutura não-democrática, mas sim uma correspondência entre semelhante forma política e umas relações de produção não-socialistas (embora se tenha abolido a propriedade privada dos meios de produção e a classe de seus proprietários capitalistas), não podem ser consideradas, a partir do ponto de vista marxista — contra o que sustenta Schaff —, como sociedades socialistas.

UMA SOCIEDADE DE NOVO TIPO

Chegamos à conclusão de que o *socialismo real* não é de fato socialista. Tampouco pode ser considerado como uma sociedade capitalista peculiar. Trata-se de uma formação social específica surgida nas condições históricas concretas em que se desenvolveu o processo de transição — não ao comunismo, como havia previsto Marx — mas ao socialismo. Quanto às condições históricas que deram lugar a esta nova formação social, destacaremos que nelas surgiu a necessidade de fortalecer o Estado, e que esse fortalecimento se traduziu em sua autonomização cada vez maior em relação à sociedade e, em particular, à classe operária, fortalecimento ao qual se manteve unido um processo de reforçamento e autonomização da burocracia estatal. Para este duplo processo contribuiu decisivamente o regime do partido único e a conseqüente ausência do pluralismo político.[27]

No *socialismo real*, Estado e Partido se fundem e, com isso, aglutinam-se os interesses particulares da burocracia estatal e da burocracia do Partido. Ao poder político de ambas as burocracias, reais possuidoras, respectivamente, do Estado e do Partido, corresponde seu poder econômico enquanto donas efetivas dos meios de produção, embora não detenham — nem individual nem coletivamente — a propriedade jurídica sobre esses meios. Pelo lugar que ocupa nas relações reais de produção, a burocracia constitui não só uma elite política dominante, mas também uma nova classe. Certamente, não há precedentes históricos de que um grupo social se constitua em classe depois de haver conquistado o poder, mas assim acontece na história real com esta formação social. Por outro lado, existem precedentes históricos da apropriação coletiva dos meios de produção pela classe dominante que não escaparam à atenção de Marx e Engels. A esse respeito

[27] Sobre a necessidade do pluralismo político da classe operária, tanto na luta pelo poder como na transição para o socialismo e sua construção, amanhã, cf. minha obra *Filosofia da práxis*, nova edição. México, Grijalbo, 1981, pp. 374-375 (Col. Teoria e Práxis).

basta recordar — como recordava Engels — que a Igreja na Idade Média era dona de um terço das terras em quase toda a Europa Ocidental, e que graças a esta propriedade coletiva a hierarquia eclesiástica — como observa Marx — estabeleceu seu domínio.

A posse, controle e administração coletivos da economia pela burocracia, fonte por sua vez dos privilégios individuais de seus membros, determinam as possibilidades de evolução ou involução do *socialismo real* de acordo com os interesses particulares da nova classe. A transformação da propriedade estatal em propriedade privada sobre os meios de produção está excluída para a burocracia, pois isso acarretaria sua destruição como classe. Por sua vez, a transformação da propriedade estatal em verdadeira propriedade social, e a transformação da superestrutura política em uma orientação democrática, pluralista, minaria o *status* social dominante da burocracia estatal e do Partido. Seus interesses não estão, pois, em uma verdadeira involução (restauração do capitalismo) nem em uma verdadeira evolução (rumo à propriedade social e à forma política democrática), mas sim no imobilismo político e social, na manutenção do *status quo* (propriedade estatal e superestrutura política autoritária, não-democrática) e, portanto, em impedir tanto a volta ao capitalismo como o avanço ou transição para o socialismo. Tal é a conclusão a que chegamos quando se examina o *socialismo real* — como temos tentado fazer — com a ajuda da teoria marxista, embora reconhecendo de antemão e ao final as limitações e dificuldades que oferece a caracterização desta sociedade de novo tipo — nem capitalista nem socialista.

A CRÍTICA DO SOCIALISMO REAL

Que implicações teóricas e práticas pode ter, em nossos dias, a crítica do *socialismo real*? A primeira é não esquecer que nos países capitalistas mais ou menos desenvolvidos, ou os que, por seu subdesenvolvimento, se vêem submetidos ao jugo do capital monopolista ou do imperialismo, a luta pelo socialismo passa prioritariamente pela luta contra o capitalismo, o capital monopolista ou o imperialismo. Assim, a prioridade desta luta principal não exclui a necessidade da crítica do *socialismo real*, pois esta crítica — se é marxista ou revolucionária — faz parte da luta pelo socialismo enquanto contribui para elevar a consciência da necessidade, da justeza e desejabilidade do objetivo socialista. Esta tarefa se faz necessária porque o *socialismo real* minou — e em algumas consciências profundamente ou de forma irreparável — o ideal socialista. Embora historicamente possa ser explicado por uma série de condições históricas que podem esclarecer sua necessidade mas não sua inevitabilidade, o *socialismo real* não constitui hoje um modelo válido de uma nova sociedade. E isso não só para os países capitalistas desenvolvidos; tampouco para os países do chamado Terceiro Mundo, se em sua luta — mais próxima do que distante — pelo socialismo se tiver presente acima de tudo seu objetivo libertador e não simplesmente a eficácia no incremento das forças produtivas. Por isso, não se pode admitir a idéia de um socialismo autêntico (com propriedade social e forma política democrática) que seria privativo dos países desenvolvidos enquanto o *socialismo real* (com propriedade estatal e formas políticas autoritárias) constituiria a perspectiva para os países do Terceiro Mundo, condenados a prolongar seu subdesenvolvimento capitalista de hoje com seu subdesenvolvimento socialista de amanhã.

A questão não se reduz portanto a uma troca de modelo dentro do *socialismo real* (alguns assim acreditaram ao trocar o soviético pelo chinês). Mas não faltam aqueles que não só querem mudar de montaria mas também de caminho. O que está em jogo neste caso é o caminho do socialismo, ou seja, sua confiança nele, sua credibilidade. A crítica do *socialismo real* se faz necessária aqui exatamente para recuperar o ideal socialista com todo o seu potencial emancipador e mobilizador.

Claro está que os marxistas revolucionários não atuam sem perturbações nessa área. O adversário de classe está empenhado em desacreditar o objetivo socialista apelando para todos os meios: calúnias, tergiversações, mas também às experiências mais negativas do *socialismo real*. Assim vimos como os "novos filósofos" tentam desqualificar não só o *socialismo real*, mas também a idéia, a própria possibilidade do socialismo. Por isso, dizem que todo o negativo desse "socialismo" — e para eles tudo é negativo — é encontrado já em Marx. Concepção falsa, certamente, pois as idéias não fazem a história e a prática não existe apenas pela teoria; mas, sobretudo, por concepção profundamente ideológica, reacionária, desmobilizadora. Temos também os que propagam um pessimismo radical, paralisante, ao afirmar que todo projeto revolucionário, ao consumar-se, tende a degradar-se inexoravelmente. À opção revolucionária só restaria a utopia (em sentido pejorativo) ou a degradação do *socialismo real*.

Como responder a estas posições, interessadas não em realizar o socialismo, mas sim em impedir sua realização? Ignorar os fatos, ocultar ou dourar tudo o que criticamos no *socialismo real*? Não, é preciso reconhecer os fatos, analisá-los e tirar as conclusões necessárias para prosseguir, com uma consciência mais elevada, na luta pelo socialismo. Um marxista não tem em suas mãos a chave da história futura; a ação pode conduzir — embora não fatalmente — a resultados negativos. Mas nem por isso é preciso renunciar a ela. A possibilidade negativa existe, mas também existem outras — positivas — por cuja realização é preciso lutar. Podemos mudar de cavalo no caminho, deixar para trás um modelo que não consideramos válido, mas não podemos mudar de caminho — o caminho socialista — porque, como já advertiu Marx, a alternativa ao capitalismo é apenas o socialismo ou a barbárie (que hoje assume a forma possível de um holocausto nuclear ou um desastre ecológico).

Há, pois, que assumir criticamente o *socialismo real* exatamente para continuar, em nível mais elevado, a luta pelo socialismo. Assumi-lo criticamente quer dizer: não ignorá-lo em nome de um marxismo "puro" ou de um socialismo "incontaminado". Embora doa reconhecer, o *socialismo real* faz parte da história real, complexa e contraditória, da luta pelo socialismo que não é uma batalha de flores, batalha que é complexa e contraditória justamente porque o socialismo não é a simples aplicação de uma idéia ou ideal imaculado que, para não se macular, nunca deve pôr o pé na realidade.

A crítica marxista, revolucionária, do *socialismo real* é necessária e benéfica para o socialismo, já que contribui para reforçar sua capacidade mobilizadora. Por outro lado, enquanto existir a necessidade objetiva e subjetiva de transformar o mundo, o socialismo como objetivo — o ideal socialista — subsistirá. E essa necessidade não poderá ser sufocada pelos novos escudeiros ideológicos da burguesia, que espalham o pessimismo mais exacerbado ou exaltam o individualismo, irracionalismo, utopismo ou a privacidade. Tampouco poderão acabar com o socialismo aqueles que, desesperançados ante o *socialismo real*, se refugiam em um niilismo ou catastrofismo de novo cunho.

Como nos tempos de Marx, "do que se trata é de transformar o mundo", e para isso necessitamos não só de elevar a luta contra o capitalismo e o imperialismo, mas também a luta — com a parte que nos cabe — para que o socialismo seja verdadeiramente real.

1981

Marx e o socialismo real

Que sentido pode fazer hoje colocar Marx em relação com as sociedades do chamado "socialismo real" e, especificamente, com a que se proclama oficialmente "socialismo desenvolvido"? Marx morreu faz 100 anos e o "socialismo real" nasceu meio século depois, se tomarmos como ponto de referência a proclamação — na Constituição soviética — da construção do socialismo como uma realidade. Pode parecer discutível relacionar o pensamento de Marx com uma sociedade real que, naturalmente, ele não pôde conhecer. E, contudo, longe de ser arbitrária, tal relação se justifica. E se justifica por várias razões. A primeira é uma razão de fato: tanto os marxistas, de uma ou outra orientação, assim como seus mais ferrenhos adversários, relacionam Marx com o "socialismo real", embora ao fazê-lo ponham na relação citada um conteúdo diverso e até diametralmente oposto. Segunda razão: trata-se de uma relação exigida por cada um dos dois termos da relação Marx-"socialismo real": *a*) enquanto o pensamento marxista, por sua própria natureza, tende a projetar-se na realidade, a consumar-se, e *b*) enquanto o "socialismo real" surgiu em um processo histórico prático, aberto pela Revolução Russa de 1917, que pretendia seguir os passos traçados por Marx.

A relação entre Marx e o "socialismo real" foi concebida de diferentes maneiras. Em cada uma delas entra em jogo uma diferente interpretação do legado teórico e prático de Marx, uma concepção diferente do socialismo e, finalmente, uma caracterização e avaliação diversas da experiência histórica concreta que é designada com a expressão "socialismo real". Em todos os casos, parte-se do reconhecimento — explícito ou implícito — de que o legado marxiano não é uma peça arqueológica, mas uma realidade viva, atual, que se projeta em nossa época e penetra em nossa existência. Inclusive aqueles que combatem suas idéias o fazem tanto mais ferrenhamente quanto mais forçados se vêem a conviver com Marx, a contar com a vitalidade de seu pensamento. Por outro lado, ninguém pode ignorar o peso que tem em nossa época, com suas luzes e sombras — mais destas que daquelas —, o "socialismo real". Portanto, para um marxista relacionar Marx com as lições fornecidas por essa experiência histórica, não se trata de um simples assunto teórico ou acadêmico, mas sim de uma questão viva, candente, já que põe sobre o tapete não só as suas idéias como marxista, mas também o próprio sentido de sua existência, e tanto mais quando se trata de uma existência viva, militante.

Vejamos, pois, em primeiro lugar, como foi enunciada em geral a relação Marx-"socialismo real" tanto fora quanto dentro do marxismo.

Primeira posição: *o "socialismo real" é o socialismo marxiano tornado realidade, mas uma realidade que por sua negatividade intrínseca é a conseqüência lógica, necessária e inevitável do pensamento de Marx.*

Esta posição, como se sabe, é a sustentada pelos chamados "novos filósofos" na França, assim como seus epígonos fora dela. De acordo com essa posição, o "socialismo real" estaria já inteiramente em Marx. Todos os seus horrores, desde Kronstadt ao *Gulag*, pertenceriam essencial e necessariamente — e não como sua simples negação ou desvirtuamento — ao pensamento de Marx. O "socialismo real" seria o desenvolvimento conseqüente da doutrina marxiana enquanto tentativa coerente e racional de consumação do Estado hegeliano. Através de Marx, Hegel e outros "mestres das idéias" mais remotos, a linha de pensamento que passa por eles desembocaria no "socialismo real" como modo de dominação legitimado pela razão, saber ou ciência.

A rigor, esta formulação é profundamente hegeliana, própria do Hegel idealista absoluto. Segundo ele, a realidade (o socialismo existente) já está contida na idéia, no pensamento (de Marx) como uma determinação ideal. Marx e o "socialismo real" aparecem assim, de modo muito hegeliano, em uma relação lógica, necessária, sem a mediação da prática e, portanto, à margem das exigências que ela impõe ao pensamento e à realidade. Justamente porque nesta relação a idéia (o pensamento marxiano) é auto-suficiente e o real se reduz — como em Hegel — a uma simples determinação sua, trata-se de uma posição idealista absoluta mistificadora, que já no seu tempo foi objeto da crítica do jovem Marx (em sua *Crítica da filosofia do direito de Hegel*). Trata-se certamente de uma posição idealista, especulativa, mas de modo algum inocente, já que cumpre em nossa época uma função ideológica, desmascaradora, muito precisa, pois ao identificar o socialismo marxiano com o "socialismo real", e reduzir este a uma conseqüência lógica e inevitável da doutrina de Marx, se nega a possibilidade real de alcançar o objetivo libertador socialista. Uma vez negada esta dimensão libertadora do socialismo marxiano e, com ela, a de todo o socialismo, só oferece como alternativa válida um niilismo radical, primeiro, e depois o caminho da revolta espontânea contra o individualismo burguês ou o recolhimento ao santuário da vida privada.

Segunda posição: *o socialismo real é a idéia de Marx, mas não agrada em sua realização.*

Também aqui o "socialismo real" é considerado como a idéia marxiana consumada, mas com duas características que diferenciam esta posição da anterior e que podem ser assim enunciadas: *a*) como em todo ideal, haveria no socialismo marxiano uma positividade intrínseca, e *b*) como todo ideal consumado se degradaria, transformando-se no seu oposto.

Trata-se também de uma posição idealista, embora se diferencie da anterior por ser esta mais platônica que hegeliana. O socialismo se divide nela com sua idéia marxiana e sua realidade histórica. O "socialismo real" ataca com todos os atributos negativos do empírico, do factual. O socialismo ideal (por ele entenda-se naturalmente o de Marx) se acha condenado a corromper-se exatamente ao desembarcar e, portanto, a confinar-se e permanecer — justamente por sua positividade — no reino da utopia, entendida esta em sentido negativo do que nunca pode ocorrer. Assim, o que permitiria julgar — segundo esta interpretação — a degradação do "socialismo real", quer dizer, sua miséria empírica, seria exatamente a idéia marxiana ou socialismo ideal. O comunismo, como fase superior em relação ao socialismo, representaria uma fase superior na idealização e na utopia (tanto em relação ao socialismo marxiano como em relação ao "socialismo real").

Ao anunciar a forçosa degradação do socialismo de Marx, esta posição condena a dimensão libertadora da doutrina marxiana à impotência e, em conseqüência, cumpre também uma função claramente desmobilizadora, paralisante, na luta para transformar o mundo em uma orientação socialista.

Terceira posição: *o socialismo real é a consumação das idéias fundamentais de Marx.*

Tal é a posição oficial e institucional dos ideólogos e dirigentes soviéticos. Não só proclama sua filiação marxiana como também, muito especialmente, a leninista na interpretação peculiar das idéias de Marx e Engels que, desde Stalin, se codificam como "marxismo-leninismo", embora a este ponto seja esquecido o Lenin de *O Estado e a revolução*. Por isso, um conhecido sociólogo na URSS, B. S. Semionov, diz que o socialismo real é "a realização prática das idéias fundamentais marxistas-leninistas do socialismo".[1] Outro ideólogo soviético, N. A. Vaselesky, justamente ao enfrentar os críticos do socialismo real, após avaliá-lo como a mais alta conquista da classe operária internacional, assim o define:

> Baseado na propriedade social sobre os meios de produção e no poder dos trabalhadores, assegura o desenvolvimento planificado e sem crise da economia em favor de todo o povo, garante os direitos políticos e sociais dos trabalhadores, cria as condições para a autêntica democracia e a participação efetiva das massas na orientação dos

[1] Na revista *Voprosi filosofii* — Problemas de filosofia — nº 7, 1980.

assuntos do Estado e da sociedade, no interesse do desenvolvimento multifacetado de cada um, da igualdade de direitos das nações e da amizade entre os povos.

Não seria difícil estabelecer certa conexão entre os princípios assim proclamados e sancionados constitucionalmente na União Soviética desde 1936, e determinadas idéias fundamentais do socialismo marxiano, a saber: propriedade social sobre os meios de produção, poder dos trabalhadores, economia a serviço de todo o povo, democracia e participação efetivas das massas na direção do Estado e da sociedade, desenvolvimento universal do indivíduo etc. Mais difícil é estabelecer a conexão desses princípios que remetem a Marx com a própria realidade, pois o que encontramos nela é exatamente a negação deles.

Em suma, este "socialismo real" no qual o papel decisivo do Estado na economia afasta os produtores de sua administração em favor dos trabalhadores; no qual a vida política se vê dominada pelo sistema autoritário do partido único e no qual o Partido-Estado planifica e regulamenta a cultura, dificilmente pode ser considerado como a realização das idéias fundamentais de Marx.

Quarta posição: *o "socialismo real" é uma realidade que contradiz Marx.*

Podemos exemplificar esta posição com a que sustenta Jürgen Habermas (em *Theorie und Praxis*, 1963), ao afirmar que, neste ponto, a velha teoria de Marx não resiste à prova da nova realidade. A relação Marx-"socialismo real" é aqui colocada em termos contraditórios: o "caminho soviético para o socialismo" se contrapõe ao que disse Marx. Mas não se trata de uma contradição que permita salvar um de seus termos — Marx —, mas justamente o contrário: sua teoria do socialismo não se salva ao ser colocada em relação ao real. Uma posição semelhante é adotada pelos que vêem esta contradição, antes de mais nada, entre as previsões de Marx e o "socialismo real".

Assim, embora se admita que o socialismo realmente existente não concretiza o socialismo marxiano, daí não se depreende com necessidade lógica que o objetivo de Marx — mais exatamente, seus valores emancipatórios, socialistas fundamentais — não possam se concretizar. Sua irrealidade até agora não pode ser interpretada como produto de uma contradição que anulasse sua validade. Analogamente, o descumprimento — até hoje — da previsão marxiana no sentido de que o socialismo seria a alternativa histórica ao capitalismo tampouco invalida a possibilidade real de que se cumpra quando ocorrem as condições necessárias. As condições que Marx assinalava a esse respeito não se deram em 1917 na Rússia czarista, já que seu capitalismo se encontrava em um estado imaturo e o agente revolucionário postulado por Marx — o proletariado industrial — era minoritário. Daí que, depois da tomada do poder, o proletariado tivesse que se aliar com o campesinato e iniciar com ele uma complexa e dura transição não para o comunismo, mas para o socialismo. Deste modo — se bem que com a tomada do Palácio de Inverno se cumprisse a previsão de Marx de que o Estado e as relações de produção capitalistas desapareceriam algum dia — não se cumpriu, por outro lado, a previsão marxiana de que o socialismo se seguiria ao capitalismo. Entretanto, este descumprimento histórico não fecha a possibilidade de que esta previsão seja cumprida quando ocorrerem as condições necessárias. Insistir no oposto — a anulação da possibilidade real assinalada por Marx — seria prefixar desde já o desenvolvimento histórico futuro e com isso cair numa forma de fatalismo.

Por outro lado, a contradição que Habermas assinala, entre a teoria marxiana do socialismo e a nova realidade, não pode ser posta em prática nos termos em que Marx relacionava socialismo e realidade, já que o "socialismo real" não surgiu a partir das condições que Marx considerava necessárias, mas de outras — imaturidade capitalista, proletariado minoritário, isolamento internacional da revolução, guerra civil, regime do partido único etc. —, que geraram também possibilidades estranhas ao socialismo. Nessas condições históricas concretas o "socialismo real" não surgia como um simples "acidente", embora tampouco como um resultado inevitável, era uma possibilidade entre outras que, em virtude de uma série de circunstâncias objetivas e subjetivas, acabou se concretizando.

Apenas em uma concepção mecanicista e fatalista da história as condições iniciais conduzem inexoravelmente a um resultado final. O capitalismo desenvolvido como condição inicial não levou certamente, até agora, à revolução proletária, embora o proletariado tenha mostrado em mais de uma ocasião sua força revolucionária. Foi justamente nos países do Terceiro Mundo onde forças nacionais e populares conquistaram revolucionariamente o poder, conseguindo assim o que o proletariado industrial não conseguiu no Ocidente. Bastaria essa experiência histórica para negar a existência de uma ligação inevitável entre capitalismo desenvolvido e socialismo. Mas desta negação tampouco se pode deduzir que essa ligação seja inevitável entre uma situação de exploração e opressão, como a que ocorre em países do Terceiro Mundo, e a revolução. Assim, tal concepção determinista preside a uma tese como a de Rudolph Bahro, segundo a qual as revoluções anticapitalistas do Terceiro Mundo estão condenadas a desembocar no "socialismo real", que na União Soviética provou sua eficácia como meio para alcançar uma industrialização acelerada. Mas por que é preciso enclausurar neles a possibilidade de um ritmo de industrialização sujeito às exigências de uma produção verdadeiramente social, ou produção para o homem?

Depois de examinar estas quatro posições em torno da relação Marx-"socialismo real" temos que especificar o conceito marxiano de socialismo, pois só assim poderemos determinar se Marx se acha presente ou ausente na experiência histórica que se conhece como "socialismo real". Para o marxismo clássico o termo "socialismo" tem, a nosso ver, dois sentidos fundamentais: um, que por ora descartamos, já que não se relaciona diretamente com nosso tema: o de teoria ou "socialismo científico", expressão utilizada não por Marx, mas por Engels. Neste primeiro sentido, o que se pretende destacar é que o socialismo não é uma doutrina inventada ou sonhada — como a dos socialistas utópicos — mas sim a expressão teórica de um movimento real, histórico, dos proletários, como é dito no *Manifesto comunista*. Trata-se do socialismo como teoria que dá um fundamento objetivo, racional, à luta para instaurar uma nova sociedade. Mas o termo "socialismo" é empregado também em um segundo sentido, que é o que agora nos interessa: como fase do desenvolvimento social ou nova sociedade que há de suceder ao capitalismo e constitui por sua vez a fase de transição para a sociedade comunista (segundo a *Crítica do programa de Gotha*, de Marx).

Em *A ideologia alemã*, Marx e Engels esclarecem que não se trata de um ideal "ao qual é preciso se submeter", mas do "movimento real que anula e supera o estado de coisas atual". Com isso se marca claramente o seu alheamento em relação ao ideal dos socialistas utópicos. Portanto, por "movimento real" não só é preciso entender as condições materiais, objetivas, da anulação e superação do presente, mas também a consciência dos homens da possibilidade e necessidade desse movimento e de sua ação de acordo com elas. Não estamos, pois, diante de um movimento puramente objetivo, natural, mas de uma fase do desenvolvimento histórico que requer a participação ativa e consciente dos homens. Neste sentido, o socialismo é uma meta (podemos chamá-la, se quisermos, de um "ideal") que os homens aspiram a realizar enquanto a consideram superior ao "estado de coisas atual" e, portanto, valiosa. Isto quer dizer, contra todo objetivismo, que só se chegará à nova sociedade se os homens, tomando consciência de sua necessidade e possibilidade, a transformarem em sua meta, fim ou ideal e se organizarem e lutarem para instaurá-la.

Marx foi modesto ao caracterizar essa nova sociedade como produto do "movimento real", mas não tanto que não possamos rastrear alguns traços seus ao longo de seu pensamento. Certamente, escaldado pelas prolixas descrições utópicas da sociedade futura, não quis pintá-la em cores vivas e apenas em dois de seus textos (um juvenil, os *Manuscritos de 44*, e outro de 30 anos depois, a *Crítica do programa de Gotha*) encontramos alguns traços essenciais da sociedade futura que teriam seu ponto de partida — não sua consumação — na abolição da propriedade privada. Assim, pois, embora Marx tenha se mostrado pouco explícito ao enumerar os traços que modelam a nova sociedade, se aos textos anteriores somarmos algumas referências do *Manifesto Comunista*, os *Grundrisse*, *O capital* e os escritos sobre 48 e a Comuna de Paris, teremos o suficiente para poder destacar como traços fundamentais os seguintes: 1) propriedade social sobre os meios de produção; 2) acesso dos produtores à administração da economia; 3) poder político (Estado) em mãos da classe operária e 4) distribuição dos bens produzidos de acordo com o trabalho que cada um traz à sociedade.

Todos estes traços seriam próprios da fase social que — de acordo com a *Crítica do programa de Gotha* — constitui o período de transição do capitalismo para o comunismo e que equivale ao que chamamos de socialismo. Marx nos deixou, pois, a idéia de uma nova sociedade ou fase inferior da sociedade comunista que há de surgir — necessária, mas não inevitavelmente — sobre a base das possibilidades geradas pelo capitalismo desenvolvido. Não se trata, pois, de um socialismo ideal, puro ou incontaminado, mas do socialismo com os traços essenciais assinalados, como um produto histórico.

Assim, junto com esta idéia do socialismo (que não é a mesma que a de um socialismo ideal, utópico), temos efetivamente o que se deu para chamá-lo "socialismo real". Já vimos antes como foram relacionados ambos os termos: fazendo da idéia (hegeliana ou platonicamente) a régua para medir o real; vendo a idéia encarnada — positiva ou negativamente — na realidade e, finalmente, considerando a idéia negada ou contestada pelo real. Em todos esses casos, perde-se de vista que se trata de dois planos (o socialismo marxiano e o "socialismo real"): um, o do pensamento de Marx; e outro, o da realidade. Ambos têm em comum, ao que parece, o fato de serem pensados ou realizados como processo de transição: o socialismo marxiano como processo de transição do capitalismo para o comunismo; o "socialismo real" como sociedade de transição ou, mais exatamente, como sociedade surgida na transição para o socialismo. Mas convém deixar claro que — independente do rumo que tenham tomado as coisas depois — a problemática da transição para o socialismo, própria das sociedades pós-capitalistas que se seguiram à Revolução de 1917, é estranha a Marx. E o é porque pensa que é o capitalismo desenvolvido aquele que cria, por sua dinâmica interna, a possibilidade e necessidade da transição para o comunismo.

A problemática da transição para o socialismo foi formulada nas condições históricas concretas em que ocorreu a primeira ruptura com o sistema capitalista. Estas condições são as de um país atrasado economicamente, com um proletariado minoritário, sem tradições democráticas e internacionalmente isolado e submetido ao cerceamento e agressão do capitalismo. Enquanto Lenin, às vésperas da Revolução de Outubro, ainda pensa em termos do marxismo clássico (em *O Estado e a revolução*), sua preocupação posterior — quase desde a tomada do poder — será a transição para o socialismo, a construção de uma nova sociedade socialista, sociedade que, em 1936 — quase 20 anos depois —, Stalin proclamará como sendo já uma realidade.

Mas voltemos à relação Marx-"socialismo real". Se fixarmos a atenção nas interpretações que assinalamos antes: como realização absoluta — negativa ou positiva — da teoria de Marx; como modelo ideal que se degrada na realidade, ou como realidade que anula a idéia ao não se cumprir ou consumar, vemos que em todos esses planejamentos se esquece o que era fundamental para Marx. Por um lado, a mediação da prática entre a idéia e a realidade e, por outro, a integração do socialismo no pensamento marxiano enquanto este cumpre uma função prática, já que é não apenas um modo de entender a realidade, como também de contribuir para transformá-la. A doutrina de Marx é, em unidade indissolúvel, um projeto de transformação radical do mundo, que, para realizar-se, requer que este mundo seja entendido.

Aplicado tudo isto à relação entre o projeto marxiano e seus resultados, temos dois fatos inquestionáveis: 1) foi tentado realizar esse projeto e 2) o resultado de sua realização na sociedade soviética foi o "socialismo real". Formulam-se então dois tipos de perguntas cuja resposta só pode ser dada pelo exame da história real: *a*) Como foi Marx interpretado pelos que partiram de seu projeto e como este foi se modificando ao contato prático com o real? e *b*) Quais foram as condições internas e externas que obrigaram a modificar este projeto e criaram uma série de possibilidades reais, entre elas a do "socialismo real", e quais foram os fatores objetivos e subjetivos que determinaram que uma dessas possibilidades se convertesse em realidade? Contamos já com algumas investigações marxistas importantes — como as de Pierre Broué, Bettelheim, Liebman e Michal Reiman —, que lançam luz sobre esse leque de interrogações no processo histórico. Elas nos levam à conclusão de que não estamos diante de um simples "acidente" da história, mas tampouco ante um resultado histórico inevitável. Uma estimativa mais correta, nos primeiros anos, da resistência do capitalismo mundial ante a ofensiva revolucionária desses anos no Ocidente; uma avaliação mais objetiva das forças revolucionários do proletariado europeu e internamente — na sociedade soviética — dos primeiros rebentos de degeneração burocrática e das limitações à liberdade e à democracia, junto com uma política mais cautelosa em relação ao campesinato e ao desenvolvimento industrial, teriam permitido abrir outras possibilidades distintas da que se realizou como "socialismo real". Mas certamente a história que se escreve não é a história das possibilidades ideais, mas sim das possibilidades realizadas.

Quanto à relação direta entre Marx e o "socialismo real", pode-se dizer que o projeto marxiano esteve presente não só na origem do processo histórico aberto em 1917, com a tomada do Palácio de Inverno, como também ao longo de todo o seu trajeto. Não se poderia negar, na verdade, que eram marxistas os que o dirigiam e os que pretendiam atuar de acordo com esse projeto liberador. Mas o socialismo marxiano não podia estar presente para eles como um modelo ou ideal a realizar, já que as condições históricas concretas em que o processo tinha que se desenvolver estavam muito longe de ser as previstas por Marx. A Revolução Russa tinha de empreender, antes de tudo, tarefas ingentes — entre elas, a industrialização — já executadas em outros países pelas revoluções burguesas. Quanto à tarefa básica para um país atrasado de proceder a um acúmulo original de capital, dificilmente poderia ser creditada a Marx, que nem sequer pôde formular a possibilidade de um acúmulo original *socialista*.

A gênese do "socialismo real" decorreu sob o duplo signo de uma presença e uma ausência de Marx. Lenin pretendeu falar exatamente onde Marx calava. E o fez, desde 1917, revisando-o. Mas então já não era e nem podia ser o Lenin marxiano de *O Estado e a revolução* que faz do socialismo o objetivo imediato e que aspira — desde a tomada do poder — a uma democracia e liberdade tão profundas e tão reais que se apagam as fronteiras entre ditadura do proletariado e democracia proletária, ou democracia *de* e *para* a maioria.

A questão que acabamos de abordar (a relação Marx-"socialismo real") é de ordem histórico-prática. É a questão de como Marx esteve presente ou ausente na prática que conduziu ao "socialismo real". A resposta só pode ser dada — como já assinalamos — pela própria história. Mas há também outra questão de ordem teórico-conceitual ou metodológica: a de como Marx nos ajuda a entender — com sua teoria e seu método — o mundo do "socialismo real". Certamente não nos pode ajudar com os conhecimentos que nos chegam acerca do capitalismo ou do Estado burguês, nem tampouco com suas previsões acerca do socialismo a partir das condições criadas pelo capitalismo amadurecido. Mas isto não significa que Marx (e Engels) não tenha admitido outras alternativas que não a do comunismo — com sua fase inferior, socialista (na *Crítica do programa de Gotha*) —, entendido como "associações livres de produtores" (no *Manifesto comunista*). Em Marx e Engels também existem outras alternativas históricas possíveis que podemos considerar negativas enquanto viessem a bloquear ou excluir o caminho da verdadeira emancipação dos trabalhadores.

A este respeito basta recordar a possibilidade admitida nos *Manuscritos econômico-filosóficos de 1844* da abolição da propriedade privada, sem que o princípio dela deixe de infectar a nova sociedade (o que Marx chama de "comunismo tosco"). Existe também a possibilidade de uma "superação positiva da propriedade privada" sem que isto signifique, embora o homem se liberte politicamente, sua libertação como ser humano (comunismo de "natureza política"). Mas neste terreno seria preciso recordar também a luta que Marx e Engels travam contra a concepção lassalliana do Estado como fator decisivo da transformação social e da realização do socialismo. O "socialismo de Estado" que Lassalle defende mereceu claramente a reprovação de Engels em suas anotações ao projeto do Programa de Erfurt (1891) do Partido Social Democrata alemão. Este socialismo de

Estado, que põe sob o controle estatal os meios de produção, em vez de socializá-los, conduziria, na opinião de Engels, a uma dupla servidão — econômica e política — dos trabalhadores.

A realização do socialismo como "socialismo real desenvolvido", na União Soviética, tem mais a ver com a alternativa proposta por Lassalle, criticada por Marx e Engels, do que com o socialismo marxiano. Certamente, à luz da experiência histórica, podemos concluir que o dilema que foi formulado nos tempos de Marx e Engels — socialismo como "sociedade de produtores livremente associados" ou "socialismo de Estado" — adquire certa vigência. Claro que não se tenta fazer de Marx e Engels críticos *avant la lettre* do "socialismo real", mas de assinalar a importância atual de suas advertências acerca de alternativas históricas possíveis depois da abolição da propriedade privada. A experiência histórica com que nos brindam as sociedades do "socialismo real", construídas no Leste europeu em nome de Marx, nos diz claramente que as advertências mencionadas não resultaram puramente imaginárias.

Mas a ajuda de Marx para entender essas sociedades não se limita a registrar sua presença ou ausência em seu surgimento e desenvolvimento históricos, mas também se torna patente quando se tenta caracterizar a nova sociedade. Nesta tarefa o pensamento marxiano nos proporciona certas ferramentas conceituais que mostram seu poder explicativo mesmo que também seus limites: os que lhe são impostos pela própria realidade. Abordemos finalmente esta questão. Trata-se de caracterizar a nova realidade social designada com a expressão "socialismo real" com a ajuda — ajuda limitada, como veremos — que o próprio Marx nos pode prestar.

Toda a nossa exposição permite-nos concluir — confirmando a tese que expusemos em um trabalho anterior[2] — que não se trata de uma sociedade socialista, embora tenha surgido — como destacamos neste trabalho — no processo histórico de transição ao socialismo que se inaugura em 1917 com a destruição das relações capitalistas de

2 "Ideal socialista e socialismo real", incluído neste volume.

produção e do Estado burguês. Não se trata tampouco de uma nova forma de capitalismo se aplicamos as categorias fundamentais marxianas, que continuam sendo válidas para caracterizar esta formação social: propriedade privada sobre os meios de produção, produção mercantil generalizada, força de trabalho como mercadoria, superestrutura política que se reveste de diversas formas (desde a ditadura à democracia), embora sempre cumpra — em concordância com a base econômica — a função de reproduzir as condições de produção da mais-valia.

De que tipo de sociedade se trata, então? Pergunta crucial ante a qual recuam, em mais de uma ocasião, os críticos marxistas do "socialismo real". Contudo, para respondê-la dispomos de um critério marxiano que nos permite caracterizar essa nova sociedade, a saber: a natureza das relações de produção e, em harmonia com elas, o caráter da superestrutura política, harmonia que não exclui certa margem relativa de autonomia. Como assinala claramente Marx em seu Prólogo à *Contribuição à crítica da economia política* (1859) — e é aqui onde ele vem em nossa ajuda —, as relações de produção são relações sociais reais, concretas, que se caracterizam, antes de tudo, pela forma que adotam a propriedade efetiva sobre os meios de produção. Como Marx adverte claramente nesse Prólogo, não há como confundir a propriedade real com sua expressão jurídica, formal, que simultaneamente a expressa e mascara.

Como o Estado nas sociedades do "socialismo real" não está a serviço e nem sob o controle da sociedade, mas sim nas mãos de uma burocracia, a propriedade estatal não pode ser identificada aleatoriamente com a propriedade social. Portanto, embora na Constituição respectiva se sancione juridicamente o caráter social sobre os meios de produção, a burocracia é a que os possui efetivamente, embora os possua não de um modo individual mas sim coletivo. Nestas condições, a base econômica da sociedade, ou conjunto das relações de produção, não pode ser considerada como socialista. Por sua vez, a superestrutura política, que se levanta sobre ela, longe de estar em contradição com sua base, é justamente a que lhe corresponde — por seu caráter autoritário. E isto assim é porque a mesma burocracia de que dispõe o Estado também é atuante nos meios de produção. Conseqüentemente, assim como a sociedade, a associação de produtores não participa da administração do Estado e tampouco os trabalhadores participam na gestão da economia. Cumpre-se assim a dupla servidão que lhes impõe — segundo Engels — o "socialismo de Estado" em sentido lassalliano.

Até aqui, os conceitos-chave marxianos de base econômica e superestrutura nos foram de grande utilidade na caracterização do "socialismo real". Contudo, a validade da relação entre eles, ou mais exatamente entre economia e política que Marx encontra no capitalismo como determinação do domínio político pelo domínio econômico, não pode ser estendido sem mais nem menos, nas sociedades do "socialismo real", às relações entre a superestrutura política e a base econômica. O que determina nelas, em definitivo, o domínio econômico da burocracia é seu poder político, seu controle do Estado. É, pois, a natureza autoritária, não-democrática, do Estado controlado pela burocracia, a que determina que os produtores não exerçam a propriedade real sobre os meios de produção nem participem na gestão da economia. Assim, pois, no "socialismo real" é invertida a relação entre economia e política que Marx havia descoberto no capitalismo.

Portanto, posto que o socialismo é inconcebível sem a propriedade *social* sobre os meios de produção e sem a gestão social correspondente (quer dizer, sem a participação consciente dos trabalhadores na gestão do Estado e da economia), não se pode garantir que exista uma base econômica socialista, ou seja, com propriedade social efetiva, à qual corresponda um Estado operário "degenerado" (como dizia Trotski no passado a partir de uma caracterização de Lenin), ou uma superestrutura autoritária (como diz hoje Adam Schaff) sem que a sociedade, considerada em sua totalidade, deixe de ser socialista. O "socialismo real" põe à prova assim as ferramentas conceituais de Marx, tanto ao mostrarem sua eficácia quanto ao serem descartadas por uma nova realidade.

Em conclusão: proporíamos nos pôr em relação a Marx com o "socialismo real" sem recorrer à dicotomia de realização (positiva ou negativa) e irrealização da teoria de Marx. Não pretendíamos apelar tampouco à dicotomia tão socorrida entre o ideal (socialismo marxiano) e o real (socialismo existente). Temos visto que a relação Marx-"socialismo real" é legítima sempre que os dois termos apareçam em sua verdadeira dimensão. Enquanto o "socialismo real" foi construído em nome de Marx e surgiu tendo como objetivo proclamado o socialismo marxiano, Marx não é alheio ou inocente em relação a esta realidade, embora sua presença nela não seja aquela que lhe atribuem os "novos filósofos", os "marxistas-leninistas" que o endeusam, ou os antimarxistas de hoje e stalinistas ou maoístas de ontem. Se é aplicado a Marx o nivelamento praxiológico que ele postulou desde as *Teses sobre Feuerbach*, sua teoria tem de ser colocada — como tentamos fazer — com a prática que conduziu ao "socialismo real".

Reconhecido assim o papel e a responsabilidade que lhe corresponde na gênese dessa sociedade, vemos que Marx nos ajuda também a entender sua natureza, já que, justamente a partir de suas categorias-chave, podemos evitar a tentação de rotulá-la como capitalista ou socialista, forçando-nos assim a buscar a especificidade dessa sociedade pós-capitalista, surgida exatamente no processo de transição ao socialismo. Mas para isso é preciso descerrar os véus não só da ideologia burguesa como também da ideologia estatal-burocrática. Só assim poderemos contribuir para tornar patente a vitalidade do pensamento de Marx em uma área — a da experiência histórica das sociedades do "socialismo real" — obscura e insuficientemente rompida pelos marxistas.

1983

Marxismo e socialismo, hoje

Propusemo-nos a examinar a relação entre marxismo e socialismo nos dias de hoje. Trata-se de uma relação que, ao longo do tempo, passou por diferentes vicissitudes. É, portanto, histórica. O que nos leva a desprezar a idéia de que estejamos diante de uma relação estática, imutável, entre um projeto ou ideal e uma realidade (existente, em vias de existir ou inexistente). Trata-se igualmente de uma relação problemática, já que o modo de seus termos se relacionarem formula uma série de problemas que, no fundamental, podemos reduzir a dois:

1) O socialismo continua sendo viável, se é que alguma vez o foi?

2) O marxismo continua sendo válido para o socialismo? Válido no duplo sentido de: *a*) paradigma teórico do conhecimento social ou teoria que permite descobrir as possibilidades de transformação radical social no próprio real e *b*) teoria que serve praticamente ao socialismo ao orientar o acesso a ele e justificá-lo como projeto possível, necessário, valioso e, portanto, desejável.

As soluções para as questões formuladas variam: desde as modificações introduzidas em tal relação, sem abandoná-la, até o abandono da própria relação ao se renunciar a um dos termos — o marxismo — ou ao outro — o socialismo. No primeiro caso, temos um socialismo sem marxismo; no segundo, ficamos não só sem marxismo mas também sem socialismo. Deixando de lado estas duas últimas soluções, ocupemo-nos exatamente da relação que mantêm ambos os termos — marxismo e socialismo — com as vicissitudes e problemas que vamos examinar.

E, ao fazê-lo, reafirmemos em primeiro lugar o caráter histórico dessa relação. Histórico porque tem um começo e um fim no tempo, ainda que para alguns a história dessa relação tenha já um esboçado funeral; quer dizer, já chegou ao fim.

Que tem um começo é fácil de documentar: o socialismo, desde meados do século passado, se relaciona com o surgimento, formação e desenvolvimento das idéias de Marx e Engels. Assim, como aspiração ou projeto de uma sociedade futura mais justa, é anterior a tais idéias. Para não nos remetermos a um passado muito distante — o de Platão ou dos utopistas do Renascimento —, podemos falar de um socialismo pré-marxista no século XIX como socialismo utópico. Ao classificá-lo assim, pretendeu-se ressaltar que seu fundamento é a utopia. Esta utopia pode ser reformista como as de Cabet ou Fourier, ou revolucionária como as de Blanqui ou Weitling. Em todo caso, trata-se, como utopia, da antecipação imaginária de uma sociedade desejada, mais justa, embora definitiva ou temporariamente — não obstante a crítica da sociedade presente em que se apóia — irrealizável. Trata-se de uma sociedade desejável por seu valor, mas irrealizável porque: *a*) não ocorrem as condições necessárias para sua realização; *b*) não se dispõe dos meios adequados para chegar a ela e *c*) é desconhecida a realidade que deve ser transformada.

Marx e Engels tornam seus os objetivos e críticas desse socialismo utópico, mas criticam por sua vez suas limitações e sua impotência. Este socialismo desejado, muito mais sonhado, foi sempre não só um socialismo realmente inexistente, mas também a expressão de uma vontade frustrada de realização.

O socialismo utópico abre caminho ao chamado socialismo científico, qualificativo que provém não de Marx, mas sim de Engels. Ao classificá-lo assim, Engels pretende chamar a atenção sobre um elemento necessário na transformação da sociedade: seu aspecto racional, entendido como conhecimento objetivo, fundamentado, da realidade social que se aspira transformar. Contudo, cabe perguntar: a expressão "socialismo científico" é feliz? Não creio, sobretudo se com ela se pretende destacar que o socialismo é o resultado necessário, inevitável, do desenvolvimento histórico-social, do qual o marxismo seria a verdadeira ciência. Aqui os dois termos — socialismo e marxismo — se encaixam integralmente: o socialismo seria um resultado tão objetivo como o de qualquer processo natural, e o marxismo — reduzido à teoria econômica e social — seria a ciência que põe a descoberto esse processo. Em ambos os casos, teríamos uma cientifização plena, sem fissuras, do saber histórico materialista, e o socialismo apareceria garantido pela cientificidade do conhecimento da realidade social e do movimento histórico em que se insere. Tal é a interpretação que fazem do marxismo os teóricos da II Internacional (Bernstein, Kautski) e que assume, com certas modalidades, o marxismo da III Internacional (Lenin, Bukharin, Stalin).

Embora alguns textos de Marx e Engels (*Manifesto comunista*, prólogo a *Contribuição à crítica da economia política, Antidühring*) permitam avaliar esta concepção determinista, objetivista e teleológica da história, há outros (*O 18 Brumário de Luís Bonaparte*, escritos sobre a Irlanda e correspondência com os populistas russos) que vêm a marcar passo com essa concepção quando se destaca nele que:

1) a história é feita pelos homens mesmo que em determinadas condições.

2) Não apenas contam as condições ou circunstâncias que fazem os homens, mas os homens que fazem essas condições e circunstâncias.

3) A teoria de um fenômeno histórico concreto — o capitalismo ocidental — em que consiste *O capital* não pode converter-se em uma filosofia universal da história.

4) Não existe um determinismo histórico porque não existem leis universais da história, mas sim tendências nela.

Tudo isso impede que se possa falar em nome de Marx, ou ao menos de todo Marx, de socialismo científico, entendido como o resultado de um processo histórico que desembocaria inevitavelmente no socialismo.

A relação entre socialismo e utopia não pode ser substituída, conseqüentemente, por semelhante relação entre socialismo e ciência. E isso é assim porque o socialismo não pode deixar de ser nunca uma aspiração ou ideal que tem sempre uma dimensão utópica.

Aqui se faz necessário retornar ao termo "utopia". Utópico não só é o impossível ou irrealizável em um sentido absoluto, mas também o realizável que temporariamente não pode se consumar. A utopia de hoje pode transformar-se na realidade de amanhã, sempre que não se trate de uma utopia absoluta, mas sim relativa, concreta. Por certo, inclusive no próprio Marx não faltam elementos utópicos no sentido absoluto como ao postular, por exemplo, a superação total e definitiva de todas as alienações no comunismo (*Manuscritos econômico-filosóficos de 1844*).

O que significa então a substituição da utopia pela ciência? Significa simplesmente fundamentar, racional e objetivamente, a possibilidade do socialismo e das ações humanas encaminhadas para transformar essa possibilidade em realidade. O socialismo seria uma empresa racional que não fecha as portas à imaginação e, portanto, à utopia. Racional seria pretender realizar o realizável em condições históricas determinadas. O realizável é tal porque é possível. Basear o socialismo no impossível seria condenar-se de antemão à utopia absoluta.

O marxismo seria então a base racional do socialismo em um sentido essencial: quando descobre o possível — e o impossível — na própria realidade. O que é *O capital* de Marx senão a descoberta da possibilidade inscrita no capitalismo? Mas também da impossibilidade que o sistema gera: impossibilidade de que — não obstante os méritos históricos que Marx e Engels reconhecem no *Manifesto* — possa desenvolver-se sem se transformar em um limite inviável ao desenvolvimento pleno e livre dos indivíduos. O capitalismo evoluiu depois de Marx invalidando algumas de suas teses, mas a contradição fundamental que ele descobre entre o desenvolvimento do capitalismo e os interesses básicos dos indivíduos e da sociedade não fez mais que aprofundar-se. É impossível que a liberdade verdadeira dos indivíduos, a paz e a igualdade social entre os homens e os povos possam florescer sob o capitalismo. Isto não significa de modo algum que basta destruir o sistema capitalista para que todos esses bens sejam alcançados. Marx e Engels já suspeitavam disso, mas o que o provou sobretudo foi a experiência histórica do "socialismo real".

O marxismo descobre no capitalismo as condições de possibilidade — não a realidade — da passagem de uma sociedade para outra mais justa. Mas o capitalismo gera também — e isto não escapa a Marx — a possibilidade da "barbárie", barbárie que hoje tem um sentido mais pleno e profundo, como holocausto nuclear ou destruição da base natural da existência humana.

O marxismo só faz sentido em sua relação com o socialismo. Não pode ser reduzido por isso a um paradigma teórico. E não só porque responde a uma idéia ou a um objetivo que é — como assinalamos — uma velha aspiração da humanidade, mas também porque é um projeto de transformação prática. Mas o que o distingue de outras doutrinas socialistas como as utópicas é ter baseado racionalmente a possibilidade (não a inevitabilidade) da realização desse objetivo. Certamente, descobrir essa possibilidade requer conhecer e criticar a realidade social em que é forjada essa possibilidade. E neste sentido não só é interpretação, crítica ou conhecimento *do que é*, mas antecipação, descoberta das condições necessárias para que *o que não é* ainda chegue a ser.

O marxismo não se limita, portanto, a uma interpretação do mundo, embora na verdade o seja. Ao conscientizar-se dessa possibilidade e das condições — objetivas e subjetivas — necessárias para realizá-la, adquire como teoria uma força prática na transformação do existente em direção ao socialismo. Em suma, o marxismo só existe *por e para* o socialismo, mas este, por sua vez, necessita do marxismo.

Assim, pois, em termos do marxismo clássico, existe uma relação intrínseca e indissolúvel entre marxismo e socialismo. Como projeto político, como conhecimento e crítica do existente e como prática política — para as classes e forças sociais que optam pela transformação radical da sociedade —, o marxismo é a alternativa necessária. E isto explica que, desde os tempos de Marx e Engels, os partidos operários que aspiram ao socialismo tenham procurado o marxismo como teoria da sociedade e da história e como ideologia política. Mas isto explica também que a empreitada de desmobilizar as consciências, privando-as de toda a perspectiva anticapitalista e socialista, passe pela empreitada de excluir a presença do marxismo no movimento operário, assim como nos movimentos sociais anticapitalistas e nas frentes de libertação nacional. Essa empreitada desmobilizadora se converte hoje em uma ofensiva vulgar, sem um nível teórico digno deste nome quando o estilo de argumentação dos "novos filósofos" se expande em nível panfletário pelos meios de comunicação de massa.

Mas voltemos à relação entre marxismo e socialismo tal como a vêem os que assumiram o ideal da transformação da sociedade capitalista. Historicamente, tal relação se manteve em duas formas que dividiram — já antes da Revolução Russa, mas sobretudo depois dela — o movimento operário que durante muito tempo lutou pelo socialismo. Estas duas formas de relacionar teórica e praticamente marxismo e socialismo se inserem historicamente na tradição social-democrata inaugurada por Bernstein e Kautski e na tradição revolucionária que, depois da Revolução de 1917 na Rússia, se associa ao nome de Lenin e mais tarde ao corpo de idéias e à estratégia que, na II Internacional e particularmente com Stalin, se codifica como marxismo-leninismo. Embora em ambas as tradições se procure manter a relação entre marxismo e socialismo, esta relação supõe nelas duas estratégias distintas e inclusive opostas: uma insiste no caminho das reformas; a outra, na revolução.

Ambas as estratégias, e o marxismo que as inspira, ou mais exatamente a interpretação dele em que se apóiam, tiveram oportunidade de provar-se na vida real como estratégias anticapitalistas e socialistas. E puderam ser postas à prova enquanto, em ambos os casos, tiveram a oportunidade histórica de chegar ao poder e de governar em nome do socialismo. Pois bem, com base na experiência histórica que supõe, em um caso, a passagem pelo poder estabelecido e, em outro, o exercício do novo poder depois da ruptura revolucionária com o sistema capitalista, podemos estabelecer o seguinte balanço.

O marxismo reformista, que se considera comprometido com a idéia do socialismo como fim e objetivo, obteve importantes reformas sociais sem ultrapassar o marco ou a estrutura do capitalismo. Ou seja, permanece dentro do sistema com a esperança de cruzar algum dia suas fronteiras estruturais; ao mesmo tempo não se pode falar de transição de uma sociedade velha — capitalista — para outra nova — socialista. Não há, pois, socialismo; mas tampouco o anticapitalismo que há de permitir a transição. Proclama-se que o socialismo continue sendo um ideal, a estrela polar que guia a realização das reformas, mas a estrela polar brilha cada vez mais reduzida e distante. Em conseqüência, a possibilidade de que o socialismo chegue a ser uma realidade por esta via é uma hipótese que até hoje não se confirmou, pois definitivamente nunca foram ultrapassadas as fronteiras do capitalismo com esta estratégia.

O marxismo da III Internacional, de inspiração leninista, codifica, em unidade indissolúvel, a herança de Marx-Engels e Lenin, como marxismo-leninismo. Se fixarmos nossa atenção na Revolução de Outubro e na sociedade soviética, construída a partir dela no processo de transição do capitalismo para o socialismo, não se pode deixar de reconhecer que este marxismo, com sua estratégia revolucionária, conseguiu romper violentamente com o poder e o sistema social estabelecidos. Pela primeira vez na história da humanidade, as relações de exploração do homem pelo homem foram abolidas, confirmando-se assim a previsão marxiana de que o capitalismo, como formação social historicamente transitória, estava destinado a desaparecer, embora certamente este desaparecimento não tenha ocorrido na Rússia em 1917 nas condições econômicas e sociais previstas por Marx. Ao contrário da estratégia reformista, a estratégia revolucionária bolchevique permitiu ultrapassar o marco estrutural capitalista, abrindo com isso a perspectiva da transição a uma nova sociedade, socialista. Mas no curso deste processo de transição o que se construiu não foi propriamente o socialismo, mas uma nova formação social na qual uma nova classe exploradora — a burocracia — possui o poder econômico e exerce o poder político, à margem do controle da sociedade e da participação ou gestão dos trabalhadores. Tal é a sociedade que se conhece como "socialismo real" e na qual, durante o extenso período que vai de Stalin a Brejnev, ficou bloqueado o caminho para o socialismo.

Mas, se nos concentrarmos no real sem descartar o possível, podemos concluir, em relação às duas vias ou estratégias fundamentais assinaladas:

O caminho do socialismo empreendido pela via reformista não ultrapassa as fronteiras estruturais do capitalismo enquanto a via seguida em nome do marxismo-leninismo permanece dentro de um anticapitalismo que não se pode identificar com o socialismo. O reformismo o bloqueia sem sair do capitalismo; o marxismo-leninismo barra-lhe o caminho apesar de ter rompido a estrutura capitalista. Concluímos, pois, que o socialismo, como estrela polar, como projeto político e social para superar uma série de alienações e como criação das condições para a autogestão social e controle dos produtores associados sobre os meios de produção, assim como para a democratização plena e profunda de todas as esferas da vida social, continua distante da realidade.

É inegável que uma teoria como o marxismo, que faz da práxis sua categoria central e que, em sua própria medula, contém a unidade da teoria e da prática, não pode deixar de lado o saldo que oferece a experiência histórica. O marxismo tem de ser julgado não só por sua capacidade para entender o mundo, mas também por sua capacidade de contribuir para transformá-lo. E é justamente a experiência histórica que formula uma série de perguntas que são englobadas sob o rótulo da chamada "crise do marxismo" e que conduz às tentativas de ajustá-lo ou adaptá-lo à realidade, em certos casos, e a seu abandono por motivos teóricos e práticos, em outros. Assim, a experiência histórica do desenvolvimento do capitalismo como sistema mundial, a prática das lutas pelo socialismo tanto no Ocidente quanto fora dele, bem como a nova realidade construída nos países do Leste europeu em nome do marxismo que a inspira e justifica como "socialismo real", tornou patente a fragilidade e a desatualidade de certas teses marxistas.

Entre os elementos caducos ou obsoletos que precisam ser superados está o tributo que rende a Marx uma concepção hegeliana eurocentrista e teleológica da história. De acordo com ela, existe uma racionalidade universal representada sobretudo pelos povos ocidentais, tendo como agente histórico a burguesia — ontem — e o proletariado — hoje —, em oposição aos "povos sem história" ou "bárbaros", que não seriam sujeitos e sim objetos dela. A este racionalismo universal segue junto certo finalismo, já que, de acordo com suas leis universais, a história marcharia inevitavelmente em direção a seu fim: o comunismo. Não se pode ignorar, contudo, que o próprio Marx, nos seus escritos sobre a Irlanda e em sua correspondência com os populistas russos, tentou corrigir esta concepção da história. Mas, mesmo assim, ela é a que tem prevalecido nas duas estratégias — reformista e marxista-leninista — antes mencionadas. Tampouco pode-se manter hoje o otimismo de Marx sobre o potencial revolucionário da classe operária ocidental nem sua confiança em sua impermeabilidade ao vírus ideológico burguês. Também torna-se questionável a superestimação marxiana do caráter progressista do desenvolvimento das forças produtivas, superestimação que, ao estimular certo enfoque economicista, faz perder de vista os aspectos destrutivos desse desenvolvimento. Por sua vez, a atenção quase exclusiva à dominação de classe oblitera a visão de outras formas de dominação — nacional, racial, sexual ou étnica — contra as que hoje lutam diferentes movimentos sociais que hão de ser levados bastante em conta em uma estratégia anticapitalista.

Finalmente, a experiência histórica do "socialismo real" pôs à prova as idéias de Marx não só quanto à transição do capitalismo para o comunismo através do socialismo, mas também em relação ao poder de suas ferramentas conceituais ao examinar uma realidade social que certamente Marx não previu nem podia prever. Contudo, não caberia aplicar à caracterização dessa nova sociedade o critério marxiano do papel determinante das relações de produção e, particularmente, o da propriedade efetiva — e não apenas formal — sobre os meios de produção?

O marxismo-leninismo se caracterizou pela tentativa de manter, inclusive frente à realidade, certas teses do marxismo clássico ou por deformar ou esquecer algumas teses de Marx, hoje mais válidas do que nunca, como são as que proclamam a unidade indissolúvel de socialismo e democracia. Com isto anulou e reduziu seu potencial emancipatório, transformando-o em uma ideologia justificadora de uma estratégia política ou de uma realidade a que se chama de "socialismo real". Certamente, se o marxismo em sua teoria e em sua prática se reduzisse a este marxismo falido, seu destino final estaria selado. Como o teria estado no passado, se ficasse reduzido ao marxismo da II Internacional que, depois da Primeira Guerra Mundial, entrou em decadência.

A concepção eurocêntrica do marxismo reduz definitivamente as provas de sua validade ao que acontece no Ocidente, deixando fora de sua visão os povos que Hegel já havia considerado fora da história. Somente aferrando-se às estratégias já esgotadas no Ocidente — a reformista, social-democrata ou a revolucionária no sentido marxista-leninista — pode-se ignorar a presença do marxismo na luta dos povos em outros continentes. E assim como, por exemplo, a estratégia reformista, propriamente estrutural, tentada no Chile nos anos 70, pouco tinha a ver com o reformismo clássico, assim também a experiência revolucionária da América Latina nas últimas décadas tem pouco a ver com o marxismo-leninismo. A Revolução Cubana como revolução nacional e social foi um verdadeiro escândalo teórico e prático para a ortodoxia marxista-leninista, já que seu encontro com o marxismo não podia se dar dentro dos moldes tradicionais. Ao passo que à Revolução Nicaragüense não se pode negar o papel que o marxismo desempenhou nela, mas um marxismo impregnado de sandinismo. Quer dizer, um marxismo que, ao tornar sua a reivindicação nacional, teve de superar o reducionismo de classes e o economicismo característicos do marxismo-leninismo. Esta revolução, por sua vez, rompeu com uma tradição "marxista" autoritária e antidemocrática ao recuperar o tema da democracia e adotar o pluralismo tanto dentro da revolução como no seio da Frente Sandinista que dirige a libertação nacional. Certamente, a Revolução Nicaragüense não formula hoje o socialismo como objetivo, já que a correlação de classes e a agressão do imperialismo ianque a mantém como revolução democrática, nacional e antiimperialista. Contudo, não se pode negar o peso do marxismo nela, embora se trate de um marxismo que assume a tradição nacionalista, sandinista, do país e que aspira chegar ao socialismo por uma via democrática, representativa e participativa.

Na América Latina, o marxismo não se encontra, pois, inexoravelmente ligado à tradição marxista-leninista, embora esta seja hoje uma corrente que existe, sem ser monopolizadora, no continente.

E chegamos assim à questão medular que esteve presente ao longo de nossa exposição: a crise do marxismo. Naturalmente, a primeira coisa que precisamos especificar quando falamos dela é o sentido no qual utilizamos ambos os termos. O que entendemos por crise e o que é que está exatamente em crise? Em um sentido geral significa, em relação a um processo, a interrupção ou paralisação de seu desenvolvimento normal. Se a crise é superada, o processo interrompido ou paralisado recupera sua marcha normal e pode seguir um curso positivo; mas, em caso contrário, o processo se agrava até chegar à sua liquidação. Os médicos conhecem bem este significado da crise. As duas alternativas podem ocorrer sem que nenhuma delas esteja inserida inevitavelmente na crise. Aplicado isto ao marxismo e reconhecida portanto a existência de sua crise, nos perguntamos: está o marxismo destinado a superá-la ou fundir-se com ela? Vejamos.

O marxismo não é um sistema íntegro, fechado, que permita falar de O MARXISMO (assim, com maiúsculas). O que existe é um marxismo que se desenvolve historicamente, embora sem perder certos traços, que não existem abstratamente, mas sim em seu desenvolvimento histórico. Tais traços são: seu projeto de emancipação, sua exigência de fundamentá-lo de modo objetivo, racional, e sua vinculação como teoria com a prática.

Em seu desenvolvimento histórico, o marxismo não pôde permanecer surdo às exigências da realidade e diante delas acentua ou enfraquece alguns desses traços fundamentais. E justamente nesse desenvolvimento passou por uma série de crises. Não foi somente em nossos dias que o marxismo conheceu as vicissitudes de uma crise. Os êxitos espetaculares da social-democracia alemã em finais do século passado e, com eles, a absolutização da via legal parlamentar, assim como o chauvinismo, por parte dos partidos social-democratas europeus na Primeira Guerra Mundial, conduziram o marxismo a uma crise da qual pôde sair temporariamente com a Revolução Russa de 1917. Assim mesmo, o fracasso da estratégia da III Internacional, bem como o afundamento do mito da URSS como pátria do proletariado e do "socialismo realmente existente", fizeram o marxismo entrar numa crise da qual ainda não se recuperou. Em ambos os casos a crise se produzia porque interrompiam ou paralisavam seu desenvolvimento em relação a alguns de seus traços essenciais. No caso da social-democracia, tratava-se de um afastamento ou uma ruptura relativa a seu projeto transformador, revolucionário, ao defender uma estratégia reformista de integração ou adaptação ao sistema capitalista e inclusive de administração de seus interesses fundamentais. Quanto à III Internacional, tratava-se de uma estratégia revolucionária inadequada no Ocidente e da qual era uma cópia a que se ditava aos países ocidentais. Uma estratégia que, definitivamente, respondia aos interesses de um Estado e um Partido que impunham — como Estado e Partido guias — suas regras em nome da universalidade do marxismo-leninismo a todo o movimento comunista mundial.

Para esta crise contribuiu assim mesmo o fato de não terem levado devidamente em conta — ao fundamentar-se a estratégia anticapitalista — as mudanças operadas na própria natureza do capitalismo, no processo de trabalho e nas formas de vida. E, finalmente, contribuiu decisivamente a contradição patente entre o socialismo de Estado, autoritário e burocratizado, das sociedades do "socialismo real" e o projeto original do marxismo clássico de uma nova sociedade na qual os produtores associados participam na gestão da economia e na administração do Estado, uma sociedade na qual os termos democracia, liberdade e socialismo se apresentam indissoluvelmente ligados. Portanto, dado que o marxismo supõe a unidade — embora sempre relativa — de teoria e prática, o que põe em crise o marxismo não é só o esgotamento ou a inadequação de certos aspectos de sua teoria, e sublinho *certos aspectos*, já que comparada hoje em seu conjunto com sua situação em décadas anteriores à de 1960, registra um impulso vigoroso em todos os campos (filosofia, economia, teoria política, história, estética, antropologia etc.). Mas, definitivamente, o que hoje põe em crise o marxismo mais do que a teoria é — como nas crises anteriores — uma prática política que nega o projeto libertador original ao não tentar ultrapassar o marco capitalista, com o qual se eterniza, sob nova roupagem, o reformismo tradicional, ou uma prática que, em nome desse projeto, identifica anticapitalismo com socialismo. Mas um não significa o outro; ou seja, como demonstra a experiência das sociedades do "socialismo real", não basta romper com o capitalismo para fazer realmente a transição para o socialismo.

Crise do marxismo, portanto; mas trata-se de uma crise global? O bloqueio estratégico, prático, que significa a via reformista tradicional, ou a via revolucionária clássica, não significam que o acesso ao socialismo esteja definitivamente bloqueado, o que constituiria não já a crise, mas sim o ocaso do marxismo. Mas a superação desse bloqueio, tão presente na crise atual, exige um desdobramento inusitado do poder da razão e da imaginação que permita empreender reformas estruturais em certos casos ou revoluções que assumam não já as experiências distantes do Ocidente, mas especialmente as que corteja em nossa época o Terceiro Mundo.

Até agora não dispomos de uma teoria que ofereça uma alternativa mais racional e fecunda que o marxismo à necessidade — hoje mais imperiosa do que nunca — de pôr fim ao capitalismo e de construir uma nova sociedade, socialista, sem exploração nem dominação de qualquer tipo. E ao se fazer esta afirmação não se tenta de modo algum salvar os aspectos caducos, inadequados, do marxismo nem tampouco de absolvê-lo de todos os erros, e inclusive crimes, cometidos em seu nome. Os aspectos caducos devem ser abandonados; os erros, superados, e os crimes firmemente denunciados. Mas enquanto existir a realidade que torna necessária e justifica sua existência — o capitalismo, a alienação dos indivíduos, a exploração dos homens e dos povos —, o marxismo não pode deixar de existir. E com isto voltamos ao nosso ponto de partida: a relação entre marxismo e socialismo. Necessitamos do marxismo porque existe a necessidade de emancipar a humanidade em um sentido socialista e de fundamentar racionalmente essa emancipação.

A vigência e a atualidade do marxismo têm de ser procuradas portanto em sua relação — como projeto libertador, como teoria da emancipação, como conhecimento e "crítica de todo o existente" (Marx) — com o socialismo. Poderá entrar em crise — como entrou em nossa época. Poderão ser abandonadas — como há que se fazer com todo conhecimento da realidade — as hipóteses, teses ou teorias que sejam desmentidas por ela. Mas o marxismo — como teoria e prática — tem que subsistir porque assim o necessita nossa opção pela transformação radical deste mundo: o socialismo. E se o marxismo ou certo marxismo entra em crise, se seu desenvolvimento é paralisado ou interrompido, não se trata de uma crise global e sem saída, já que subsiste sua necessidade como projeto, como conhecimento e crítica — incluindo a crítica do que se faz em seu nome — e como prática baseada não em sonhos ou ilusões, mas sim em uma base racional, objetiva e, até onde seja possível, científica. E justamente porque se trata de uma teoria que tem de estar revisando a cada momento sua relação com a realidade e a prática, e uma vez que essa relação não está determinada de uma vez e para sempre, e menos ainda garantida, é preciso admitir que a crise atual do marxismo não é a primeira nem tampouco será a última. A crise faz parte de seu desenvolvimento histórico porque não há nada nem ninguém que possa garantir definitivamente ou de antemão a certeza de sua interpretação do mundo nem a justeza de sua prática para transformá-lo.

Ao pôr o ponto final em nosso exame da relação entre marxismo e socialismo, vemos, à guisa de conclusão, que se trata de uma relação histórica na qual seus dois termos, apesar de seus problemas e vicissitudes, se unem e necessitam mutuamente. Só existe marxismo *por* e *para* o socialismo, e o socialismo, por sua vez, viverá e se afirmará se ele se nutrir do marxismo. Mas isto não significa de modo algum que o marxismo seja seu único elemento fecundante, ou o único corpo de idéias que pode inspirar os esforços teóricos e práticos para chegar ao socialismo. Na América Latina é bem conhecida a participação de crentes católicos nos movimentos revolucionários e os marxistas apreciam inestimavelmente as contribuições teóricas e práticas da Teologia da Libertação e dos cristãos para o socialismo. Sem ser marxistas, outras correntes de signo libertário contribuem assim mesmo para os processos de libertação que conduzem a uma sociedade mais justa. Finalmente, embora sem se definirem como marxistas, mas sim com uma clara posição anticapitalista, os movimentos sociais de nossos dias — ecologista, pacifista, feminista e, em geral, de liberação sexual — contribuem também para ampliar e enriquecer as vias que levam ao socialismo.

Em suma, não se pode pensar hoje em um socialismo às costas do marxismo, mas tampouco em um marxismo que monopolize a torrente de esforços necessários para chegar ao socialismo.

1987

Liberalismo e socialismo

Seguindo a saudável distinção entre o que uma ideologia diz ser e o que efetivamente é, sublinhemos de saída que o liberalismo se tem a si mesmo pela ideologia da liberdade. Esta é a idéia básica que move em suas origens a burguesia revolucionária do século XVIII contra o despotismo, assim como os movimentos de independência na América Latina e os liberais que, ao longo do século XIX, perseguem neste continente um projeto de progresso e modernização, ou de desenvolvimento nacional independente. Este valor supremo — o de liberdade — é entendido pelo liberalismo como liberdade do indivíduo, e o faz repousar em dois pressupostos: o primeiro é o da natureza egoísta, competitiva e agressiva, comum a todos os indivíduos do gênero humano. E o segundo é o da propriedade privada como condição, marco ou instituição indispensável para que ocorra efetivamente a liberdade do indivíduo. Não há, não pode haver, liberdade individual sem propriedade privada. Não se trata de um princípio entre outros, mas do princípio básico ou pedra angular da ideologia liberal, seja na sua forma clássica (de Locke a Adam Smith), seja na forma atual, neoliberal (de um Hayek). Desta associação entre liberdade e propriedade procedem outros traços essenciais do liberalismo, como são: 1) a exaltação da competência na batalha pela ganância e a utilidade; 2) a fetichização do mercado como a esfera própria e necessária dessa competência; 3) a reivindicação do trabalho por seu aspecto *positivo*, já que graças a ele se adquire e incrementa a propriedade privada, e 4) a exaltação do indivíduo como um absoluto que exige ser protegido do Estado e das instituições públicas.

Como ideologia da liberdade do indivíduo e da propriedade privada, o liberalismo se move em dois planos vinculados entre si — o político e o econômico —, embora, como demonstram experiências históricas recentes, nem sempre se dê uma simetria entre ambos. Assim, o que se entende por um e por outro? De acordo com a ideologia liberal, os princípios do liberalismo político são: 1) a limitação do poder estatal como garantia da liberdade do indivíduo; 2) a submissão de governantes e governados à lei; 3) a democracia representativa, que garanta a participação dos cidadãos nos assuntos públicos (certamente, *todos* podem participar, em igualdade de direitos, embora nem todos possam participar no todo; parafraseando Bobbio, poderíamos dizer que para os não-proprietários — ou despossuídos — a democracia se detém à porta da fábrica, na qual as decisões se reservam ao proprietário); 4) a divisão de poderes e 5) a rotação ou não-reeleição do governo, ou alternância ou sucessão regulada do poder. No plano econômico, o princípio básico do liberalismo é o da liberdade empresarial, comercial ou de aquisição de propriedade. Corolários seus são: o mercado generalizado e a limitação da intervenção ou regulação da economia de livre mercado pelo Estado ou qualquer instância pública.

Os princípios básicos do liberalismo, considerados em seu duplo plano — princípios que o neoliberalismo no plano econômico leva sem dissimulação até as últimas conseqüências —, abrigam a subordinação da igualdade e da justiça social à liberdade. Não se negam, certamente, a desigualdade e a injustiça, assim como a miséria material e espiritual a elas vinculadas, mas são aceitas como fatos naturais do sistema (Adam Smith) ou como assunto privado no qual não compete ao Estado intervir (Hayek). Deixar de considerá-los como tais, ou seja, admitir a proteção social por parte do Estado é, segundo o neoliberal Hayek, o começo da tirania. Assim, pois, a liberdade é incompatível com a igualdade e a justiça social.

Desde suas origens — faz três séculos — o liberalismo não deixou a cena das idéias nem da prática. Já recordamos antes seus méritos históricos na luta contra o despotismo na Europa e nos movimentos de independência e liberais da América Latina. Não se pode ignorar tampouco a importância histórica de seus princípios políticos, não obstante seus limites e inclusive sua incompatibilidade com a igualdade e justiça social. E menos ainda podemos ignorar a existência, embora não determinante, de certo liberalismo que pretendeu superar essa incompatibilidade, quer aproximando-se de posições socialistas — como a de Stuart Mill no passado — quer como a de Bertrand Russell em nossa era, ao defender a liberdade sem subordiná-la à propriedade privada.

Portanto, na sociedade capitalista contemporânea vemos que não só não pôde transcender seus limites como também se reduzem ainda mais seus princípios e valores, quando não desaparecem. E assim vemos como a massificação, manipulação ou colonização das consciências transforma a liberdade do indivíduo em pura retórica; como as liberdades concretas (de expressão ou informação), ao concentrar-se o poder político e o poder econômico, se tornam cada vez mais estreitas ou vazias; e como o *livre mercado* se dobra ante o comércio dirigido transnacional. E, quanto à justiça social, o neoliberalismo se encarrega de jogar para o chão as migalhas que dela sobraram na mesa liberal.

Tudo isso significa que o princípio da liberdade do indivíduo, entendido como sua auto-realização em condições de igualdade e justiça social, tem de ser protegido do próprio liberalismo. Mas então é preciso acolher outra alternativa social que insista no valor supremo da liberdade humana real. E esta alternativa continua sendo o socialismo, como crítica da sociedade existente e como projeto de uma sociedade em que os homens dominem suas condições de existência. Tal qual o liberalismo, o socialismo pressupõe uma concepção da natureza humana, mas oposta à egoísta, competitiva e agressiva da ideologia liberal, já que, por seu caráter histórico-social, não enfatiza unilateralmente o egoísmo ou o altruísmo. Não é que ignore, portanto, a dimensão competitiva e cobiçosa do "homem, lobo do homem" (Hobbes), mas a vê como uma dimensão histórica: a própria da sociedade burguesa. Longe de decretar que a propriedade privada é a base da liberdade em geral, considera que é a base, certamente, de uma forma de liberdade: a do indivíduo egoísta, burguês. Por isso, o socialismo é inseparável da abolição da propriedade privada em relação aos meios de produção, como condição necessária, embora não suficiente — como demonstra a recente experiência histórica da liberdade humana do indivíduo real. Mas, ao defender esta liberdade, repele o individualismo que faz dele um absoluto ao separá-lo das condições históricas e sociais de sua existência. E se opõe igualmente não às liberdades específicas e à democracia, mas ao caráter limitado, e às vezes puramente retórico, que adquirem com o liberalismo.

A utopia socialista, ao alimentar-se da crítica ao capitalismo liberal, o faz reconhecendo o papel das relações de propriedade no destino da liberdade, mas vinculando este não à generalização do princípio da propriedade privada, mas à propriedade social dos meios de produção, como propriedade submetida às necessidades e ao controle da sociedade, o que não exclui outras formas de propriedade, incluída a particular. Finalmente, se o liberalismo sacrifica *sua* liberdade à justiça social, o socialismo vê nesta e na igualdade social a condição necessária da liberdade do indivíduo.

Tal é, em linhas gerais, a ideologia socialista de inspiração marxiana que inspirou a longa luta do movimento operário por suas justas reivindicações e estimulou o Estado de Bem-estar a proteger socialmente os trabalhadores. Finalmente, é a ideologia da qual partiram os bolcheviques, depois de conquistar o poder, para tentar construir uma alternativa socialista para o capitalismo. Não se poderia negar hoje a parte importante que corresponde às lutas inspiradas pela ideologia socialista nas conquistas sociais dos trabalhadores, assim como nos avanços obtidos no reconhecimento e ampliação das liberdades básicas e dos direitos políticos. Tampouco se poderia negar o que lhe corresponde nas conquistas de um Estado social ou de Bem-estar, embora não tenham afetado a estrutura econômica e social do sistema. Por último, ao relacionar a ideologia socialista com o processo histórico aberto pela Revolução Russa em 1917, é preciso reconhecer que a tentativa de construir uma sociedade socialista cedeu lugar — por motivos que não temos tempo de expor agora — a uma formação social atípica, nem capitalista nem socialista, que veio a restaurar em novas formas as velhas relações de dominação e exploração. Nesta sociedade — a do chamado *socialismo real* — a abolição da propriedade privada conduz à propriedade estatal absoluta; à plena eliminação do mercado e a uma economia totalmente planificada. Conduz mesmo assim à onipotência do Estado e do coletivismo burocrático, à desaparição da liberdade do indivíduo com a conseqüente exclusão das liberdades de todo tipo e em todos os níveis, o que sob o regime do partido único tornou impossível toda forma de democracia. Em suma, o pretendido socialismo acabou sendo a própria negação dos princípios e valores da ideologia socialista, como ideologia da liberdade, igualdade, democracia efetiva e justiça social.

O que resta, pois, de sua relação antagônica com o liberalismo? Na verdade, esse socialismo irreal não superou realmente os limites que o liberalismo levanta à liberdade do indivíduo e às liberdades básicas, nem resolveu tampouco os problemas, que permaneciam intocados, da desigualdade e da injustiça social. Longe de enriquecer e ampliar as liberdades e os direitos que o liberalismo clássico reconhecia, embora com as limitações e espaços vazios apontados, esses direitos e liberdades desapareceram por completo sob o *socialismo real*. Quanto à injustiça e à desigualdade, deixadas de lado pelo liberalismo, reapareceram com a concentração do poder econômico e político nas mãos da burocracia e a conseqüente divisão em classes. No que toca à democracia liberal ou representativa, por cuja abolição Rosa Luxemburgo criticou os bolcheviques desde o primeiro momento, não só foi enriquecida e ampliada, mas também — como previu e avisou Rosa Luxemburgo — conduz à negação de toda forma de democracia.

Assim, pois, o sacrifício da liberdade com que se pretendeu justificar a igualdade e a justiça social acabou por prejudicar a ambos, já que nenhuma delas pode florescer em uma sociedade totalitária. Concluindo, se situarmos o liberalismo e o *socialismo real* no processo histórico — complexo, contraditório e doloroso — da emancipação humana, este pretendido socialismo, longe de superar as falhas e limitações do liberalismo, fica histórica e socialmente num nível mais baixo.

Assim, o saldo negativo desta experiência libertadora não absolve o liberalismo, nem como ideologia nem como prática, das limitações próprias de liberdade para os socialmente desprotegidos e de uns direitos e uma democracia que só podem manter-se sobre a base da desigualdade e a injustiça de uma feroz economia de mercado. E posto que, em nossos dias, o neoliberalismo não faz mais que aprofundar e ampliar esses traços negativos, sem manter — não digamos enriquecer — os aspectos positivos — ainda que limitados — do liberalismo clássico, a crítica desta ideologia, a qual o socialismo enfrentou desde suas origens, se faz hoje mais necessária do que nunca. Por outro lado, se a liberdade e a justiça continuam sendo valores supremos, e por isso continua sendo necessária a utopia de uma sociedade na qual a justiça não se sacrifique à liberdade (como faz o liberalismo), ou na qual a liberdade não se sacrifique à justiça (como a sacrificou o *socialismo real*, com o resultado de que uma e outra ficam arruinadas), o socialismo, como projeto de uma sociedade livre e justa ao mesmo tempo, continua sendo — apesar da queda do que se apresentava como tal sem que o fosse — uma alternativa social válida, digna de ser desejada e de que se lute por sua realização. Válida igualmente porque, moral e socialmente, se encontra em um nível superior ao alcançado, em sua ideologia e em sua prática, tanto pelo liberalismo quanto pelo chamado socialismo real.

1992

Socialismo e mercado

I

Sob o impulso da ofensiva neoliberal, assistimos em nossos dias a uma verdadeira fetichização do mercado. Não só ele é exaltado como o único instrumento racional para harmonizar o comportamento dos agentes econômicos (a famosa "mão invisível"), mas inclusive como fundamento da liberdade e da democracia, quando não da justiça.

Faz sentido hoje em dia, quando crescem as vozes que o fetichizam — que são as mesmas que sentenciam o fim do socialismo —, formular-se a questão das relações entre socialismo e mercado? Assim, formulá-la pressupõe que, não obstante a derrocada do "socialismo real", não existe tal fim do socialismo, se por ele se entende o objetivo ou ideal de uma sociedade mais justa, sem opressão nem exploração, na qual os homens dominam suas condições de existência. Com relação a esse socialismo, cabe perguntar, legitimamente, não tanto se há ou não lugar para o mercado, como qual seria o seu lugar, natureza ou alcance. Mas deve ficar claro que a questão formulada — pelos dois termos que envolve — deve ser abordada não só a partir do ponto de vista da racionalidade ou eficiência, mas também a partir do enfoque dos princípios de igualdade, liberdade e justiça, sem os quais é inconcebível uma sociedade socialista.

II

Ao tentar responder à nossa pergunta, não podemos deixar de ter presente a experiência histórica com que nos brindam, neste terreno, dois sistemas "realmente existentes": o capitalismo, com sua economia de mercado, e o chamado "socialismo real", com sua economia estatizada e centralizada. A sorte do mercado em um e outro sistema é diametralmente oposta: enquanto no primeiro é prioritário e dominante, é excluído ou minimizado no segundo. Daqui se extraíram, respectivamente e com certa pressa, duas conclusões: o capitalismo se identifica com o mercado; o socialismo, com sua negação.

Como em todos os planejamentos esquemáticos, existe aqui uma meia verdade que, como todas as verdades cortadas pela metade, se transforma em falsidade. Certamente, existe uma relação inegável entre capitalismo e mercado que Marx investigou a fundo em *O capital*; da mesma maneira existe uma relação entre socialismo e planificação, apontada também por Marx. Mas em ambos os casos não se trataria de uma identificação, pois nem tudo é mercado no capitalismo, nem tudo é planejamento no socialismo. Por outro lado, nem todo mercado foi historicamente capitalista; nem toda planificação socialista há de assumir forçosamente o caráter integral, absoluto, que tem no "socialismo real", a menos que se estabeleça arbitrariamente um signo de igualdade entre socialismo e "socialismo real".

III

Certamente, sob o capitalismo predominam as relações mercantis: produz-se para o mercado e consome-se através dele. Mas as relações mercantis não são privativas do capitalismo. Formas históricas delas existem desde a Antiguidade grega. O peculiar das relações mercantis capitalistas é, por um lado, sua extensão e generalização, pois tudo tende a cair sob as leis do mercado, e, por outro, a existência dentro dessas relações mercantis de um mercado específico, o do trabalho, em virtude de que nele se compra e vende essa mercadoria específica que é a força de trabalho. Posto que o capitalismo traz em si esta tendência a generalizar a relação mercantil e seja do mesmo modo inconcebível sem a especificidade que dá a esta relação a força de trabalho como mercadoria, pode-se afirmar que se identifica com o vasto mercado no qual, dada a tendência generalizada e expansionista apontada, a sociedade se transforma cada vez mais em uma sociedade de mercadorias ("A riqueza das sociedades em que impera o regime capitalista de produção nos aparece como 'um imenso arsenal de mercadorias'").[1] Mas, como desse "imenso arsenal" faz parte esta mercadoria essencial que não se encontra em outros sistemas de produção — a "força de trabalho" —, o capitalismo se identifica com este mercado específico que é o da força da mão-de-obra.

O mercado, em sua forma capitalista, é exaltado vezes sem conta em nossos dias por sua racionalidade econômica, instrumental; quer dizer, como o mecanismo mais eficiente para a dotação de recursos. Neste enaltecimento costuma-se esquecer a reação do mercado, não só com relação aos princípios de igualdade e justiça em nome da separação radical do econômico e do político, ou dos julgamentos de existência e valor, ou seja, da dotação de recursos e sua distribuição, como também no que toca à sua dotação eficiente.[2] Portanto, ao se destacar as vantagens do mercado enquanto regula e acrescenta a eficiência econômica, deixa-se de lado as necessidades últimas às quais atende. Certamente, dado que as forças sociais dominantes no mercado são as mesmas que controlam os meios de produção, as necessidades a que o mercado atende são, definitivamente, as mesmas que impõem a apropriação privada de tais meios. Isto determina, por sua vez, que ao generalizar-se e estender-se a todo tipo de bens — tudo que tem valor de uso pode ser convertido em valor de troca —, exclui

[1] Marx, *O Capital*.

[2] Cf. Julio Segura, "Competencia, mercado y eficiencia", em *Claves*, nº 9, Madri.

do acesso a certos bens — ou só o permite em condições desfavoráveis — os setores mais desprotegidos economicamente da sociedade. O mercado é fonte de egoísmos, desigualdades e injustiça. Mas isto não inquieta os economistas neoliberais. Pelo contrário, as desigualdades e injustiças são até bem-vindas para eles enquanto as consideram não como um acidente do qual não se poderia culpar o mercado, mas como uma necessidade para assegurar sua eficiência econômica. E não só isto, mas também como garantia necessária da "liberdade política" ou da "igualdade perante a lei" dos que são necessariamente desiguais no mercado. As vantagens deste não são, pois, estritamente econômicas, mas até políticas e sociais, já que não só garantem a liberdade política, mas também que o mercado, por sua natureza, constitua uma forma de "democracia da propriedade privada", expressão de Mead que inclusive um pensador tão afastado do neoliberalismo como Rawls aceita,[3] como aceita também entre as suas vantagens a soberania que nele exercem os consumidores ao reger suas preferências na produção de bens.[4] Por certo, costuma haver muito barulho em torno desta vantagem do mercado, sobretudo quando se faz abstração das condições em que se encontram os consumidores. Na verdade, essa soberania que o mercado torna possível só pode ocorrer se é invertida a verdadeira relação, própria do capitalismo, entre produção e consumo, e ignora-se, portanto, o papel determinante do primeiro termo e, por sua vez, ignora-se que, sobretudo em nossa época, as preferências dos consumidores se encontram determinadas não por suas próprias ou autênticas necessidades, mas pelas alheias, induzidas artificialmente, dos proprietários dos meios de produção.

[3] John Rawls, *Teoria da justiça*. México, FCE, 1979, p. 312.

[4] *Ibid.*, p. 308.

IV

A partir de um ponto de vista capitalista, ou seja, dos interesses das forças sociais que dominam no mercado, este funciona tanto melhor quanto melhor realiza a sua tendência para generalizar-se ou expandir-se e, portanto, a não se deter diante de nenhum bem (público ou privado) ao qual converte em mercadoria. Em conseqüência, é tanto mais eficiente quanto menores sejam as regulações ou intervenções externas que sua generalização ou expansão tenha de enfrentar. O mercado ideal com que sonha o neoliberalismo tem por isso como pilares: 1) a afirmação e extensão crescentes de seu império (nenhum bem dele lhe é alheio) e 2) a negação ou redução ao mínimo, em nome da liberdade individual de toda regulação ou intervenção. Assim, o mercado capitalista — não o ideal, mas o realmente existente — não alcança nunca nem pode alcançar uma autonomia ou auto-regulação absolutas. Conhece regulações ou intervenções de tipo diverso, como as seguintes:

1) o conjunto de regras ou normas jurídicas que regulam e protegem a relação mercantil, assim como as medidas que adota o Estado para garantir e assegurar o funcionamento normal do mercado. O mercado não é uma ordem espontânea e auto-suficiente onde tudo é movido por "mão invisível", pois não há mercado sem a "mão visível" do Direito e do Estado que o regulam e protegem;

2) limitações da competência ou controles impostos por monopólios ou transnacionais na medida em que se concentra neles a apropriação privada dos meios de produção. Assim, estes controles ou limitações, longe de entrar em contradição com os fins do mercado capitalista — o acúmulo de benefícios —, permitem ao sistema cumpri-los mais plenamente;

3) restrições no mercado nacional próprio, enquanto se defende o "livre mercado" alheio. Assim, os EUA restringem ou fecham seus mercados aos países latino-americanos, enquanto exige que estes abram os seus; e

4) limites à tendência generalizante e expansionista do "mercado livre", ao subtrair a ele certos bens públicos (saúde, educação, prote-

ção do meio ambiente etc.) para satisfazer determinadas necessidades sociais. Trata-se da política social que alcança suas mais altas conquistas com o Estado de Bem-estar. Dela se beneficiam os setores da população mais desvalidos econômica e socialmente, o que provoca a hostilidade das forças sociais que vêem nessa "dissipação" um freio à eficiência e rentabilidade do mercado. Assim, essa política social de signo social-democrata se desenvolve no marco intocável da acumulação capitalista e só pode ser mantido enquanto o sistema absorve os custos sociais que traz dentro de si ou enquanto rende certo benefício — paz, tranqüilidade social — a esse processo de acumulação.

V

Vemos, pois, que o mercado não é tão "livre", já que está sujeito a intervenções, regulações ou limitações de tipo diverso e diferente origem. Não é, portanto, uma ordem natural, espontânea. Nem sequer um liberal tão zeloso como Hayek pode ignorar que o mundo do mercado (*cosmos*) há de contar com um conjunto de regras de Direito (*nomos*), embora para ele tenha uma racionalidade inferior em relação à superior do mercado. Por outro lado, toda distribuição que, em nome da justiça, recorra a uma ordem ou centro consciente não fará mais que perturbar, no seu modo de ver, o funcionamento regular e espontâneo do mercado. A superioridade desta ordem "natural" sobre o exterior ou intencional (*taxis*) reside em sua capacidade informacional que permite a cada qual orientar-se até o que considera bom. É o dinamismo próprio do mercado e não qualquer apelação a um centro orientador ou um objetivo global ("bem comum", "justiça social"), o que relaciona cada um com o bem, e o que sanciona a quem, ao não saber ler a informação adequada, não se atém às suas exigências. Hayek esquece aqui que esta virtude do mercado, ao permitir que o consumidor leia essa informação, ou seja, expresse as suas preferências, se acha orientada pela propaganda ou a publicidade; quer dizer, por certa intervenção a partir de fora.

Em suma, a fetichização neoliberal do mercado leva a que se considere nociva qualquer intervenção exterior, particularmente a do Estado e, em conseqüência, toda tentativa de planejamento econômico. Por isso, já desde 1944, Hayek vê em tudo isso o "caminho da servidão", expressão com que dá título a um de seus primeiros livros. E quando se aceita a existência do Estado mínimo, compatível com a liberdade, a função que lhe é designada se reduz — como a reduz Nozick — a proteger o que por direito nos pertence.

VI

Quaisquer que sejam as vicissitudes do mercado sob o capitalismo, não se pode negar que apresenta esta face dupla: a da eficiência — sem esquecer suas decisões —, na dotação de recursos, e a de mecanismo que fomenta a desigualdade, o egoísmo e a injustiça em sua distribuição. Se absolutizamos uma ou outra face, chegamos a conclusões diametralmente opostas. No primeiro caso ele é santificado por sua eficiência e se exclui ou ignora toda apelação a um princípio de igualdade ou justiça que, a partir de fora — quer dizer, a partir de uma instância central ou estatal —, só viria, como sustenta Hayek, a perturbá-la. No segundo caso, o mercado é demonizado pela desigualdade e injustiça que gera, e exalta-se sobretudo a intervenção estatal ou a planificação a partir de um centro, que garantiria a igualdade e justiça negadas no caso anterior.

Ambas as conclusões, por absolutas, excludentes e unilaterais, são inaceitáveis. A racionalidade econômica não é — mais exatamente, não deve ser — incompatível com a justiça. Esta requer por sua vez — como condição necessária — a racionalidade econômica, que se torna patente na eficiência. Mas, neste caso, semelhante racionalidade não se daria somente na dinâmica interna e auto-suficiente do mercado, mas estaria também em certa regulação ou planificação que assegurasse, sem detrimento de sua eficiência, fins comuns ou necessidades sociais.

VII

Portanto, se o capitalismo se identifica com o mercado, entendido este em sua forma específica, própria, qual seria a relação entre mercado e socialismo? Faz sentido falar de um "socialismo de mercado"? E, se faz, de que mercado estamos falando? Obviamente não poderia ser o mercado autônomo e onipotente, em sua forma capitalista, com o que o liberalismo pretende afiançar a exploração do homem pelo homem. A relação entre socialismo e mercado seria, pelo contrário, de exclusão mútua, em cujo caso o socialismo se identificaria com sua supressão e com a opção excludente e unilateral pela economia estatizada e a planificação absoluta, integral?

Para responder a estas perguntas é preciso partir de certa idéia de socialismo, por mínima que seja, como alternativa ao capitalismo. Sem nos enredarmos agora na complexa tarefa de defini-lo por um conjunto de características, podemos dizer que se trata de uma sociedade na qual seus membros controlam sua existência em condições de igualdade, liberdade e democracia. Nessa sociedade ocupam o primeiro plano os valores de cooperação e solidariedade entre os indivíduos que são anulados pelo egoísmo que gera o mercado. Mas o mercado não faz deles mônadas absolutas, já que os associa ou vincula de certa forma. Não, na verdade, como seres sociais, propriamente humanos, mas como seres abstratos, ou abstraídos de sua totalidade humana e social. Ou seja: como proprietários dos produtos do trabalho e como consumidores deles; ou, caso se trate do mercado específico, trabalhador, como compradores ou vendedores da mão-de-obra.

Enquanto, sob o capitalismo, a associação no mercado opera no plano do *homo economicus*, sob o socialismo a associação dos produtos tem que extrapolar esse plano abstrato e responder às finalidades sociais que deixa fora o "mercado livre". Daí a necessidade de impor-lhe limites e, portanto, regulá-lo e submetê-lo a certa planificação ou intervenção estatal para atender a necessidades sociais que o mercado capitalista não atende em absoluto ou não atende satisfatoriamente. Assim, a intervenção do Estado não há de assumir forçosamente a forma que assumiu nos países do "socialismo real". A planificação absoluta, própria de uma economia estatizada integral, não responde às necessidades da sociedade, mas sim às da classe dirigente — burocracia do Estado e do Partido. E, na prática, não só se mostrou incompatível com os princípios de justiça social, inseparáveis do socialismo, mas resultou ineficiente e inferior em relação à racionalidade econômica do mercado capitalista. Significa isto que, à vista da experiência histórica que oferecem o mercado e o plano sob o capitalismo e nas sociedades não-capitalistas, mas tampouco socialistas, dos países do Leste, deparamos com um dilema: mercado "livre" ou planificação, intervenção estatal ou auto-regulação do mercado?

Formulado o problema nestes termos, uma opção exclui a outra: ou bem um mercado generalizado, autônomo, que exclui toda regulação ou intervenção estatal, ou bem regulação ou intervenção do Estado onipotente que encerra todo resquício às relações mercantis. Ou também: racionalidade econômica que exclui a justiça, ou controle integral, burocrático, que posteriormente resulta não só ineficiente, mas justo. Assim, este dilema é inaceitável para o socialismo a partir do momento em que seu projeto de emancipação há de conjugar necessariamente a eficiência econômica com os princípios que lhe são consubstanciais de democracia, liberdade e justiça. A solução tem de ser buscada, portanto, não na exclusão ou opressão de um termo a outro, mas sim na submissão de ambos — mercado e plano — às decisões da sociedade. Portanto, nem mercado autônomo em relação às necessidades sociais, nem plano integral acima, ou inclusive contra, os interesses, necessidades e decisões da sociedade.

VIII

Se partirmos do projeto socialista de emancipação, o socialismo é incompatível com o mercado generalizado, autônomo, que tem como fim não o bem-estar social, mas a obtenção de benefícios e a reprodução do sistema que lhe permite acumulá-los. Mas o socialismo é incompatível também com a economia estatizada e com a planificação integral, que têm como fim assegurar o poder político de uma nova classe — a burocracia — e reproduzir o sistema que lhe permite exercer o poder. Assim, pois, se descartamos o problema de mercado "livre", auto-regulado, ou intervenção irrestrita do Estado mediante o plano integral, a prioridade do mercado ou do plano passa para a coletividade que, ao submeter com suas decisões a um e outro, determina por sua vez a relação entre ambos. O problema das relações entre o mercado e o plano se converte assim no problema da participação necessária da sociedade para submeter a ela tanto o mercado como o plano. Assim, a natureza e o alcance desta participação não podem ser separados do tipo de sociedade em que ocorre: de suas relações de propriedade, de classe e do tipo de Estado correspondente.

O capitalismo afirma a autonomia do mercado e por isso limita a intervenção ou regulação que se contradiz com suas relações de produção. O que não significa que imponha também limites à autoregulação do mercado para assegurar melhor os fins do sistema, o que, no marco deste, subtraia certos bens às leis do mercado — como tentou o Estado de Bem-estar — a fim de amenizar as injustiças no acesso a eles. No "socialismo real", justamente pela natureza do sistema que tem como pivô a propriedade estatal absoluta sobre os meios de produção, torna-se impossível a participação democrática da sociedade no controle do plano que rege toda a vida econômica. Mas a alternativa a este plano que exclui toda democracia não é o mercado "livre" capitalista, já que este, por sua natureza, não pode ser democrático, pois, certamente, na competência que lhes é consubstancial dominam os mais fortes economicamente. Por evoluída que seja a democracia formal, política, de "um homem = um voto", ela se detém às portas do mercado, onde o poder de um só homem pode se impor ao de centenas ou milhares. Mas, sob o "socialismo real", a planificação absoluta, que só conhece as decisões da burocracia, é antidemocrática de um modo absoluto.

O socialismo há de resgatar o valor da democracia real, efetiva, nas relações da sociedade com o mercado e com o plano. Não pode se instalar, por isso, no ponto de vista da onipotência do plano ou da intervenção estatal irrestrita, já que — como demonstra a experiência do "socialismo real" — tal intervenção conduz a uma economia centralizada, ao mesmo tempo injusta e ineficiente. Mas tampouco pode se instalar — sem confundir-se com o capitalismo ou reduzir-se a um mero corretivo deste — no mercado auto-regulado que exclui todo plano de intervenção estatal. Não se trata, por isso, de manter com uma roupagem socialista um velho dilema ao tentar substituir o "socialismo de Estado" por um "socialismo de mercado".

IX

Consideradas, a partir desta perspectiva, as relações entre plano e mercado, entre auto-regulação deste e intervenção estatal, o projeto socialista requer abolir — e não apenas corrigir — as relações mercantis capitalistas, embora sem suprimir a forma mercado. Esta se conserva sob o socialismo, ainda que sem adotar o caráter generalizado e prioritário que tem em sua forma capitalista. Mas admitir o mercado significa assim mesmo admitir a necessidade de certa intervenção central ou estatal e de uma planificação democrática para assegurar a satisfação de necessidades sociais básicas. Trata-se, pois, de vincular mercado e plano, mas esta vinculação só poderá responder a uma finalidade social, comum, se a sociedade controlar a um e outro e estabelecer entre ambos a adequada relação mútua. É a sociedade em seu conjunto a que determina, mediante suas diversas formas de democracia (política e econômica, parlamentar e de autogestão), não só a natureza e o alcance da planificação, mas também o caráter e os limites do mercado, assim como as relações mútuas entre ambos. Naturalmente, estas relações pressupõem que nem o plano nem o mercado podem ser absolutos, onipotentes.

Esta conjunção de socialismo e mercado que defendemos, como parte integrante do projeto socialista de emancipação, não deixa de ser tão utópica quanto o próprio projeto. Utópica, certamente, no sentido de idéia não realizada, que por valiosa, necessária e possível, desejamos realizar. O que até agora é ou foi realmente existente é tanto o mercado em sua forma capitalista (quer seja prioritário ou regulado no Estado de Bem-estar) como a intervenção do Estado (relativa no capitalismo ou absoluta no "socialismo real"). Mas o socialismo do futuro há de admitir um mercado até agora inexistente que para corresponder às necessidades, relações de propriedade e estrutura da nova sociedade se conjugue e complemente com a intervenção estatal. Definitivamente, a questão da natureza e limites do mercado no socialismo não está tanto em sua relação com o plano, ou grau de determinação pelo Estado — como "mercado determinado" segundo a expressão de Gramsci — mas em seu controle — junto com o do plano — pelo conjunto da sociedade.

1990

Depois da queda

I

O fato de que, durante longos anos, um importante setor da esquerda tenha estado vinculado ao projeto de socialismo, em nome do qual se construiu o sistema social que foi derrubado no Leste europeu, e de que as pedras que desmoronam ruidosamente atingem inclusive aqueles que não estavam associados a ele, justifica a pergunta — tão legítima quanto inquietante: o que significa estar ou não à esquerda depois da queda? Certamente, para responder sem ambigüidades nem falsas ilusões, é forçoso remeter-se à experiência histórica conhecida como "socialismo real", cujo surpreendente e impressionante desenlace está provocando toda sorte de confusões, incertezas e, sobretudo, sombrias expectativas para o socialismo no futuro.

Se nos ativermos aos resultados dessa experiência histórica, e não apenas à intenção emancipatória que estava em sua origem revolucionária, é preciso reconhecer, em primeiro lugar, que hoje não se pode estar à esquerda sem se desvencilhar criticamente de uma experiência que nega, em definitivo, sua intenção original de emancipação. Mas, ao se proceder a semelhante desligamento, deve ficar claro: a) aquele — o sistema econômico, político e social — de que é preciso se desvencilhar e b) o modo de efetuá-lo. Mas, independente de como se conceba a natureza — o que será especificado mais adiante — de tal sistema, há um ponto em que converge toda crítica — de direita ou esquerda — desde a Revolução Russa de 1917, a saber: a sociedade que surgiu dessa revolução pretendeu ser uma alternativa socialista ao capitalismo.

A crítica de direita foi, a partir do primeiro momento — quer dizer, muito antes que o fracasso histórico desapontasse —, uma crítica à tentativa de construir uma sociedade distinta do capitalismo existente. Mas não se tratava apenas de uma crítica no plano das idéias, apelando inclusive para uma suposta "natureza humana" imutável, com a qual entrava em contradição essa tentativa, mas de uma crítica prática na qual não se hesitou em recorrer a todos os meios: desde a intervenção militar e o cerco econômico nos primeiros anos até a *guerra fria* travada em todos os campos durante quatro décadas e que, ao impor-lhe uma esgotante corrida de rearmamento, acabou por vergar sua espinha dorsal — a economia — do sistema. O "socialismo real" não pôde resistir ao desafio capitalista no terreno decisivo: a produtividade. Quanto à crítica no plano das idéias, todo o empenho dos ideólogos do capitalismo esteve direcionado a convencer da impossibilidade e indesejabilidade de toda alternativa socialista. Daí sua prazerosa concordância com os ideólogos soviéticos das últimas décadas ao estabelecer um signo de igualdade entre "socialismo realmente existente" e socialismo.

A esquerda liberal, que um Bertrand Russell representou tão honesta e lucidamente com sua crítica desde o primeiro momento, logo se desvencilhou de um sistema que destruía a liberdade do indivíduo e a democracia representativa, assentadas no livre mercado e na livre empresa. A social-democracia — por meio de Kautski em sua famosa e acirrada polêmica com Lenin — também se desligou de imediato do regime soviético, porque, ao não ocorrerem as condições históricas e sociais necessárias, e substituída a democracia representativa pela ditadura de classe, ou de partido, fechava-se o caminho ao socialismo democrático. Mas também surgiam críticas das próprias fileiras revolucionárias, como a de Rosa Luxemburgo, ao caráter antidemocrático do novo poder, ou da "oposição operária" que se considerava excluída dele. Mais tarde, Trotski haveria de ver no sistema construído com o stalinismo uma traição aos princípios leninistas que transformou a revolução original em uma verdadeira contra-revolução.

Não obstante estas críticas, o que dominou na esquerda que se incorporou à III Internacional foi a adesão incondicional ao sistema soviético como modelo de socialismo, assim como à estratégia política que defendia e aos princípios ideológicos e organizativos que o inspiravam. Só tardiamente, na década de 1960 e à raiz da invasão da Tchecoslováquia pelas tropas do Pacto de Varsóvia, a esquerda agrupada nos partidos "eurocomunistas" repeliu semelhante modelo de socialismo, assim como a estratégia política correspondente, embora sem se desligar criticamente do modelo ideológico e organizativo que havia imperado como "marxismo-leninismo". Certamente, seu desligamento não podia chegar enquanto não se respondesse a perguntas deste teor: como foi possível que o projeto original de emancipação se convertesse na realidade de um novo sistema de dominação e exploração? Que causas determinaram sua formação e enraizamento durante longos anos, assim como sua aceitação incondicional por milhões de homens que, dentro e fora da URSS, deram tudo, inclusive sua liberdade e sua vida, para defendê-lo e estendê-lo? A estas perguntas, que o movimento comunista mundial jamais se formulou, acrescentam-se hoje outras, não menos pungentes, ante a queda do "socialismo real": como foi possível que sua derrubada, como um castelo de cartas, se produzisse de forma tão imprevisível e surpreendente?

II

A esquerda precisa responder a umas e outras perguntas se quiser manter sua identidade, com seu componente socialista, e não deixar-se arrastar pela água turva da identificação de toda idéia de socialismo com o "socialismo real". Tem que tentar esclarecer como foi possível que o socialismo tenha sido negado realmente em nome da idéia de socialismo. Certamente, enquanto o sistema, surgido da Revolução de 1917, desacreditava essa idéia e bloqueava, na prática, toda aproximação com os valores socialistas de igualdade, justiça e liberdade, sua desaparição se apresentava como uma condição necessária, ainda que não suficiente — como o demonstra a experiência destes últimos anos —, para que o projeto socialista pudesse recuperar sua verdadeira face. Neste sentido, a revolução antiburocrática que teve lugar nos países do Leste europeu constituía um passo historicamente necessário para todo o socialismo possível. Como o é também — no terreno das idéias — o exame crítico e autocrítico — quando se trata de certa esquerda — da história e natureza do "socialismo real". Ainda faz muito pouco tempo, sua história na América Latina se apresentava como uma marcha triunfal, e pôr em dúvida sua natureza socialista constituía um verdadeiro sacrilégio. As derrotas em seu desenvolvimento histórico, assim como seus erros e horrores, se esquivaram a toda crítica, e esta permanecia muda, não obstante a pressão ruidosa dos fatos.

Assim, não basta aferrar-se à idéia de outro socialismo e distanciar-se criticamente do que se apresentou como tal, se não se recolherem a concepção do mundo, a mentalidade, os mitos e os hábitos que permitiram justificá-lo e resguardá-lo da crítica. Tampouco basta reconhecer que, ao cabo do tempo, a intenção emancipatória, ao perverter-se em sua realização, deu lugar a novas formas de exploração e dominação. Para resgatar a idéia de socialismo, com todo o seu conteúdo libertador, humanista, se faz necessário — insistimos — esclarecer por que, a partir da revolução que estava em suas origens, esse projeto emancipatório se converteu na possibilidade e realidade do "socialismo de quartel". A pergunta é pertinente se interrogarmos a história real, já que este "socialismo" não foi escrito — não podia ser — à margem dela. Certamente, é nela que se tornou possível e se fez realidade.

III

Com este enfoque, nem determinista nem casualista, há que se compreender o sistema que tão estrepitosamente foi derrubado nos países do Leste, primeiro, e na União Soviética — sua cunha e seu modelo —, depois. Trata-se do sistema econômico, político e social surgido no processo aberto pela Revolução de 1917, processo em que, ao tomar o poder, se apresenta aos bolcheviques a tarefa imensa, sem precedentes históricos, de forjar uma nova sociedade, socialista. A contradição entre suas intenções emancipatórias, que podem ser rastreadas no Lenin de *O Estado e a revolução*, em vésperas da tomada do poder, e as condições específicas russas para cumpri-las eram tão agudas que não faltaram vozes — dentro e fora da Rússia — que não só duvidavam da possibilidade de construir o socialismo, como também previram um resultado que, posteriormente, haveria de coincidir com a barbárie e o despotismo stalinianos. Certamente, Lenin não ignorava a inexistência das condições necessárias assinaladas por Marx, entre elas a maturidade do desenvolvimento capitalista e a revolução em escala mundial, mas pensava que o poder conquistado podia e devia ser a balança decisiva para criar as primeiras na atrasada Rússia. E compreendia também — com Trotski — que, reduzida a um só país, a histórica empreitada de construir o socialismo não deixava de ser limitada, incerta e vulnerável. Daí que fizesse seu destino depender da revolução mundial, ou ao menos dos países capitalistas mais desenvolvidos. Parecia, pois, como se a história estivesse jogando com dois baralhos: o da impossibilidade de construir o socialismo nas condições russas e o da possibilidade de sua construção a partir do novo poder e com a revolução mundial. O primeiro conduziria ao pesadelo do *Gulag* e o segundo logo se dissiparia como um sonho.

A conservação do poder e a própria sobrevivência da revolução, nas duríssimas condições de imaturidade econômica, intervenção militar e devastadora guerra civil, convertem-se em objetivos prioritários. E, em lugar do socialismo, vagamente traçado por Marx e revalidado por Lenin às vésperas das jornadas revolucionárias de outubro, o que aparece primeiro, como dura resposta a uma dura realidade, é o "comunismo de guerra". E, com ele, o reforço do poder estatal, a estatização em todos os campos da vida social, o aumento das medidas coercitivas e o conseqüente abandono da participação dos trabalhadores na gestão econômica, política e social. Tudo isso provoca o descontentamento social que, ao adotar formas tão explosivas como o levante de Kronstadt, obriga a buscar um novo caminho para o socialismo: a NEP (Nova Política Econômica). Embora esta via represente uma importante forma econômica (ao admitir certa liberdade de comércio e tolerância da pequena indústria e da economia camponesa), não incide no plano político. Pelo contrário, se fortalece na burocracia — o que suscita os fundados temores de Lenin em seus últimos escritos — e se eleva o papel do Partido. Ao leve pluralismo econômico não se segue mais o pluralismo político. As dúvidas que a NEP suscita acerca de sua marcha — até o socialismo ou até o capitalismo? — Stalin as dissipa categoricamente ao pôr fim a elas em 1929.

A partir daí inicia-se o processo de construção do sistema que se considerará terminado em 1936, ao proclamar-se constitucionalmente que o socialismo já existe na URSS. Sua "construção" teve como eixos a industrialização acelerada e a coletivização forçada do campo, ambas com um terrível custo humano. A coerção exercida sobre milhões de operários e camponeses se estende a toda sociedade, abrindo caminho a uma repressão maciça ou império generalizado do terror, do qual não escapam os dirigentes revolucionários de 1917 e centenas de milhares de abnegados e fiéis militantes comunistas. Contudo, o terror não é simplesmente o fruto de uma mente doentia, mas sim a prática em que culmina — certamente na forma bárbara que nem Lenin nem Trotski podiam imaginar — a tentativa de construir o socialismo a partir do poder em condições históricas adversas, sem a participação consciente das massas trabalhadoras e sem a adesão da maioria da sociedade. A perspectiva internacional, por sua vez, se inverte: se Lenin via a Revolução Russa como prólogo da revolução mundial, os interesses do proletariado em cada país ficam sujeitos agora, incondicionalmente, aos interesses soviéticos. A doutrina brejneviana da "soberania limitada", com a qual se pretendeu justificar mais tarde as invasões da Tchecoslováquia e do Afeganistão, não era senão a expressão neostaliniana dessa prioridade do interesse soviético sobre o interesse próprio, nacional, de qualquer país, povo ou partido.

IV

Quais são os traços fundamentais do sistema que, no arco do tempo, se estende desde o fim da NEP (1919) ao começo da *perestroika* (1985), que, por sua vez, se viu forçada a abandonar a cena (em 1991)?

No terreno econômico: propriedade estatal sobre os meios de produção, embora formal e juridicamente seja considerada social; planificação total da economia e, conseqüentemente, exclusão — em todos os níveis — do mercado.

No terreno político: Estado autoritário, separado da sociedade e oposto a ela, no qual o poder é exercido de fato e de direito pelo partido único, o que exclui, portanto, toda forma de democracia — representativa ou de autogestão.

No terreno ideológico-cultural: transformação do marxismo na ideologia oficial do Estado como "marxismo-leninismo" e submissão de toda vida ideológica e cultural às diretrizes do depositário de sua "verdade" e sua interpretação — ou seja: o Partido — em qualquer esfera: a arte, a ciência ou a filosofia.

Nas relações exteriores: dominação imperial do poder central sobre as nações e nacionalidades da URSS, assim como expansionismo em suas relações com os países "irmãos" e "russificação" em seus vínculos com o movimento comunista mundial e forças políticas afins de outros países.

Junto a estes traços estruturais negativos, há que se reconhecer as conquistas alcançadas no desenvolvimento das forças produtivas, que transformou o país atrasado de antes da revolução em uma potência industrial mundial, assim como na correspondente política de pleno emprego. Há que se reconhecer, igualmente, as conquistas alcançadas ao permitir o acesso das mais amplas camadas da população ao ensino, à cultura, à saúde e, em geral, à proteção social. Mas não se pode esquecer que, a partir dos anos 60, a própria estrutura do sistema — sob a extenuante pressão do capitalismo mais agressivo — acabou por paralisar o crescimento das forças produtivas e anular as conquistas sociais alcançadas.

Com suas luzes e sombras — mais destas que daquelas —, o que este sistema baseado em Marx e Lenin tinha a ver com eles? E, igualmente, o que devia a Trotski que, desde 1923, se opusera ao seu artífice, Stalin? Vejamos, em primeiro lugar, sua relação com Marx em um único ponto: o que diz respeito às condições que possibilitaram seu nascimento e formação. É certo que Marx admitiu, em sua juventude, a possibilidade da revolução proletária em um país atrasado, como a Alemanha de seu tempo. E certo é também que, ao final de sua vida, aceitou a tese populista de que era possível fazer a transição da Rússia do *mir* ("comunidade rural") ao comunismo, sem passar necessariamente pela fase capitalista. Contudo, ambas as perpectivas foram descartadas pelo próprio Marx. A primeira, ao analisar as revoluções frustradas de 1848 e descobrir — como causas de seu fracasso — um desenvolvimento insuficiente do capitalismo. A segunda — a perspectiva populista de irromper na Rússia a fase capitalista — a fazia depender da revolução no Ocidente. Assim, pois, tanto em um caso como em outro, Marx se atinha a seu esquema clássico.

A questão da transição para o socialismo, no que se refere ao modo de empreendê-la, divide os bolcheviques na década de 1920, quando ainda podiam discutir entre si. Mas existem outras respostas que, acompanhando Marx, negam essa possibilidade. São as que já haviam sido dadas por Plekhanov e Martov, antes da revolução; a que reitera a social-democracia alemã com Kautski e a que, por diferentes razões, dá Rosa Luxemburgo ao criticar as medidas antidemocráticas dos bolcheviques.

Já vimos que a Lenin não escapa a inexistência das condições necessárias para construir o socialismo na Rússia, mas sem concluir, por isso, que seja impossível construí-lo, já que a seu ver essas condições podem ser criadas a partir da conquista do poder. Certamente, ao final de sua vida espreitará — já muito tarde para ele — as sombrias conseqüências do poder em mãos da burocracia. Tal como Trotski, Lenin não deixa de inscrever o socialismo na perspectiva utópica da revolução mundial, subestimando, por um lado, a vitalidade do capitalismo "agonizante" e, por outro, confiando excessivamente no potencial revolucionário da classe operária ocidental. Assim, o decisivo em Lenin é sua aposta voluntarista pela criação das condições inexistentes, tentando torcer com ela o pulso da história. E é o que, depois de sua morte, será tentado — à bárbara maneira de Stalin — com a industrialização acelerada e a coletivização forçada. Marx quase nada tem a ver com esta pretendida construção do socialismo, cujo motor é o Estado despótico e o Partido único, e menos ainda com o sistema que dela resultou.

V

Se fixarmos agora a atenção nos traços fundamentais do sistema que assinalamos antes e tomarmos como referente o projeto marxiano de nova sociedade, não obstante sua maneira vaga, perceberemos facilmente que esse sistema "realmente existente" é a própria negação desse projeto. Nunca houve certamente socialismo na URSS nem nos países que, em quatro continentes, se inspiraram no modelo soviético. E a explicação disso não está em que, originalmente, este modelo fosse imperfeito, ou em que — sendo adequado — fosse aplicado torpe ou perversamente, ou em que as condições históricas obrigassem a castrar seu conteúdo emancipador ou a se desviar dele. Finalmente, tampouco se trata de que os dirigentes, instalados no poder, traíram a revolução e, em vez de impulsioná-la, fizeram-na degenerar em uma verdadeira contra-revolução.

Nenhuma dessas explicações causais pode ser considerada satisfatória, porque nunca houve um modelo original — perfeito ou imperfeito — nem tampouco deformado ou traído em sua aplicação. Na verdade, só houve um modelo: o que impôs a realidade quando se apostou construir o socialismo faltando as condições necessárias. E esse modelo foi aplicado adequadamente; quer dizer, com um terrível custo humano, já que somente o terror podia garantir semelhante construção e coroar esse imenso desdobramento de voluntarismo contra a realidade e a história. Não se pode afirmar por isso que Stalin, ao dirigir a construção de seu "socialismo de quartel", seguisse um modelo marxiano — sequer pervertido — nem tampouco que, ao construí-lo nas condições marxianas inexistentes, tivesse razão contra Marx. Seu "socialismo" despótico era outra coisa que não reagia, de modo algum, à utopia marxiana da nova sociedade.

Tampouco sua idéia da transição podia combinar com a que Marx havia previsto para outras formações sociais em sua *Crítica do programa de Gotha*. Correspondia, pelo contrário — pondo de lado os numerosos crimes de Stalin —, à transição que Lenin e Trotski impulsionaram, já que se assentava nos mesmos pilares: propriedade estatal absoluta, planificação total da economia, Estado onipotente, ditadura do proletariado (a rigor, do Partido), regime do Partido único e predomínio dos métodos repressivos, com exclusão de toda participação democrática. As inegáveis diferenças táticas e estratégicas entre Lenin, Trotski e Stalin não obliteram o que têm em comum ao embasar a tradição nos mesmos pilares. Certamente, Lenin vê no novo poder um Estado operário com "excrescências burocráticas" e Trotski criticará — sobretudo a partir do exílio — o caráter despótico que o conduzirá ao terror generalizado. Mas nem um nem outro vêem — não podiam ver — as relações entre Estado e sociedade ou entre socialismo e democracia com os olhos de Marx.

VI

Assim, pois, ao proclamar-se em 1936 que a construção do socialismo havia chegado a seu término, Stalin não tinha nenhuma razão para remeter-se a Marx, já que o construído era a própria negação de seu projeto de emancipação. Contudo, não se pode omitir certa presença de Lenin e Trotski no "socialismo staliniano", embora o terror em que se sustentava não ocorresse nos tempos de Lenin e ainda que Trotski não o tivesse vivido e sentido na própria carne. Quando mais tarde Brejnev sentencia que esse socialismo é "real", não se está, portanto, ante uma idéia ou um modelo prévio, nem, por outro lado, ante uma realidade que não tenha nada a ver com certo modelo, a saber: o que surgiu na tentativa de construir o socialismo nas condições russas e exportado ou imposto em outras condições. É o modelo com que — em um caso e outro — pretendeu-se forçar a mão da história. E o que resultou se ajustava adequadamente a esse modelo que era a antítese do projeto emancipatório de Marx.

Contudo, poder-se-ia afirmar com isso que Marx foi confirmado negativamente, pois não houve socialismo onde se tentou construí-lo sem as bases necessárias. Mas também caberia afirmar que a história confirmou a tese marxiana de que o capitalismo pode ser destruído, embora com as conseqüências que conhecemos quando se trata de um país no qual falta o amadurecimento necessário para substituí-lo por um sistema socialista. E igualmente poderia ser reconhecido que a história justificou as prevenções de Marx e Engels ante a possibilidade de um "socialismo de Estado", quando a propriedade se torna estritamente estatal, o poder econômico e político se fundem e socialismo e democracia se dissociam.

VII

Assim, a ausência de Marx se torna presença de Lenin e Trotski no "socialismo real" enquanto este realiza a possibilidade que já ocorria no pensamento e na ação de um e outro. E essa possibilidade existe a partir de certos elementos que enumeraremos em seguida. Dois deles (1 e 2) são anteriores à Revolução de 1917, enquanto os outros dois (3 e 4) são respostas do voluntarismo de ambos à necessidade que assumem de construir o socialismo nas condições russas e num contexto exterior hostil. Tais elementos são: 1) a concepção da "ditadura do proletariado" como "ditadura do Partido"; 2) a teoria do Partido como vanguarda; 3) a concepção do Estado todo-poderoso, fundido com o Partido único; e 4) a exclusão de todo pluralismo político, o que torna impossível — como percebera Rosa Luxemburgo — não só a democracia representativa como também toda forma de democracia.

Com estes elementos, a possibilidade se converte na realidade de: 1) a ditadura do Partido no sentido habitual de "regime não submetido a qualquer lei" (Lenin), o que haverá de culminar, como tinha previsto o jovem Trotski, na ditadura de um só homem: Stalin; 2) o Partido monolítico que pensa e atua em nome da classe operária e por toda a sociedade; e 3) a sociedade fechada sem fissuras nem dissidências, já que estas se transformam em delitos contra o Estado, e inclusive em traição.

Definitivamente, o que se construiu como "socialismo real" foi um sistema — nem capitalista nem socialista — que através dos avanços conseguidos em outras décadas acabou por esgotar-se econômica, científica e tecnologicamente e entrar em um processo de decomposição social e degradação moral. Por seu imobilismo, este sistema não retrocedia ao capitalismo nem avançava até o socialismo. Em meados da década de 1980, o sistema continuava sendo repressivo, embora o terror stalinista tivesse suavizado; a baixa alarmante de produtividade demonstrava a ineficiência a que conduz uma economia burocraticamente planificada; e a degradação dos valores morais e sociais era patente. E a estes fenômenos tão negativos seria preciso acrescentar que as conquistas de outros tempos no terreno social — educação, saúde, moradia, emprego garantido etc. — se mostravam cada vez mais retóricas e limitadas, e inclusive anuladas, na prática.

VIII

A *perestroika* surge em 1985 para deter a ineficiência econômica e a degradação social a que havia conduzido o sistema do "socialismo real". Daí a profunda reforma de Gorbachev, que afeta todos os níveis da sociedade: econômico (limitação da planificação estatal), político (democratização do Partido e de toda a vida social) e ideológico (transparência da informação e liberdade de expressão e criação). Contudo, embora se rompam os alicerces do sistema e se mantenha o objetivo de transitar para um socialismo que nunca havia existido, subsiste o predomínio da propriedade estatal, o Partido como força política dirigente e o Estado centralizado que permaneceu surdo às aspirações étnicas e nacionais. Assim, enquanto revolução democrática e antiburocrática, a *perestroika,* desde o primeiro momento, está sujeita aos embates de três tendências, impulsionadas por diferentes forças sociais, sem que nenhuma delas consiga impor-se sobre as outras. São as tendências: 1) de manter o *status quo* anterior, aceitando todas as mudanças de forma a não mudar nada de substancial; 2) passar para um verdadeiro socialismo, democratizando profundamente a vida econômica, política e social; e 3) passar para uma sociedade *pós-comunista*, cuja democracia e liberdade se assentariam na generalização da propriedade privada — inclusive sobre os meios de produção — e da economia de mercado.

Ao reformar o sistema, a *perestroika* rompia com seu imobilismo e abria, justamente por seu caráter democrático e antiburocrático, a possibilidade de transitar, em novas condições, até o socialismo. Mas abria também outras duas possibilidades: a) de voltar a um regime autoritário que seria uma nova versão do sistema que se pretendia desmantelar (semelhante involução é a que buscava a velha *nomenklatura* com o golpe de Estado de agosto de 1991, que foi repelido categoricamente por uma sociedade que não queria perder, não obstante seus fracassos econômicos, os frutos da democratização levada a cabo pela *perestroika*), e b) a de encaminhar-se até uma economia do mercado generalizado que, nas condições danosas do país, o terrível custo social que imporia à população só podia assemelhar-se a um capitalismo selvagem.

Das três tendências mencionadas, a que contou com menos apoio social e resultou, portanto, mais fraca, foi a orientada para o socialismo, já que o repúdio de quase toda a sociedade do sistema supostamente socialista alcançava a própria idéia do socialismo. Gorbachev tentou manter o equilíbrio entre as diferentes tendências, embora seus erros, vacilações e concessões animassem as forças que impulsionavam tanto o retorno a um novo autoritarismo quanto a marcha até um capitalismo selvagem. Mas o que Gorbachev não quis — ou não pôde — decidir, foi decidido finalmente pelo golpe de agosto de 1991. Seu fracasso liquidou a alternativa reacionária da *nomenklatura*, mas retirou também da cena toda perspectiva socialista. Com a dissolução do PCUS e a desintegração da URSS chegava ao seu término a derrocada do "socialismo real", arrastando com ele — ao menos em um futuro previsível — a alternativa socialista. Isto significava igualmente o fim da *perestroika*. Naufragava, pois, a terceira — e mais radical — das tentativas históricas de reformar o "socialismo real" sem destruir seus fundamentos. Os outros dois haviam sido: a desestalinização empreendida por Kruchev na década de 1950 e abruptamente cortada pela *nomenklatura*, e o "socialismo de rosto humano" da Primavera de Praga, esmagado em 1968 pelas tropas do Pacto de Varsóvia.

O que demonstram estas três experiências históricas, e particularmente a da *perestroika* e sua projeção nos países do Leste europeu, não é só a impossibilidade de que o "socialismo real" reforme a si mesmo, mas também de que, a partir de sua reforma ou derrubada, se torne impossível o avanço até uma verdadeira sociedade socialista. Descartada por ora na Rússia a perspectiva de um novo autoritarismo, o que encontramos em andamento, a curto e a médio prazo, é o horizonte sombrio de um capitalismo selvagem ou de novos fundamentalismos: étnicos, nacionalistas ou religiosos.

IX

O que resta, pois, à esquerda em nossos dias, particularmente a que já conhecia, fora dos países do Leste, as "bondades" do capitalismo e que agora conhece também as conseqüências tanto do fracasso de transcendê-lo com uma alternativa falsamente socialista, como a inoperância das tentativas social-democratas de reformá-lo a partir de dentro? Certamente, a queda do "socialismo real" tem conseqüências devastadoras, e em primeiro lugar para a esquerda que, durante longos anos, se solidarizou incondicionalmente com este experimento social, pelo qual — ao renunciar à sua crítica — se fez co-responsável por seus desacertos, ineficiências e injustiças. Mas a essas conseqüências não escapam tampouco os partidos ou correntes socialistas e social-democratas nunca associadas a ele ou que, como o trotskismo, se desligaram de Stalin desde que este usurpou o poder. Compreende-se, por isso, que a esquerda sofra hoje uma verdadeira crise de identidade e, em particular, a que por um caminho ou outro — reformista ou revolucionário — pretendia realizar um projeto socialista. Isto dá sentido à pergunta que impõe o ajuste de contas com o passado: o que significa hoje estar à esquerda?

O critério continua sendo certos valores universais — liberdade, igualdade, democracia, solidariedade, direitos humanos —, cuja negação, proclamação retórica ou estreitamento foram sempre próprios da prática política da direita. Mas esses valores têm de ser assumidos pela esquerda, em cada situação real, com um conteúdo concreto, efetivo. Justamente porque estes valores foram negados pelo sistema que se apresentava como socialista, a esquerda tem que se desvencilhar dele, na medida em que sua concepção do mundo, estratégia, modelo de sociedade e formas organizativas contribuem para justificá-lo e mantê-lo. Mas nem por isso a esquerda pode suavizar, e menos ainda renunciar, à crítica do capitalismo existente que, por sua própria natureza, como sistema de exploração e dominação, nega, esvazia ou restringe esses valores nas relações entre os indivíduos e os povos. Não se pode estar hoje à esquerda sem romper com tudo que significou o "socialismo real", nem tampouco se pode extrair de sua derrocada a falsa conclusão de que o capitalismo não só é invencível, mas civilizável como sistema de exploração e dominação. Assim, o fato de que o capitalismo tenha se oposto, com sucesso, ao repto que significava para ele a própria existência do "socialismo real"; de que tenha conseguido recompor seu sistema produtivo e de que, com sua ofensiva neoliberal, esteja liquidando a política de bem-estar social em seu próprio seio, embora obscureça a perspectiva do socialismo no futuro, não torna este menos necessário e desejável. A própria existência do sistema capitalista, com seu cortejo de misérias, desigualdades e injustiças, constitui a razão de ser, a necessidade de um socialismo no qual o homem seja realmente um fim — como postulava Kant — e não um simples meio, objeto ou mercadoria.

Estar à esquerda, hoje em dia, é optar por um modelo de desenvolvimento que responda aos interesses e necessidades da maioria da sociedade, e não só aos rígidos e egoístas de uma minoria, ou aos alheios — não menos rígidos e egoístas — das transnacionais. É ao mesmo tempo lutar por um desenvolvimento que não mine a base natural da vida humana e que, portanto, assuma as reivindicações ecológicas. É também enfrentar energicamente toda forma de discriminação de sexo, etnia ou raça. E, por conseguinte, é assumir as reivindicações da mulher mais além de sua igualdade formal com o homem, dandolhes um conteúdo concreto na vida econômica, política e social. E, por sua vez, é combater a menor manifestação do racismo, que desonra o indivíduo, grupo social ou poder que o tolera ou promove.

Estar à esquerda é opor-se às relações de desigualdade e dependência entre as nações e é, portanto, repudiar toda hegemonia mundial de uma potência ou um bloco de países. É assumir, do mesmo modo, as legítimas reivindicações do chamado Terceiro Mundo frente ao neocolonialismo ou à marginalização. Embora hoje pareça um tanto *demodé* ou de mau gosto falar de imperialismo em certos meios, este existe, com a particularidade de que na América Latina, por exemplo, a submissão da periferia ao centro imperial se tornou mais pronunciada. E para alguns países, mais arruinados economicamente, a perspectiva é a da "marginalidade", que acabará por situá-los não mais "fora da história" (Hegel), mas fora da própria vida.

Somente em um verdadeiro socialismo as reivindicações de liberdade, igualdade, justiça e democracia encontrariam o terreno apropriado para passar dos bons desejos à sua encarnação efetiva. Mas a esquerda não pode cruzar os braços à espera do "grande dia" em que advenham esses valores. Em cada instante e em cada polegada de terreno, ela há de se opor à negação ou ao estreitamento deles, pois esta será, em definitivo, a melhor via para chegar à sociedade mais justa, mais livre e mais igualitária que chamamos socialismo. Em suma, depois da queda e não obstante as condições desfavoráveis com ela criadas para o verdadeiro socialismo, há sinais suficientes para que a esquerda reconheça sua identidade. Mas esta esquerda que não está disposta a renunciar ao socialismo no futuro, por utópico ou remoto que nos pareça hoje, tem de fazer uma política nova: uma política que não confunda os fins e os meios, nem tampouco os separe radicalmente; uma política que não se deixe seduzir pelos resultados imediatos, nem jamais perca de vista os fins e valores que lhe dão sentido. Em suma, uma política impregnada de um profundo conteúdo moral. Mas de uma moral que, expressando-nos em termos de Weber, não se aferre aos princípios mesmo que o "mundo afunde", desligando-se dos meios, condições ou conseqüências de sua realização, nem tampouco que vise apenas às suas conseqüências ou resultados, sem reparar em seus fins ou princípios.

Tal é a lição política e moral que a esquerda, que não arria a bandeira socialista, poderia extrair da derrubada do "socialismo real".

1993

Mais além da queda

O título do livro, *Mais além da queda*, fixa claramente seu objetivo: a busca das perspectivas ou alternativas, se é que existem, depois da queda do chamado "socialismo real". Que a atenção se concentre neste tema é plenamente justificável, a meu modo de ver, por duas razões: a primeira, pelo significado histórico desse acontecimento que pode ser datado em 1989 (estamos, pois, a cinco anos de distância dele, o que, mesmo sendo apenas um suspiro no tempo histórico, nos permite vê-lo com maior nitidez). E, a meu ver, esse acontecimento, que considerado historicamente põe fim a um século — o XX — que se abriu precisamente em 1917 com o nascimento desse mundo social que, ao cabo de 72 anos, haveria de desmoronar. O século histórico se revela assim muito mais curto que o cronológico, embora muito mais pleno de grandes acontecimentos que outros: trata-se não só da Revolução de Outubro que gera a primeira grande alternativa ao capitalismo, como tentativa de construir uma sociedade socialista, que desemboca na construção do chamado "socialismo real"; é também o século da derrota da revolução alemã e da impotência revolucionária do proletariado ocidental; é igualmente o século da Segunda Guerra Mundial desencadeada pelo nazismo, mas também da "guerra fria" contra a União Soviética, do crescimento do capital transnacional, dos movimentos de libertação nacional dos países do Terceiro Mundo, da crise ecológica, da extensão da fenda de miséria e da exploração entre os países desenvolvidos e os chamados subdesenvolvidos ou dependentes e, finalmente, do fracasso dos movimentos armados na América Latina — com exceção de Cuba e Nicarágua — para alcançar o poder. Neste curto, intenso e dramático século, ocupa um lugar central a experiência histórica do "socialismo real", experiência cuja importância não só se deve à sua existência de ontem, mas à influência que continua exercendo com sua "queda". E esta é a segunda razão que justifica plenamente o interesse temático do livro ao tentar abrir caminho pela pedregosa estrada do ceticismo, das dúvidas e incertezas, mais além da queda, até um futuro incerto, embora desejável e necessário.

Naturalmente, isto exige a formulação de uma série de perguntas que, longe de esquivar-se a elas, o autor enfrenta diretamente. Delas destacarei apenas algumas, entre as interrogações que encontramos fartamente ao longo do livro. Estas perguntas, que me parecem inevitáveis, seriam as seguintes: primeiramente, as que têm a ver com a sociedade, o Estado e a ideologia que desmoronaram. Como surgiu essa sociedade? Qual era sua verdadeira natureza? Por que desmoronou e exatamente de que maneira isto aconteceu?

Estas são perguntas pertinentes porque põem em jogo a adesão ou o refúgio ao socialismo como projeto de emancipação não só necessário e desejável, como também viável e possível. Hoje é difícil aceitar o que, durante décadas, foi aceito dogmaticamente pela esquerda revolucionária: que se tratava de uma sociedade socialista, não obstante seus erros, deficiências ou limitações. Mas o problema não pode ser evitado tampouco a partir do reconhecimento do seu caráter não-socialista ao se afirmar à época que, se não era socialista, o socialismo verdadeiro continua vigente, sem qualquer contaminação. Não é esta, certamente, a posição do autor do livro, já que explora a alternativa possível depois de sua queda, partindo para isso do que foi o "socialismo real", sem ignorar suas origens históricas, nem as "dificuldades históricas" que determinaram o que foi na realidade.

Eu reforçaria o ponto dizendo que o reconhecimento da natureza não-socialista desse sistema não pode deixar de afetar o destino do socialismo. Refiro-me com isso não só aos que — de boa fé ou maldosamente — consideram liquidado esse destino — posição que no livro encontra a crítica e o repúdio necessários —, mas aos que — de boa fé — continuam postulando o ideal socialista à margem da experiência histórica do "socialismo real" e das lições que essa experiência transmite.

Certamente, não é este o caminho que se percorre no livro que apresentamos. Nele, parte-se do reconhecimento da "imensa esperança" que significou a Revolução de Outubro. Obviamente, essa esperança era a da realização de um "autêntico socialismo".[1] Isto significa que, não obstante o resultado alcançado nesse processo, não se pode negar que, em suas origens, significou uma tentativa de consumação do socialismo que se frustrou posteriormente: em lugar de tal socialismo, veio uma sociedade não-socialista, embora Vargas lhe reconheça certos traços — para mim duvidosos — socialistas. Mas sem entrar agora nesta questão, o autor enumera "uma série de dificuldades que impossibilitariam a realização do socialismo".[2] Umas internas: sociedade atrasada, falta de tradição democrática, a morte de Lenin e stalinismo. Outras externas: intervenção militar de 14 países, derrota da revolução socialista na Europa Central, surgimento dos regimes nazifascistas na Itália, Alemanha e Japão e invasão pela Alemanha.

Todas estas dificuldades históricas, a meu ver, devem ser levadas em conta em virtude de terem contribuído para acentuar os traços negativos da nova sociedade que chegam a ser aberrantes com o stalinismo, ao mesmo tempo em que acentuam também uma impossibilidade de origem. Com isso quero dizer que se a realização do socialismo se mostrou impossível, não foi só porque uma série de circunstâncias internas ou externas, subjetivas ou objetivas, surgidas no decorrer de sua construção, tornaram impossível o que, em sua origem, era possível, mas porque, na sua própria origem, nas circunstâncias em que surgiu, a realização do socialismo resultava uma impossibilidade. As circunstâncias, em parte assinaladas por Vargas, eram a de um país atrasado, sem tradição democrática, na qual a atividade política se concentrava em um setor privilegiado dela — ou seja, o Partido — e, portanto — como se diz hoje —, um país sem sociedade civil, que

[1] Gabriel Vargas Lozano, *Mais além da queda*. México, Siglo XXI/UAP, p. 85.
[2] *Idem*.

além do mais, sobretudo depois do fracasso da revolução da Europa Central, se encontrava isolado e enfrentara, portanto, a exigência de construir o socialismo em um só país.

Já com o poder conquistado, estas circunstâncias obrigavam a duas exigências que impossibilitavam a construção do socialismo, entendido como um sistema social que, por suas liberdades, justiça social e democracia supera o capitalismo ao liberar os trabalhadores de seu regime de exploração e dominação. Que exigências eram essas? Uma delas era a de um Estado forte, onipotente, que criasse as condições que, naquelas circunstâncias históricas, não ocorriam como as condições necessárias do socialismo em que Marx havia pensado. O Estado, unido com o Partido de vanguarda, tinha que ser — nessas circunstâncias — o agente ativo e exclusivo dessa construção.

Nesta relação de Estado e sociedade, na qual esta não contava, não se podia falar de uma participação social consciente, democrática, já que as grandes decisões estavam em mãos do destacamento de vanguarda que, de acordo com a concepção leninista do partido, encarnava a verdade e o sentido da história. A participação necessária da sociedade era obtida, portanto, contra a sua vontade e, em conseqüência, não pela via do consenso, mas da coerção que alcançaria extremos monstruosos com Stalin. Assim, sementes ocultas que divorciavam socialismo e democracia estavam já nos primeiros passos da revolução (recorde-se a dissolução da Assembléia Constituinte e a previsão crítica de Rosa Luxemburgo acerca das conseqüências futuras para a liberdade e a democracia).

Desta forma, o que ocorreu não foi somente produto de erros, desvios ou traições dos dirigentes ou de certas circunstâncias externas, mas também que estava inscrito na lógica do poder que se impôs à construção do socialismo e que resultou no poder de uma burocracia que, ao tentar servir a seus interesses de classe, acabou por sepultar seu próprio sistema: o "socialismo real".

Certamente, na "queda" do "socialismo real" não se pode ignorar o papel que desempenhou o capitalismo enquanto representava uma alternativa a ele. Na verdade, o capitalismo viu no novo sistema um inimigo que devia vencer e a "guerra fria" — o armamentismo que lhe impôs — significou um desafio ao qual, no terreno econômico e tecnológico, não pôde resistir. A reforma de Mikhail Gorbachev pode ser considerada como uma tentativa de salvar o sistema desta impotência que o condenava à "guerra fria" e, para isso, recorreu à "estratégia falida" da qual nos fala o livro.

Creio que Vargas Lozano acerta em sua crítica da estratégia da *perestroika* por causa de suas insuficiências no terreno econômico e político. Acerta igualmente em sua crítica da estratégia internacional que, embora tenha afastado o pesadelo da guerra nuclear — o que não era pouco — resultou em "deixar o campo livre para os Estados Unidos" — o que era muito. Assim, a alternativa que se revelasse correta — ou seja, a de dirigir os passos até um verdadeiro socialismo — resultava irreal, já que — dado o descrédito do socialismo que se havia vivido e que a população identificava com todo socialismo — não existia uma força social na qual ampará-lo. Esta é uma lição que deixa o "socialismo real": este não só acaba por minar as bases de sua própria existência, mas põe fim à possibilidade de um verdadeiro socialismo; ao menos, por um tempo, imprevisível.

Parte medular do livro está consagrada à situação do marxismo depois da "queda". Certamente, o problema não podia ser ocultado, posto que o marxismo não deixa de ser afetado por essa "queda". E o é por duas razões fundamentais. A primeira consiste em que a sociedade supostamente socialista foi uma tentativa de realização de um projeto de emancipação que já estava em Marx e que Lenin — o Lenin de *O Estado e a revolução* —, às vésperas de tomar o poder, assume plenamente. A segunda razão baseia-se em que a transformação desse projeto no modelo que se consumou como "socialismo real" supriu as condições históricas e sociais necessárias, que Marx assinalava, pela construção do socialismo a partir do poder mediante a estatização integral da sociedade e, com o apoio de certo marxismo, como ideologia que justificava e inspirava essa construção.

Semelhante marxismo, certamente, desmoronou com o sistema do qual fazia parte. Neste sentido, a derrocada afeta, categórica e definitivamente, certo marxismo, ideologizado ou institucionalizado.

Assim, o marxismo se vê afetado pela queda em um segundo sentido, análogo ao sucedido com o socialismo. Com efeito, assim como se produziu uma tendência a identificar o socialismo — ou todo ele — com o "socialismo real", ocorre uma tendência — com fins ideológicos muito claros — para identificar a versão ideologizada, a do "marxismo-leninismo" soviético, só com marxismo. Com isso, se passa por cima de toda a pluralidade de interpretações que, neste século e particularmente nos últimos decênios, longe de identificar-se com o marxismo soviético, não apenas não admitem tal identificação, como também se opuseram abertamente àquele. Neste ponto o livro de Vargas Lozano proporciona elementos suficientes para concluir que semelhante identificação carece de base e que existe "um conjunto de correntes teóricas que têm sua origem em Marx e Engels",[3] uma série de "concepções político-ideológicas"[4] que constituem ou constituiriam o marxismo. Desprezamos, contudo, a avaliação do peso de tais correntes nessa constituição, em particular a corrente que — partindo do jovem Marx e passando pelo Lukács de *História e consciência de classe* e Gramsci — chamamos de "filosofia da práxis".

Mas, admitida a existência desta pluralidade no marxismo, surge uma pergunta capital que — sobretudo depois da "queda" — exige imperiosamente uma resposta. É a pergunta acerca de se o marxismo continua sendo um pensamento vigente, ou em que sentido se produziu atualmente uma perda de sua vigência.

É preciso reconhecer que Vargas Lozano enfrenta essa questão a partir das primeiras páginas do livro, entendendo a vigência de Marx — e do marxismo que lhe dá prosseguimento e enriquece — em relação com "seu poder explicativo da sociedade capitalista",[5] a validade de suas proposições filosóficas e sua concepção política. A resposta

[3] *Ibid.*, p. 38.
[4] *Idem.*
[5] *Ibid.*, p. 24.

possível — segundo o autor — dependerá de que 1) sejam reconhecidos em Marx somente certas abordagens,[6] 2) seja considerada nele a existência de "um núcleo válido" compatível com as críticas de suas insuficiências ou 3) se chegue à conclusão de que, por ter-se esgotado, requeira outro paradigma.

Diante disso, a resposta imediata de Vargas Lozano é um tanto desconcertante, embora logo termine por dar uma resposta — a nosso ver — mais clara e correta. Mas, de início, diz que "as três óticas são possíveis", sempre que bem fundamentadas. A meu modo de ver, o marxismo só estará vigente se conservar o "núcleo vivo" que lhe dá validade e constitui sua razão de ser como teoria que interpreta o mundo que se tenta transformar.[7]

Vargas se detém, de acordo com o primeiro enfoque, em assinalar suas "abordagens mais desenvolvidas"[8] e, por outro lado, as "problemáticas abertas por Marx", porém não desenvolvidas,[9] assim como suas teses insuficientes. Por fim, enumera as teses que "nunca vigoraram", assim como suas "previsões utópicas" e equívocos.[10]

Creio que podemos atestar estas colocações no que toca ao que, já faz muito tempo — desde Croce —, denominou-se "o vivo e o morto" no pensamento de Marx. Mas, depois disso, a pergunta continua no ar, pois não se trata simplesmente de responder a ela colocando as teses em pratos de balança diferentes.

A meu modo de ver, trata-se, segundo o enfoque possível, de destacar o "núcleo vivo" — se é que está vivo — do marxismo. Não se trata, pois, de considerar a vigência do marxismo em umas teses e a perda da vigência em outras,[11] mas de ver se seu "núcleo vivo" mantém a validade. A questão requer então distinguir este núcleo vital, ou

[6] *Ibid.*, p. 26.
[7] *Tese XI* sobre Feuerbach.
[8] G. Vargas Lozano, *op. cit.*, p. 29.
[9] *Ibid.*, p. 30.
[10] *Ibid.*, p. 34.
[11] *Ibid.*, p. 141.

os aspectos fundamentais que o integram e sem os quais — em sua unidade — não se poderia falar de marxismo, entendido como uma teoria que não só interpreta o mundo, mas que aspira contribuir para transformá-lo, pois a prioridade aqui é de transformar o mundo social, capitalista.

Creio que Vargas, sem colocar isto explicitamente, se aproxima deste "núcleo vital", que não se reduz às duas teses entre outras que ele assinala: a "crítica radical das conseqüências negativas do capitalismo"[12] e a proposta de "realização de uma sociedade diferente que supere as contradições da anterior".[13] Estes dois aspectos continuam vigorando, não obstante as exigências de mudanças ou inovações que, na teoria ou na prática, formulam sua "tentativa de realização prática". A estes dois aspectos essenciais que Vargas admite — a saber: o marxismo como crítica e o marxismo como proposta ou projeto de emancipação —, é preciso acrescentar o marxismo como conhecimento da realidade a transformar, indispensável para esta transformação, e o marxismo que, como projeto, crítica e conhecimento, tem a vocação prática de transformar-se em realidade.

Certamente, não se trata apenas da validade ou perda de vigência desta ou daquela tese, mas da de seu núcleo vital, vigência que tem de ser revalidada constantemente, o que obriga a reafirmar, enriquecer ou abandonar determinadas teses. O projeto de emancipação pode e deve ser ampliado a novos sujeitos sociais da emancipação; a crítica há de estender-se a aspectos do capitalismo que Marx não pôde conhecer; o conhecimento há de ajustar-se às mudanças de seu objeto: a realidade e a prática — particularmente a prática política —; há de levar em conta não só as exigências da nova realidade, mas também os ensinamentos de um passado em que foi bloqueado o caminho do socialismo.

Nós nos detivemos em duas questões fundamentais abordadas pelo livro e que, em definitivo, poderiam ser formuladas como as das verdadeiras relações entre socialismo e "socialismo real", assim como

[12] *Idem.*

[13] *Idem.*

entre marxismo e o marxismo ideologizado que constituiu a estrutura ideológica desse pseudo-socialismo. Não se esgotam com elas as questões importantes que o autor aborda, entre elas a das relações entre marxismo e filosofia ao final do século XX, o marxismo ocidental visto a partir da América Latina e o marxismo na América Latina, e sobretudo a questão aventurada e tão vital do socialismo depois da "queda". O exame de todas elas, junto com as anteriores, deixam patente no livro um tratamento firme, pela informação em que se baseiam, e pelo rigor e audácia que o impulsionam na manipulação desses temas. O resultado de tudo isto é uma contribuição valiosa ao que se converteu em uma tarefa imperiosa depois da "queda": reivindicar o socialismo, embora hoje não esteja na ordem do dia como uma alternativa social necessária, desejável e possível ao sistema capitalista, de um sistema que hoje, mais do que nunca, permanece fiel à sua lógica implacável de mercantilização de todo o existente, de desumanização da existência humana e de destruição da base natural desta existência.

Felicitemo-nos, pois, pela aparição de um livro que, frente ao confusionismo deliberado e ao oportunismo dos dogmáticos de ontem, e ante os desiludidos de boa ou má fé, mantém erguida não a aspiração messiânica, mas a esperança fundamentada, que pode cumprir-se mas que não é inevitável, em uma nova sociedade — livre da exploração e da dominação —, cujos valores — de liberdade, igualdade, dignidade, justiça — merecem e reclamam nosso esforço para ser realizados.

1995

TERCEIRA PARTE Utopia

A utopia de Dom Quixote

I

Embora toda criação literária finque suas raízes no solo nutriz da sociedade do seu tempo, mostra sempre a capacidade de dialogar com os leitores de outras sociedades e outros tempos. Por isso, pode responder às suas perguntas em um interrogatório inesgotável. Mas as perguntas, para que possam ser contestadas, precisam estar dirigidas à própria obra; quer dizer, a um objeto que, uma vez produzido, adquire uma vida própria e, por isso, sobrevive — e se torna independente — a seu autor. Em nosso caso, a obra que agora nos propomos interrogar é *Dom Quixote de la Mancha,* e nossa pergunta se dirige não ao que seu autor, Miguel de Cervantes, se propôs colocar nela, mas sim ao que encontramos — como leitores — na obra. Distinguimos, portanto, entre as idéias encarnadas, formadas na obra, e as idéias que o autor pretendeu encarnar ou formar. Ou também: entre suas intenções e propósitos — se é que temos acesso a eles — e seus resultados. A história da literatura nos oferece exemplos ilustrativos de obras cujas idéias se encarnam nelas "apesar de" ou "contra" as intenções ou propósitos de seu autor. Basta citar, neste ponto, os casos exemplares de Balzac, Tolstoi e, entre nós, José Revueltas. E isso inclusive apesar de o autor manifestar abertamente suas intenções, como faz Cervantes ao declarar no parágrafo final de *Dom Quixote* que "não foi outro meu desejo senão aborrecer os homens com as fingidas e disparatadas histórias dos livros de cavalaria (...)". Assim, é a própria obra, e não o propósito declarado de seu autor, que vai nos dizer se toda a riqueza e universalidade de *Dom Quixote* se insere no núcleo da paródia de um gênero literário que já havia caducado no seu tempo.

II

Se é à obra que cabe responder, é preciso destacar o número esmagador de perguntas que se fez acerca da obra de Cervantes e de respostas nela encontradas. Concentremos nossa atenção, dentro deste oceano variado e inesgotável, em duas delas. Uma é a de Heine, o poeta romântico amigo de Marx, o qual pergunta pelo significado da loucura de Dom Quixote. E o encontra em "querer introduzir demasiado rápido o futuro no presente". É, na verdade, a pergunta do romântico que se sente desgostoso na sociedade prosaica do seu tempo e ao qual preocupa — tal como ao seu amigo, o revolucionário Marx — o futuro que há de substituir o presente. Em nosso segundo exemplo, é Unamuno — este angustiado basco a quem a Espanha tanto deve — quem pergunta. Pergunta exatamente por ele ser da Espanha e o encontra no quixotismo como fome de imortalidade.

As perguntas de Heine e Unamuno fazem parte da interminável lista delas que, a partir de diferentes alturas dos tempos, em diversas sociedades e a partir de perspectivas ideológicas distintas, foram feitas a respeito da famosa obra de Cervantes. Assim, estas perguntas, para que possam ser contestadas, não devem ser arbitrárias ou simples projeção do sujeito que as faz. Tem que ocorrer na própria obra, em sua organização interna, a possibilidade de resposta. De outro modo, a pergunta ficará no ar.

III

E nossa pergunta é a seguinte: podemos ler a novela de Cervantes como uma utopia? A pergunta faz sentido, a nosso ver, porque Dom Quixote é, ao longo dela, um homem de ação. Pois bem, se é assim, cabe perguntar: o que é que o faz se aventurar à ação? Que valores ou idéias o impelem? E como age? E nossa resposta, que haverá de ser discutida a partir de agora é: o que leva Dom Quixote à ação é uma utopia, e seu comportamento prático, seu modo de realizá-la, é utópico. Mas não nos apressemos.

Dizíamos anteriormente que se a pergunta visa antes de tudo o sujeito ou leitor que a faz, a resposta tem de estar enraizada na obra; quer dizer, nela tem de haver a possibilidade de resposta para que a pergunta não fique no ar. Assim, esta possibilidade ocorre, em primeiro lugar, porque na obra cervantiana encontramos um discurso utópico direto: a alocução de Dom Quixote aos pastores de cabras sobre a Idade de Ouro (capítulo XI da primeira parte); e, em segundo lugar, porque todo o conjunto de ações ou aventuras do engenhoso fidalgo pode ser visto como a tentativa fracassada de realizar o conteúdo utópico desse discurso.

Assim, pois, a pergunta faz sentido a partir do ângulo da obra. Portanto, a partir do lado do leitor trata-se da pergunta que brota de um presente, o nosso, no qual o pragmatismo, o eficientismo e o consumismo impostos pela lógica da acumulação capitalista e o fracasso histórico dos grandes projetos de transformação social colocam em xeque a necessidade e a vitalidade das utopias. Não é por acaso que os bacharéis e padres de nosso tempo, em seu empenho de reconciliar a idéia com a realidade, gritem: estamos fartos de sonhos! Chega de utopias!

Preocupados pelo destino da utopia em tempos de desencantos, como os nossos, em que se procura sepultá-la, queremos hoje tomar o pulso da obra de Cervantes e ver se bate de um modo utópico. E se assim é, se existe uma utopia em *Dom Quixote*, que tipo de utopia é e o que traz sua leitura aos que estão preocupados pelo seu destino em nosso tempo. Coloquemos, pois, a prova apontada para o promontório utópico cervantiano.

IV

Ao falar do discurso e comportamento de Dom Quixote, estamos supondo um conceito de utopia que nos permite classificar esse discurso e esse comportamento como utópicos. Que conceito é esse? Certamente o que vemos aplicado — não obstante suas convergências e divergências — em um conjunto de obras a que pertencem as utopias mais conhecidas: as de Platão, na Antiguidade grega; Thomas More, Campanella e Bacon, no Renascimento; ou as de Fourier, Owen e Cabet, no século XIX. A esta linha utopista dever-se-ia contrapor, para fixar melhor seu contorno, um pensamento antiutópico como o de Aristóteles e Maquiavel, ajustado ao modo de viver de sua época, ou como o de Orwell de *1984*, que prolonga e estende ao futuro os traços mais negativos do presente. Com base nas expressões mais conhecidas da mentalidade utópica, tanto em uma caracterização nossa, anterior (em *Do socialismo científico ao socialismo utópico*), da utopia, como nas reflexões sobre ela de tratadistas contemporâneos (Mannheim, Ricoeur), podemos distingui-la pelos seguintes traços:

1) A utopia remete imaginativamente a uma sociedade futura, inexistente até agora. No presente não há lugar para ela: "utopia" significa literalmente, segundo a tradução de Quevedo, "não existe tal lugar".
2) A utopia não é, mas deve ser. Em contraste com a contra-utopia (a de Orwell, por exemplo), é assumida por seus autores e proposta a seus leitores como valiosa e, portanto, desejável.
3) A utopia é valiosa e desejável justamente por seu contraste com o real, cujo valor repele e, por conseguinte, considera detestável. Toda utopia traz no seu bojo, em conseqüência, uma crítica do existente. E somente por se achar relacionada com uma realidade que é criticada por ser detestável, é que se faz necessária.
4) A utopia não só marca — com seu repúdio e crítica — um distanciamento do existente, como também uma alternativa imaginária para seus males e carências.
5) A utopia não só antecipa imaginariamente essa alternativa, como também expressa o desejo, aspiração ou vontade de realizá-la. O que significa por sua vez que essa sociedade que se deseja ou aspira realizar é considerada possível.

6) Ao se tentar realizar a utopia, aparece a impotência ou impossibilidade de realizá-la. Mas esta impotência — absoluta em certas utopias — é relativa e condicionada em outras. O fracasso de hoje pode ser o êxito de amanhã. O sonho e a ilusão presentes podem ser uma realidade no futuro. Mas ressaltemos: *podem ser...*

Vemos pois que a *utopia* — seja em termos absolutos ou relativos — é da ordem do irrealizável, enquanto que a *topia* (o que acontece) é da ordem do realizado ou realizável na ordem existente.

A utopia se faz necessária quando não se aceita o que é e, portanto, se faz necessário transcendê-lo. Ao questionar o real (a sociedade, o poder, seus valores e instituições) e abrir um espaço ideal, irreal ou futuro, a utopia é subversiva. Subverte o real e abre uma janela para o possível. Há, pois, uma incongruência entre utopia e topia, entre o possível e o real, que se tenta superar transcendendo o real, transformando-o, para que o possível encontre seu lugar na realidade. O que significa que uma utopia concreta, determinada, deixe de ser tal para dar passagem a uma nova utopia. Portanto, a utopia que se mantém como tal, quer dizer, distanciada do real, é indicativa de que a tentativa de realizá-la redunda em fracasso. Mas o fracasso de uma utopia concreta não anula toda utopia, embora seja exigido situá-la em novas condições, esperar novos tempos ou recorrer a novos meios para realizá-la.

Em suma, não existe "fim da utopia", como não existe "fim da história", já que esta é inconcebível sem um horizonte utópico, enquanto seja necessária e desejável uma alternativa para a sociedade existente. Seu fracasso torna patente a precariedade, inadequação ou inoportunidade das tentativas de realizá-la, mas não da necessidade e desejabilidade de sua realização. Só quem se adapta ao existente como um limite insalvável, e se sente satisfeito dentro de seus limites, pode renunciar aos sonhos, aspirações ou projetos de submeter e transformar — ainda que na imaginação — o real; ou seja, à utopia. Mas voltemos a *Dom Quixote*.

V

A sociedade utópica parece desenhada com toda nitidez no discurso de Dom Quixote aos pastores de cabras (capítulo XI da primeira parte). A sociedade com que ele sonha não existe no presente, mas existiu nos tempos que Cervantes chama de a Idade de Ouro, ecoando um tema já abordado pelos grandes escritores da Antiguidade clássica: Virgílio, Ovídio, Hesíodo e Sêneca. Idade feliz, aquela,

> [...] porque então os que viviam nela ignoravam estas duas palavras: *teu* e *meu*. Todas as coisas eram comuns naquela santa idade; para garantir seu sustento cotidiano ninguém precisava ter outro trabalho senão erguer a mão e alcançar as robustas árvores que liberalmente os convidavam a colher seus doces e suculentos frutos.

Nesta passagem convém sublinhar o que o próprio Cervantes põe em grifo: *teu* e *meu*. A felicidade dos homens desses tempos dourados fica vinculada à ignorância dessas duas palavras; quer dizer, à inexistência da propriedade privada e, portanto, como traço essencial dessa sociedade utópica, a comunidade de bens. Com essas duas palavras, "teu" e "meu", Cervantes prefigura o que dirá mais tarde Rousseau — como percebe Américo Castro — em seu *Discurso sobre a desigualdade entre os homens*. Certamente, seria exagero ver nesta passagem enaltecimento disfarçado do comunismo primitivo, ou fazer de Cervantes um Rousseau *avant la lettre*, mas é indubitável que na utopia de Dom Quixote está a idéia de uma sociedade futura, na qual o princípio sacrossanto da propriedade privada cede passagem — como nas utopias de Platão ou de Thomas More — às "coisas comuns". Trata-se assim mesmo de uma sociedade que Dom Quixote situa no passado em seu discurso, uma sociedade da qual se destaca não tanto sua existência histórica, que certamente não se afirma, como sua condição de modelo ou utopia que *deve* realizar-se no presente. Uma sociedade na qual

> Tudo então era paz, amizade, concórdia (...) Não havia a fraude, o logro nem a malícia misturando-se com a verdade e a lisura. A justiça se fazia em seus próprios termos, sem que a ousassem perturbar nem ofender aqueles do favor e do interesse, que agora tanto a menosprezam, perturbam e perseguem. A lei do conchavo ainda não se havia assentado no parecer do juiz, porque então não havia o que julgar nem quem fosse julgado. As donzelas e a honestidade andavam, como tenho dito, por toda parte, sozinhas e serenas, sem temor de que a desenvoltura alheia e tentativa lasciva as desdenhassem, e sua perdição nascia pelo seu próprio gosto e vontade.

Em suma, uma sociedade que tem por base econômica e social a inexistência da propriedade privada e a comunidade de bens, e na qual imperam as relações de paz, amizade e concórdia entre os homens, assim como a verdade e a lisura, a honestidade e a justiça. Mas estes princípios não são exclusivos da sociedade sonhada e desejada, pois também hão de encarnar-se na sociedade presente, tão distante deles. A Idade de Ouro com que sonha Dom Quixote, como toda sociedade utópica, deve existir justamente porque seus princípios e valores não existem ou se acham degradados no presente. O que existe é a "Idade de Ouro" que, como toda utopia, traz dentro de si uma crítica do existente: a Idade de Ferro. É esta — como faz ver Dom Quixote aos atônitos pastores de cabras — uma Idade detestável na qual imperam a fraude, o logro e a malícia; na qual não existem a paz, a amizade nem a concórdia; na qual o favor e o interesse turbam e ofendem a justiça; na qual no parecer do juiz se assenta a "lei do conchavo" e na qual a honestidade não pode andar sozinha sem temor de ver-se menosprezada por intenções lascivas. É igualmente a época em que a propriedade privada existe e não se ignoram as palavras *teu* e *meu*.

Todas as aventuras de Dom Quixote envolvem uma crítica dessa Idade detestável, crítica que — ao mesmo tempo — aponta diretamente para a sociedade espanhola de seu tempo ao fustigar a corrupção de sua justiça, ao fazer frente às injustiças de todo gênero por mais alta que seja sua procedência e ao denunciar os vícios de suas instituições (como a Igreja) e da classe dominante (a nobreza). Uma crítica, igualmente, de inspiração humanista renascentista e cristã erasmista, para a qual o valor do homem se assenta naquilo que faz ("um homem não é mais que outro", diz Dom Quixote, "se não faz mais que outro") e a virtude — ao contrário do sangue — vale porque se sustenta em si mesma ("a virtude vale por si só o que o sangue não vale"). Portanto, a crítica do realmente existente conduz à utopia, ao que deve ser, enquanto os princípios e valores utópicos permitem medir e desclassificar o que é: a detestável Idade de Ferro.

VI

Em *Dom Quixote* não só encontramos a crítica do existente, mas também a utopia que nasce dela com seus princípios e valores (o Bem, a Justiça, a Honestidade, a Concórdia, a Paz). Não existe — como já assinalamos — uma muralha que separe a realidade e a utopia; uma conduz à outra. A percepção do que é, leva à visão do que deve ser, e no que deve ser está a razão de que se critique o que é. Mas não existe apenas essa relação mútua entre *topia* (o que é) e *utopia* (o que deve ser). Dom Quixote não é só o visionário de um mundo ideal: a "Idade de Ouro". Sua utopia não é tampouco pura e simplesmente a visão prazerosa de um passado feliz. É a visão de um mundo ideal que deve ser realizada, ou de um passado que deve ser restaurado. O ideal, a Idade Dourada, deve ser introduzido aqui e agora. Não se trata de rememorar o passado, mas de trazê-lo ao presente, revivendo-o na realidade, ou seja, nos tempos detestáveis da "Idade de Ferro". Mas isto não é só assunto teórico (em seu sentido original = visão), mas em seu sentido prático, de aventura ou ação. Para Dom Quixote, a tarefa vital à qual se entrega não é a de pensar na sociedade futura, a de assumir no plano ideal seus princípios ou valores. Dom Quixote não é homem que se deixe arrastar pelas dúvidas: nem duvida de si mesmo ("Sei quem sou", diz com orgulho), nem duvida de princípios e valores que para ele estão perfeitamente claros. Dom Quixote não filosofa, reflete ou especula acerca do que deve ser; não é problema seu. A questão para ele está em fazer entrar os princípios e valores que assumiu firmemente sem desfalecimento, no que é, na realidade. Trata-se para ele de estabelecer efetivamente, aqui e agora, na Terra, o Bem, a Justiça, a Liberdade, em um mundo no qual imperam realmente o mal, a injustiça e a coerção. Dom Quixote é, pois, e antes de tudo, um homem de ação que se move em um mundo real, pela utopia que assumiu. Um homem de ação que não retrocede ante nenhum obstáculo ou risco. O que diz Dom Quixote acerca da liberdade e da honra ("Pela liberdade, assim como pela honra, se pode e se deve arriscar a vida") pode ser estendido a todos os valores que tornou seus e que vê negados ou escarnecidos no presente. E se arrisca tudo, inclusive a vida, é porque para ele sua utopia não é apenas idéia ou sonho, mas também aventura e ação. E o que Cervantes narra é exatamente o comportamento prático com que o engenhoso fidalgo pretende realizar a utopia. Trata-se de converter em realidade o que para ele é um claro sonho ou um firme ideal. Por isso, diz que não se trata de "pedir ao céu" — como fazem os religiosos — "com toda paz e sossego (...) o bem da Terra", mas de pôr "em execução o que eles pedem", defendendo-o "com o valor de nossos braços e o fio de nossas espadas".

Em suma, não se trata apenas de criticar o que é, ou de sonhar com o que deve ser, mas de agir para transformar o real e realizar a utopia. E justamente as aventuras de Dom Quixote são as tentativas de realizá-la, tentativas que, não obstante sua boa vontade, não conseguem cumprir seu objetivo fundamental, proclamado em cada aventura: realizar o Bem na Terra. Certamente, cada aventura quixotesca redunda em fracasso. Os que hão de receber a generosa e desinteressada ajuda de Dom Quixote, e com ela reparar um logro, uma fraude ou uma injustiça, acabam não a recebendo, ou inclusive, como no caso do pastor Andrés, o generoso empenho de Dom Quixote provoca um dano tão grande que ele acaba por repeli-lo. O quixotismo, como exemplo paradigmático de utopismo, parece estar condenado à impossibilidade de ganhar terreno. E os fracassos sucessivos de Dom Quixote parecem selar o destino de todo comportamento utópico.

VII

Cabe, contudo, perguntar: por que Dom Quixote fracassa uma vez após outra? Por que seu empenho utópico de realizar o Bem na Terra mostra com cada aventura uma face adversa? Por acaso o fracasso está inscrito na própria natureza da utopia? Esta última pergunta poderia ser respondida afirmativamente, caso se tratasse de uma utopia absoluta, ou de elementos dela que têm semelhante caráter absoluto; por exemplo, o de que no discurso que dirige aos pastores de cabras representa a idéia de que um mundo sem trabalho, no qual a terra oferece generosamente, sem necessidade alguma dele, os frutos para o sustento. Assim, a utopia é possível caso se entenda como realização do Bem, da Justiça ou da Concórdia negados na atual sociedade. E é possível porque o Bem não está condenado a ser substituído fatalmente pelo Mal, nem a Justiça pela injustiça, ou a Verdade pelo logro ou pela fraude. Somente assim, quer dizer, com uma concepção fatalista da história, toda ação guiada por esses valores seria inútil, e toda utopia estaria condenada a ser irrealizável em um sentido absoluto.

O fracasso da utopia de Dom Quixote não se inscreve forçosa e inevitavelmente em sua natureza como exemplo esforçado e generoso para realizar na Terra os valores que com ela persegue. O fracasso tem de ser buscado nas condições em que age Dom Quixote, no modo de executar, aqui na Terra, o que outros se contentam em pedir ao céu, ou esperar dele; finalmente, é preciso buscar a raiz desses fracassos, em obstáculos ou limites que levam Dom Quixote a não realizar sua utopia ao fracassar nas aventuras ou tentativas de introduzir seus valores na realidade. E entre essas condições, esses obstáculos ou limites figuram:

1) A inversão em sua visão do real; o ideal, imaginado ou sonhado é tomado pela realidade (a estalagem por castelo, os moinhos de vento por gigantes etc.). Quando o real se inverte ou idealiza, a utopia que há de realizar-se desemboca forçosamente em um fracasso.

2) A desproporção entre as ambiciosas e nobres tarefas que Dom Quixote se propõe cumprir e as minguadas e declinantes forças físicas de que dispõe o velho fidalgo caquético para levá-las a cabo, faz fracassar cada aventura.
3) A inadequação de fins e meios impede que os primeiros se possam cumprir. Dom Quixote fracassa, uma e outra vez, ao tentar alcançá-los e impor sua vontade montado em um esquálido corcel e armado com uma lança obsoleta.
4) A hostilidade de uma sociedade hierárquica, absolutista, que em plena Contra-reforma fecha todos os caminhos aos ideais humanistas encarnados por Dom Quixote. Nessas condições, o poder, suas instituições e a ideologia dominante tornam impossível a realização de sua utopia.
5) A insuficiência do nobre e generoso esforço individual de Dom Quixote, guiado pelos ditames de sua consciência e carente da solidariedade e da ajuda coletiva necessárias, tornam este esforço condenado ao fracasso. A realização do bem na Terra, dados seu caráter social e os esforços coletivos que exige, não pode reduzir-se a uma empreitada pessoal, por mais nobre e abnegada que seja.

VIII

O fracasso de Dom Quixote, a impossibilidade de cumprir o fim que persegue (realizar o Bem na Terra), vem a abonar a tese do "final da utopia"? Certamente, as aventuras do imaginativo fidalgo mostram que sua utopia não pode consumar-se. Mas esta impossibilidade não se acha determinada pelas nobres metas que pretende alcançar: defender os fracos, socorrer os necessitados, castigar os malvados; em suma, praticar o bem e reparar injustiças. E, na verdade, essas metas não podem ser cumpridas quando — como já vimos — as estalagens são confundidas com castelos, se esteja velho e cheio de achaques, só se disponha de um pangaré esquálido e uma arma obsoleta, se atue numa sociedade fechada e hierárquica e, por último, quando se empreende sozinho uma empreitada tão nobre e abnegada. Empenhar-se em realizar o Bem, a justiça, com semelhante visão das coisas, nessas condições e com esses meios, é certamente uma loucura. E por isso só um louco como Dom Quixote pode se lançar nessa empreitada, para nela fracassar.

Assim, isto significa que é preciso renunciar à realização de toda utopia, deixar de lado objetivos e valores, aceitar o mundo como é, acomodar-se às suas exigências e, em nome de um realismo de caminho estreito, gritar: "Basta de sonhos!", "Já chega de ideais!" Ou, o que é a mesma coisa: "Já basta de utopias!"

O capítulo final da obra de Cervantes — intitulado "De como Dom Quixote adoeceu, do testamento que fez e sua morte" — nos permite encontrar uma resposta à pergunta formulada do "final da utopia". Ao longo de toda a novela, de uma aventura a outra, o nobre e generoso fidalgo, o reparador de injúrias e punidor de agravos, fala e atua como um louco; o juízo se encarna, ao que parece, no sensato mas ao mesmo tempo egoísta e vulgar Sancho. Do discernimento do escudeiro saem constantemente os corretivos terrenos aos exaltados sonhos de seu amo. Mas, como já se podia prever uma vez que Sancho governa a ilha, quando Dom Quixote desce do céu à Terra, Sancho se eleva a partir da tosca e prosaica realidade existente até o nível dos sonhos e ideais de seu amo. A transformação de Dom Quixote em Alonso Quijano, ou seja, do louco ajuizado, que tem lugar ao aproximar-se o fim de seus dias, vem a significar que Dom Quixote põe os pés na terra e que, ao ajustar seus sonhos à realidade, se sanchifica e renuncia à utopia que só lhe deixou fracassos. E, contudo, a utopia não morre com Dom Quixote, já que Sancho se encarrega do seu legado utópico, ao dizer a seu amo, já cercado pela morte e recuperado o seu juízo: "Levante-se dessa cama e vamos."

Com isto, Cervantes está afirmando que o fracasso de Dom Quixote no empenho de realizar sua utopia não significa o final dela. A utopia continua sendo uma tarefa a ser realizada pelas mãos de Sancho. A racionalidade dos fins e dos valores não pode ficar absorvida pela razão instrumental da pura eficiência. O que deve ser não pode ficar absorvido pelo que é. A *topia* não pode impor seu domínio até o ponto de a *utopia* ser tragada.

As utopias não estão forçadas a fracassar inevitavelmente, como fracassam as aventuras utópicas de Dom Quixote pelas razões apontadas. Na verdade obrigam — como obriga a utopia de Dom Quixote — a levar em conta os obstáculos e limites que se interpõem em sua realização.

Em conclusão, não se pode viver sem metas, sonhos, ilusões ou ideais; ou seja, sem tentar extrapolar ou transcender o realmente existente. Não se pode viver, portanto, sem utopias. Dom Quixote não pôde viver sem elas, nem tampouco Sancho — como demonstra o final da obra genial de Cervantes. Tal é a lição viva, atual, que podemos extrair da obra de Cervantes ao lê-la, nos tempos desencantados de hoje, como uma utopia.

1990

Bibliografia

Castro, Américo, *El pensamiento de Cervantes*. Barcelona-Madri, Editorial Noguer, 1972.

Ímaz, Eugenio, *Topía y utopía*. México, FCE, 1946 (Col. Tezontle).

Mannheim, Karl, *Ideología y utopía*. Madri, Aguilar, 1958.

Osterc, Lúdovik, *El pensamiento social y político del Quijote*. México, UNAM, 1963.

Ricoeur, Paul, *Ideología y utopía*. Barcelona, Gedisa, 1989.

Rodríguez, Antonio, *El Quijote, mensaje oportuno*. México, FCE, 1985 (Biblioteca Joven).

Sánchez Vázquez, Adolfo, *Del socialismo científico al socialismo utópico*. México, Era, 1975.

Unamuno, Miguel de, *Vida de Don Quijote y Sancho*. México, Espasa-Calpe Mexicana, 1985 (Col. Austral).

De que socialismo falamos na utopia socialista?

I

O que entendemos hoje por socialismo? A pergunta é feita a partir do nosso presente, embora o que nos ocupe e preocupe agora seja o socialismo do futuro ou o futuro do socialismo. Mas cabe perguntar por sua vez: por que não o socialismo para hoje? Resposta no ato: porque o socialismo como objetivo visível e viável não está na ordem do dia. Não o está para os movimentos, forças ou partidos que inscreveram esse objetivo em seus programas ou bandeiras. Afirmar isto é simplesmente registrar um fato. Como o é também o contraste de sua ausência atual com sua presença estratégica no longo passado, que, partindo de meados do século anterior, se estenderia às décadas de 60 e 70 do nosso século. Uma vez que nesse passado se privilegiasse uma das duas vias tradicionais — as chamadas reformista ou revolucionária, social-democrata ou leninista —, o socialismo se apresentou, durante século e meio, como um objetivo estratégico, munido de senhas de identidade.

Hoje, contudo, não é esse o objetivo. Não o é nos países capitalistas desenvolvidos, inclusive quando se busca, com este ou aquele matiz, um Estado mais solidário, mais democrático, ou uma sociedade mais justa ou igualitária. O socialismo é deixado para amanhã. Tampouco é esse o objetivo nos países do chamado Terceiro Mundo, cuja preocupação principal está em suas relações desiguais com o Norte. E, dentro dele, no que toca à América Latina, o objetivo prioritário atual para a esquerda é, do mesmo modo: *a*) defender a democracia ante as tentações ou tentativas autoritárias; *b*) ampliá-la ou aprofundá-la nos países nos quais foi arrebatada — ou concedida pelas ditaduras militares; ou *c*) sanear, depurar constitucionalmente a democracia política sancionada formal, bem ali onde é pervertida pela fraude e a corrupção. Na verdade, se deixarmos de lado as forças messiânicas que ainda restam e que, pela via armada, pretendem chegar ao socialismo, é a democracia — com diferente conteúdo a cada passo — e não o socialismo, o que está na ordem do dia. E o esteve inclusive para a Revolução Sandinista na Nicarágua, que se considerava legitimamente não só uma revolução popular e antiimperialista, mas também democrática, e que, por sua fidelidade à democracia, não hesitou em deixar o poder.

Tampouco o é nas sociedades européias do Leste, onde o objetivo socialista ou a utopia de "outro socialismo" se tornaram migalhas ao mergulharem no "socialismo real". E na própria União Soviética, o desmantelamento do "socialismo real" e as reformas econômicas e políticas empreendidas sob o signo da *perestroika* dificilmente poderiam nos permitir afirmar hoje que a proa da nave soviética aponta para um verdadeiro socialismo.

Assim, pois, o socialismo não está à vista no horizonte estratégico das forças políticas e sociais que nele se inscreveram no passado, ou que ainda o inscrevem hoje nas suas bandeiras. Não é considerado coisa do presente, mas sim do futuro. Em conseqüência, a substituição do capitalismo pelo socialismo não é planejada para hoje.

II

Assim, se o socialismo não está no horizonte estratégico atual, isto significa que já não é a alternativa que durante longos anos foi considerada necessária e desejável para o capitalismo? Por acaso este resolveu os problemas estruturais, de fundo, que levaram o marxismo clássico a postulá-la, e a fazer dela a meta da estratégia a que deu lugar: reformista ou revolucionária? Ou talvez o capitalismo contemporâneo ofereça soluções às suas velhas doenças ou contradições fundamentais? Mas seus males nada mais fizeram senão agravar-se e suas contradições se tornaram cada vez mais agudas. Basta recordar que:

1) O desenvolvimento das forças produtivas, conforme a lógica da acumulação capitalista, se tornou cada vez mais destrutivo, até o extremo de minar a base natural da existência humana e de ameaçar — durante quatro décadas —, com um holocausto nuclear, a própria sobrevivência da humanidade.
2) O progresso tecnológico, com a extensão da automação e da robotização, e o incremento inaudito da produtividade, leva ao afastamento cada vez maior das massas trabalhadoras da atividade produtiva. Já não se trata apenas dos parados que, aos olhos de Marx, constituíam o exército industrial de reserva, mas da falta de trabalho estrutural ou da reserva maciça de trabalhadores condenada a jamais entrar em ação (reserva que inclui milhares e milhares de jovens que nunca terão um emprego e um exército de marginalizados que sempre estará fora do processo produtivo). Existem aqueles que abrigam a ilusão de que, sob o capitalismo, se possa destinar uma renda básica a toda a população. Mas o Estado de Bem-estar mais pródigo, para não falar do Estado assistencial em crise do presente, poderia arcar com o sustento da imensa população condenada ao desemprego estrutural? E, ainda assim, poderia assegurar — como formula incisivamente Adam Schaff — as condições para que a inatividade, o ócio, permitissem uma nova forma de atividade, propriamente humana, criadora, quer dizer, para que a alienação da atividade produtiva não se convertesse em uma nova e terrível forma de alienação?[1]
3) Mas (sem chegar a ir tão longe) a alienação no trabalho que o

[1] Adam Schaff, *Perspectivas do socialismo moderno*. Madri-Barcelona, Sistema/Crítica, 1988, pp. 71-96.

jovem Marx apontou e fustigou em seus *Manuscritos de 1844*[2] não fez mais que se estender a todas as esferas da produção e do consumo e, em geral — como se revelou claramente a partir das análises da Escola de Frankfurt — a todos os campos da vida social, incluídas as indústrias da cultura e da comunicação.

4) Deste modo, o que Marx e Engels vislumbraram nas condições do capitalismo imaturo do século XIX alcançou as cotas mais altas de irracionalidade e desumanização. A expansão da racionalidade instrumental, ordenada para as finalidades da produção capitalista, conduz a humanidade a um destino irracional, no qual fica patente em toda a sua sutileza a contradição entre o desenvolvimento das forças produtivas, impulsionado pela racionalidade dos meios, e as relações capitalistas de produção (tese do marxismo clássico, cuja validade não fez mais que se confirmar).

5) A expansão irrefreável do capital transnacional nos países do chamado, até bem pouco, Terceiro Mundo agrava ainda mais as condições dramáticas de existência de seus povos; leva, com o endividamento externo que lhes é imposto, a refrear ainda mais seu desenvolvimento econômico e acrescenta sua dependência econômica e política em relação às principais potências capitalistas. Por outro lado, o deslocamento das agudas tensões Leste-Oeste para os conflitos Norte-Sul os torna ainda mais vulneráveis, sem mencionar que um setor cada vez mais amplo desses países fica marginalizado — pela indiferença das grandes potências capitalistas — da produção e do comércio mundiais.

6) As desigualdades sociais do capitalismo que Marx e Engels viam, antes de tudo, como desigualdades de classe, baseadas na antagônica posição econômica, se estenderam fora da produção para outras áreas da vida social, constituindo um complexo emaranhado de desigualdades.

2 Karl Marx, "Manuscritos económico-filosóficos de 1844", em K. Marx e F. Engels, *Escritos económicos varios*. Trad. de Wenceslao Roces. México, Grijalbo, 1962, pp. 62-72.

Bastaria este resumido catálogo de males e contradições capitalistas de nosso tempo para pôr na ordem do dia a necessidade de lutar por uma alternativa socialista, particularmente nos países em que ocorrem as condições materiais, políticas e culturais para que seja não só desejável como também viável. Contudo, em contraste com o passado, quando essa alternativa estava no horizonte estratégico, o socialismo deixou de ser hoje tal objetivo, e só se mantém — quando isso acontece — não como simples retoque ou coerção do capitalismo realmente existente, mas como utopia ou "socialismo do futuro". Deparamos, pois, com este paradoxo: quando a alternativa socialista ao capitalismo — de acordo com seus males e contradições — se tornou mais imperiosa, o socialismo não está na ordem do dia, ou pelo menos não o está com as senhas de identidade que permitiram reconhecê-lo como tal.

Os motivos deste paradoxo são múltiplos, mas destacaremos os seguintes:

1º) A vitalidade do capitalismo contemporâneo, ao desenvolver suas forças produtivas, desmentiu as previsões acerca de sua queda (Rosa Luxemburgo) ou agonia (Lenin). Não obstante as conquistas alcançadas, trata-se na verdade de um desenvolvimento que, enquanto regido antes de tudo pela lógica capitalista do benefício, volta-se não só contra os interesses dos trabalhadores, como também de toda a humanidade. Mas, de todas as maneiras, ao se perceber este desenvolvimento sem a sua dimensão negativa, isto gerou certo ceticismo sobre o destino futuro do capitalismo e sobre a necessidade e desejabilidade de sua substituição.

2º) O descrédito do "socialismo realmente existente", ao reduzir o projeto socialista de emancipação, surgido da Revolução de Outubro, a um novo sistema de exploração e opressão, o que conduziu por sua vez ao descrédito da própria idéia do socialismo como projeto liberador.[3] O fracasso histórico do

[3] Cf. nosso ensaio: "Ideal socialista e socialismo real" neste mesmo volume.

"socialismo real" se apresenta tendenciosamente como o fracasso do socialismo (não só o "real", mas também o possível e o futuro) e a vitória definitiva do capitalismo.

3º) A importância das estratégias clássicas (reformista ou revolucionária, gradual ou frontal, pacífica ou violenta) para transformar a sociedade capitalista em direção ao socialismo diminuiu a convicção de que este não só é um objetivo necessário e desejável, mas também possível e realizável.

4º) O fracasso das tentativas — como a eurocomunista — destinadas a superar a impotência das estratégias clássicas contribuiu igualmente para minar a adesão à alternativa socialista.

5º) A ofensiva ideológica propensa a enfeitar a imagem do capitalismo e denegrir a do socialismo se estendeu — graças ao imenso poder dos meios de comunicação de massa — às mais amplas camadas sociais dos países desenvolvidos e periféricos, apontando-se assim notáveis êxitos na tarefa de neutralizar e desmobilizar as consciências na luta pelo socialismo.

Tudo isso explica, por um lado, a debilidade e inclusive a desaparição da imagem do socialismo aos olhos de amplos setores da sociedade como objetivo no horizonte estratégico. Em seu lugar, o que encontramos na estratégia dos partidos e movimentos socialistas (social-democratas, socialistas e comunistas) é a reivindicação prioritária da democracia, embora certamente com conteúdo diferente.

III

Assim, pois, o socialismo não se assume estrategicamente como socialismo para hoje ou um futuro previsível. Inclusive para os partidos e movimentos que não podem renunciar a esse objetivo sem negar-se a si mesmos, o socialismo como utopia é apenas coisa do futuro. E o é reconhecendo-se a necessidade de uma fase prévia de democracia cada vez mais ampla e efetiva que acabará por ser o socialismo. Mas este objetivo, meta ou ideal hão de ter certas senhas de identidade que não podem ser reduzidas às vagas e imprecisas de uma sociedade mais justa, mais igualitária ou participativa, já que com elas dificilmente poderia a utopia socialista distinguir-se de outras utopias compatíveis com os fins e valores do capitalismo. Trata-se pois de mostrar as senhas de identidade que permitam distinguir um sistema de outro e, portanto, não fazê-los mutuamente compatíveis ao apagar essa distinção.

Assim, de que socialismo falamos? Pois, como o Ser de Aristóteles, o socialismo é dito de muitas maneiras. Cabe falar dele, movendo-nos entre uma série de termos polares: socialismo utópico ou científico, ideal ou real (com ou sem aspas); socialismo em sentido amplo ou restrito; socialismo de Estado ou socialismo democrático; de economia planificada ou de mercado etc. Mas para determinar se o socialismo é assunto da utopia ou da ciência, da imaginação ou da razão; se traz dentro de si uma estatização da vida social ou uma socialização do poder político; se se pode falar de um socialismo restringido à sua base econômica ou em um sentido amplo que abarque a totalidade social; ou, finalmente, se é legítimo traçar um socialismo ideal com cuja régua se possa medir o socialismo real, ou se, pelo contrário, não existe mais — ou não existiu mais — socialismo senão o "realmente existente", temos que nos munir de certas senhas de identidade. Justamente as que nos permitam apreender o núcleo essencial do perfil depreciativo com que é maculado por diversas ideologias.

IV

Mas como apreender esse núcleo essencial que permite reconhecer a face do socialismo? Descartemos de antemão algumas vias que nos afastam desse reconhecimento. Entre elas:

1ª) *A apelação acrítica e fidelista aos fundadores do marxismo.* Como é sabido, Marx e Engels, escaldados pelos excessos descricionistas dos socialistas utópicos, foram muito tímidos ao desenhar o projeto de socialismo ou organização social a que Marx chama "fase inferior da sociedade comunista" (*Crítica do programa de Gotha*). E embora esta fase se caracterize como uma sociedade pela qual se transita a partir do capitalismo, é evidente que o período da história real que se abriu com a Revolução Russa de 1917 formulou a transição em termos distintos: do capitalismo para o socialismo, e não para o comunismo. E é evidente também que no curso dessa transição o que surgiu e se desenvolveu foi o "socialismo real", quer dizer, um tipo de sociedade com a qual Marx e Engels não contaram e nem podiam contar. Assim, pois, sem ignorar o que se pode aproveitar dos clássicos marxistas, é preciso aproveitar antes de tudo o que oferece a experiência histórica, mas sem considerá-la, no caso do "socialismo real", pura e simplesmente em relação com Marx.[4] Em suma, a apelação acrítica ou fidelista aos fundadores bloqueia o caminho para que se entenda o que é o socialismo.

2ª) *A especulação idealizante ou moralizante que contrapõe "o que é" a "o que deve ser"*. Assume-se aqui o socialismo como o grande princípio desencarnado e independente dos agentes, condições e meios de sua realização. Com este enfoque, o socialismo — como ideal ou utopia — é o bom e o justo que se desvencilha da ação política necessária dos homens para que o ideal tome corpo na realidade. Certamente, este enfoque não permite captar o núcleo essencial do socialismo, entendido como um ideal que não só *deve* realizar-se como também *pode* encarnar-se na vida real, na medida em que, dadas as condições necessárias, se assume praticamente.

3ª) *O convencionalismo que identifica o socialismo com o que,*

[4] Em "Marx e o socialismo real" (incluído neste volume) examinei as relações imaginárias, possíveis ou reais entre Marx e o "socialismo real".

pretensamente, se ajusta a certa convenção (programa de um partido, ou Constituição de um Estado). O que importa aqui não é a realidade, mas sim o que, às costas dela, se proclama na convenção correspondente. Assim, por exemplo, à Constituição soviética de 1936 convinha considerar a propriedade social sobre os meios de produção como fundamento econômico do socialismo, embora a realidade — ou seja, a propriedade estatal absoluta — o negasse. O convencionalismo dava as mãos aqui ao empirismo mais tacanho, ao elevar certa realidade empírica (a propriedade estatal, a economia centralizada) ao nível da Idéia (propriedade social, democracia socialista). O realmente existente se proclamava assim como socialismo real.

V

Descartados esses caminhos, concentremo-nos no critério objetivo que distingue as formações econômico-sociais por: *a*) a forma de propriedade sobre os meios de produção; *b*) a divisão da sociedade em classes; *c*) sua situação nela de acordo com sua posição no processo produtivo e *d*) sua superestrutura política (natureza do Estado e de suas relações com a sociedade civil). Com esses traços essenciais, que extraímos da obra de Marx, podemos construir um conceito de socialismo que pode funcionar como ideal ou utopia se considerarmos que a realidade que prefigura é, por ser valiosa, desejável e factível, digna de nossos esforços e sacrifícios para alcançá-la. Mas, por sua vez, trata-se de uma realidade que até agora nunca ocorreu e que só existirá se assumida conscientemente como projeto e se, dadas as condições indispensáveis, contar com o apoio ativo e organizado dos agentes sociais necessários.

VI

Pois bem: que socialismo é esse? Quais são as suas senhas de identidade?

A primeira, é sua natureza libertadora, emancipatória. O socialismo é, antes de tudo, um projeto de emancipação humana que se distingue de outros projetos, quer sejam os transcendentes ou religiosos de salvação do homem, quer sejam os secularizados que guardam a aspiração de emancipar o gênero humano aqui na Terra. O socialismo continua e descontinua, ao mesmo tempo, o projeto humanista burguês do Iluminismo de construir uma nova ordem social de liberdade, igualdade e fraternidade baseada na razão. Os limites desse projeto já foram assinalados por Marx, e sua crítica nada mais fez senão radicalizar-se com as de Nietzsche e Kierkegaard no século passado, e com a Escola de Frankfurt em nossa época. O socialismo aspira a superar os limites do projeto ilustrado na modernidade, projeto não cumprido segundo Habermas ou cumprido necessariamente em forma limitada, como já ressaltava Marx; quer dizer, como projeto de emancipação política e não propriamente social, humana.[5] Portanto, não é a vocação emancipatória do Iluminismo o que nega o socialismo, mas sim os obstáculos e limites que, gerados por seu fundamento econômico-social burguês, encontra essa vocação e transforma a racionalidade iluminista em pura irracionalidade. Assim, embora o socialismo compartilhe a vocação emancipatória de outros projetos modernos de liberdade, igualdade e justiça, não pode renunciar à crítica de suas limitações e, sobretudo, não pode perder suas senhas de identidade próprias ao lutar por esses ideais. Certamente, a liberdade, a igualdade, a justiça e o respeito aos direitos humanos como valores de enraizamento iluminista não são exclusivos do socialismo, mas este os assume com um conteúdo que os separa de outras ideologias —

[5] Sobre essas críticas da modernidade, ver meu ensaio "Radiografía do posmodernismo", em A. Sánchez Vázquez, *Filosofía y circunstancias*. Barcelona-México, Anthropos/UNAM, 1997.

como o liberalismo — compatíveis ou consubstanciais com o capitalismo. Por isso, é preciso rechaçar a redução do socialismo a uma ideologia política própria de todas as "comprometidas com a democracia e a liberdade".[6]

Mas a distinção não pode consistir, por isso, em estabelecer diferenças puramente quantitativas no seio dos valores e ideais de igualdade, liberdade, justiça ou solidariedade. Não se trata apenas de estender ou alcançar mais liberdade, igualdade ou participação, embora isto seja certamente indispensável. Assim, a utopia socialista traz em si uma liberdade, igualdade ou participação distintas: justamente as que não podem estar inscritas num projeto burguês. Por isso, as senhas de identidade do socialismo se esfumam se nos limitarmos a afirmar que é "liberdade", "conquista da igualdade", "reivindicação da democracia" ou "autodeterminação do indivíduo"; ou seja, se não se especifica que tipo de liberdade, igualdade, democracia ou autodeterminação individual é postulada ou reivindicada. Do contrário, permanece num plano tão geral que o projeto socialista se confunde com outros, inclusive com alguns que justificam e tentam legitimar a ordem social que o socialismo pretende substituir. Mas não se trata de ignorar o que pode haver — quando há — de liberdade ou igualdade em outros projetos não socialistas, mas de superar seus limites, não só quantitativa como também qualitativamente, fazendo entrar nele justamente o que a ideologia e a realidade social burguesas não podem conter.

Admitido, pois, que o projeto socialista não pode ser confundido com outros, vejamos então a condição necessária para se passar a uma sociedade propriamente socialista.

6 Ramón Vargas-Machuca, "Socialistas después de marxistas", em *Leviatán*, nº 25, p. 105 (também em A. Quintanilla e Ramón Vargas-Machuca, *La utopía racional*, cap. III. Madri, Espasa-Calpe, 1989).

VII

Condição necessária e prioritária para que ocorra a alternativa socialista é, como já assinalaram Marx e Engels, a abolição da propriedade privada sobre os meios de produção, mas não de outras formas de propriedade privada, como a propriedade cooperativa, autogestora, municipal, comunal, ou parcelária no campo. E exige também, em conseqüência, a transformação do Estado que vela pelas condições da acumulação capitalista nesse regime de propriedade. O que significa, igualmente, que a mudança de poder político ou sua distribuição, por ampla que seja sua autonomia, não pode ocorrer à margem das relações de produção das quais depende, em definitivo, a natureza do Estado. De acordo com esta tese do marxismo clássico, confirmada pela história real do capitalismo, é inconcebível um poder político que atente, na sociedade capitalista, contra a lei fundamental da obtenção de benefícios peculiar a ela. E isto explica também que, embora o poder político consiga — como conseguiu o Estado de Bem-estar — reduzir certas desigualdades, não pode abolir as desigualdades básicas, que têm sua origem na apropriação privada dos meios de produção e a correspondente acumulação de benefícios.

Assim, em nosso tempo, o capitalismo transnacional ou tardio mudou a posição prioritária da propriedade privada em relação ao poder político? Por acaso a questão da propriedade privada sobre os meios de produção passa para segundo plano e, em conseqüência, sua abolição deixa de figurar no "horizonte estratégico do socialismo democrático", passando a prioridade para o "desenvolvimento do poder do Estado como contrapeso à desigualdade do poder econômico"?[7] Respondemos negativamente a essas perguntas. O poder político na sociedade capitalista pode encobrir — como já assinalamos — certas conseqüências sociais do regime da propriedade privada, mas não anular o poder econômico baseado nesse regime. Isso revelaria uma autonomia absoluta do poder político que, até agora, se revelou

[7] R. Vargas-Machuca, *op. cit.*, p. 110.

impossível. Pela mesma razão, pode-se reconhecer a existência de importantes mudanças na distribuição do poder político, sem que isso signifique que afetam substancialmente as relações de propriedade privada e, menos ainda, que tragam entranhada sua abolição e que, contudo, sejam compatíveis com o sistema. Desta compatibilidade só se pode falar se o sistema social em que ocorrem essas mudanças não for chamado por seu nome ("capitalismo") e lhe seja atribuído aquele que reservamos ("socialismo") para o que vai substituí-lo. E só se apagarmos a linha divisória entre um e outro sistema, que passa necessariamente pela abolição da sociedade privada sobre os meios de produção, podemos excluir essa abolição do horizonte estratégico do socialismo, Por isso, discordamos de Vargas-Machuca quando afirma: "O socialismo no futuro vai ser compatível com o funcionamento do capitalismo, quer dizer, com a manutenção da propriedade privada (...)",[8] entendida esta como propriedade sobre os meios de produção.

VIII

Portanto, se a abolição da propriedade privada é condição necessária para o socialismo, não é de modo algum condição suficiente. Como demonstra a experiência histórica do "socialismo real", tal abolição não basta para caracterizar como socialista a sociedade na qual ocorre. Certamente, com ela fica patente em tal sociedade seu anticapitalismo — se levarmos em conta o que nega —, ou seu pós-capitalismo — se considerarmos que se trata de uma sociedade que vem depois da negada. Mas não se pode afirmar precipitadamente que por isso a sociedade que nega a anterior ou a sucede seja socialista. Anticapitalismo ou pós-capitalismo não são sinônimos de socialismo.

[8] *Ibid.*, p. 111.

Já Marx, em um texto juvenil (os *Manuscritos econômico-filosóficos de 1844*), percebeu a necessidade de evitar as falsas superações do capitalismo. Não escapou a ele a idéia de que, mesmo depois de ser abolido, o princípio da propriedade privada pode se encarnar em novas formas e dar nova vida ao espírito egoísta associado a ele.[9] Tampouco escapou a Engels que a transformação da propriedade privada em pura e simples propriedade estatal geraria um novo sistema, o "socialismo de Estado", que de modo algum seria verdadeiramente socialista.[10] Tanto na sociedade que é abordada pelo jovem Marx, como na que Engels observa, já não reinaria a propriedade individual, mas a particular, de grupo, egoísta, que Marx espreita, ou a estatal, que Engels condena em sua crítica citada a Lassalle.

O socialismo requer a socialização dos meios de produção no duplo sentido de propriedade social e controle do uso e usufruto desses meios pela sociedade. Mas, a rigor, não é o Estado o proprietário, mas sim a sociedade (e não só formal, mas efetivamente), dos meios de produção. Se o Estado e a sociedade mantêm a relação adequada, estatização e socialização, longe de contrapor-se, se conjugam necessariamente, já que a primeira não é mais que a forma que, nessa relação, adota a segunda, sem se constituir portanto em um fim em si. Uma e outra entram em oposição quando a propriedade social é suplantada pela estatal, com o que esta deixa então de ser uma manifestação dela para se converter em fim. Mas semelhante transformação da propriedade social em estatal dependerá da natureza do Estado e da relação que este mantém com a sociedade. Se o poder político escapa ao controle da sociedade, também escapará a ele a propriedade estatal. Neste caso, a

[9] K. Marx, *Manuscritos...*, p. 81. Sobre esta crítica e a que faz ao "comunismo político", ver o capítulo V do meu livro *Filosofia e economia no jovem Marx*. México, Grijalbo, 1978, p. 117 e ss.

[10] Em uma nota ao Projeto do Programa de Erfurt do Partido Social Democrata (1891), Engels define assim (apontando os partidários de Lassalle) o "socialismo de Estado": "É um sistema que substitui o empresário particular pelo Estado e com isso reúne em uma só mão o poder da exploração econômica e da opressão política" (Marx-Engels, *Werke*, Dietz, Berlim, t. 22, p. 232).

abolição da propriedade privada abrirá caminho para a propriedade estatal absoluta que se conheceu nas sociedades do "socialismo real".

IX

Na verdade, não se pode falar de socialismo sem o controle da economia pela sociedade e, em particular, pelos produtores, tanto no nível de cada unidade de produção como no da economia nacional. Mas isto requer por sua vez, como assinalamos, o controle do Estado pela sociedade, a socialização do poder político, a participação efetiva dos membros da comunidade, em suma, a democratização de toda a vida social. O socialismo é por isso inseparável da democracia, não só da formal, representativa ou política, como também da direta, econômica e autogestora. O socialismo é inseparável da democracia que se estende em um movimento de vaivém da autogestão limitada — de certas unidades econômicas, políticas ou regionais — à autogestão social, ou autodeterminação da sociedade inteira e em todas as instâncias: econômica, política e cultural.

Temos, deste modo, umas senhas de identidade do socialismo que excluem as da propriedade puramente estatal e do poder político à margem da sociedade. Assim, pois, essas senhas de identidade são fundamentalmente duas: 1) a socialização dos meios de produção e 2) a socialização do poder, ou democracia em seu sentido mais amplo, efetivo e profundo. Ambas as senhas de identidade ocorrem em unidade indissolúvel: a socialização dos meios de produção é inconcebível sem uma verdadeira democratização da sociedade, e a propriedade social não poderia se manter sem um Estado democrático que zele por ela. Esta unidade supõe admitir a necessidade, mas por sua vez a insuficiência, da abolição da propriedade privada sobre os meios de produção, assim como reconhecer a perversão que representa a redução da propriedade social à estatal. E significa igualmente reconhecer a necessidade da democracia para que se possa falar propriamente de socialismo.

Pode ocorrer — ocorre realmente — a existência de certa democracia sem socialismo, mas não se pode falar de socialismo sem a democracia que assegure a participação efetiva e plena dos cidadãos em todos os campos da vida social. A expressão "socialismo autoritário" é tão contraditória como tautológica a de "socialismo democrático".

Pois bem, dispondo das senhas de identidade que acabamos de especificar, aproximemo-nos das duas experiências históricas fundamentais que proclamaram o socialismo como seu objetivo estratégico: a social-democrata ou socialista da III Internacional e, mais tarde, por movimentos e partidos comunistas que continuaram remetendo-se ao "marxismo-leninismo".

X

Quando nos referimos à social-democracia, e em geral aos partidos adeptos da Internacional Socialista, temos presente não tanto seus velhos pronunciamentos teóricos — desde Bernstein — como sua prática política no poder. Certamente o exerceram e o exercem sobretudo na Europa Ocidental e, por longos períodos, em alguns países. Destas práticas colocamos de lado seus aspectos negativos e fixamos agora a atenção em sua política social. A conquista máxima dela foi introduzir, com o Estado de Bem-estar (na Suécia, por exemplo), um sistema fiscal mais justo e ampliar o gasto público para proporcionar às classes menos favorecidas socialmente certos benefícios no campo da educação, saúde, seguro social, subsídio aos desempregados, moradia etc. Não resta dúvida de que essa política social contribuiu, em maior ou menor grau, para aparar as arestas mais duras da insegurança existencial dos indivíduos sob o capitalismo. Minorou, do mesmo modo, certas desigualdades econômicas, sociais e culturais, e abriu espaços mais amplos de liberdade e democracia. Essas conquistas não poderiam ser negadas, mas tampouco o peso que tiveram em sua obtenção as lutas das classes trabalhadoras durante longos anos. Não se deve cair, por isso, no maniqueísmo de ver na satisfação de determinadas aspirações e reivindicações sociais uma astuta maquinação do capitalismo ou o alento de um socialismo *preventivo* que se adianta para evitar males maiores.

Mas não se pode ignorar tampouco que a resposta favorável a essas aspirações e demandas ocorre sem afetar o marco estrutural capitalista, o que torna seu alcance limitado e seu futuro incerto. A distribuição da riqueza e do poder econômico correspondente não podem alterar a lógica do sistema em que tem lugar essa distribuição. E quando os capitalistas concluem que, de acordo com essa lógica, o sistema não pode absorver os gastos de proteção social, não hesitam em cortá-los ou desmantelar (como demonstra a ofensiva neoliberal em nossos dias) o Estado de Bem-estar. E, com esse fim, ao mesmo tempo em que reduzem os benefícios sociais procedem a uma distribuição mais desigual da riqueza e reorganizam o aparato produtivo contra os interesses dos trabalhadores. Assim, pois, as reformas sociais do Estado de Bem-estar esbarram em muros intransponíveis: os erguidos pela lógica da acumulação capitalista ou pela racionalidade econômica do capital. Deste modo, as conquistas alcançadas se mostram instáveis, quando não batem em retirada, ante a ofensiva neoconservadora ou neoliberal.

Nada disto traz entranhado que não se deva defender uma política que, a partir do poder, tente reduzir as desigualdades econômicas e sociais; que acrescente e estenda a proteção social e que abra espaços cada vez mais amplos à democracia política e social. Mas, por sua vez, isto não deve levar a perder de vista que, por muito que avance o Estado de Bem-estar, entre suas conquistas não consta — não pode constar — a superação do muro erguido pela lógica do sistema capitalista. Subsistem, portanto, as desigualdades sociais e os limites à democracia vinculados aos fundamentos e estrutura do sistema.

A conclusão a que chegamos, com base nas experiências social-democratas ou socialistas, é que o socialismo continua sendo um objetivo por alcançar, e que seu cumprimento exige como condição necessária a abolição da propriedade privada, capitalista, sobre os meios de produção, embora não necessariamente outras formas de propriedade. Somente se for distorcida ou relegada a um plano secundário essa condição necessária, o socialismo — supostamente absorvido pelo capitalismo — pode desaparecer do horizonte estratégico. Portanto, posto que o Estado benfeitor, não obstante suas conquistas, permanece aquém da linha divisória entre os dois sistemas, é preciso manter a utopia socialista para o futuro e situá-la no horizonte estratégico no qual há de mover-se a partir de hoje.

XI

Vejamos agora a experiência histórica das sociedades do "socialismo real", cujo paradigma foi (até a *perestroika*) a sociedade soviética. Nela se cumpria a condição necessária à transição para o socialismo: a abolição da propriedade privada, capitalista, sobre os meios de produção. Assim, se nos ativermos ao critério objetivo que formulamos antes para distinguir uma formação econômico-social, não podemos caracterizar essas sociedades — como se fez em mais de uma ocasião — como uma versão *sui generis* do capitalismo.[11] Com base no critério apontado, podemos caracterizá-las como anticapitalistas ou pós-capitalistas, mas de modo algum como socialistas. Por isso, há anos que repelimos a idéia de Adam Schaff de considerar a abolição, nelas, da propriedade privada, capitalista, como condição suficiente para caracterizá-las como socialistas.[12]

[11] Esta posição foi defendida por Charles Bettelheim em seu livro *As lutas de classe na URSS*. Madri, Siglo XXI, 1976. Cf. sobre ela o nosso ensaio já citado: "Ideal socialista e socialismo real".

[12] Nossa crítica à caracterização que Schaff fazia das sociedades do Leste se encontra em nosso ensaio de 1981, antes citado: "Ideal socialista e socialismo real".

Tais sociedades — dizíamos então — não são socialistas nem sequer em sentido restrito, já que nelas a propriedade estatal não só é a antítese da propriedade privada, como também da propriedade social. Por outro lado, acrescentaríamos, sua superestrutura antidemocrática, longe de estar em oposição à base econômica de propriedade, é justamente a que lhe corresponde, já que, como ela, escapa ao controle social. O Estado antidemocrático, separado da sociedade, só pode admitir — conforme sua natureza autoritária — uma base econômica na qual a propriedade se ache também separada dela. Não se pode conceber, certamente, um Estado despótico que zele, no terreno da economia, por aquilo que nega como poder político, a saber: a participação efetiva da sociedade. À base econômica, socialista, cujo eixo é a propriedade social sobre os meios de produção, só pode corresponder a superestrutura política democrática que pode velar por ela. E, por sua vez, somente uma tal estrutura pode contribuir para manter e impulsionar essa base econômica. Daí — vamos bater na tecla mais uma vez — a unidade indissolúvel de socialismo e democracia.

XII

O exame das duas experiências históricas fundamentais que viram no socialismo sua alternativa ao capitalismo nos leva à conclusão de que uma e outra devem ser superadas. Deixamos de lado a experiência intermediária do socialismo iugoslavo, que embora se afaste do modelo do "socialismo real" ao eliminar, na economia, a planificação integral do Estado oniproprietário para deixar certo espaço à autogestão dos produtores e ao mercado, mantém, contudo, na esfera política, o regime de partido único, embora sem impor a regulamentação da vida social e cultural, própria do "socialismo real". Daí que a Iugoslávia não tenha podido escapar na atualidade às exigências de transformar em um sentido mais democrático seu modelo de socialismo.

Voltemos, pois, às duas experiências históricas apontadas e, em primeiro lugar, à social-democrata. Não nos deteremos agora na sua parte negativa, representada pelo pragmatismo político que levou os partidos correspondentes, em mais de uma ocasião, a se comportar — a partir do poder — como verdadeiros gestores do capitalismo e, portanto, a perder de vista o objetivo socialista. O que temos presente agora é, em troca, sua experiência histórica em sua conquista mais alta: o Estado de Bem-estar. Mas, ainda neste caso — como já assinalamos —, é preciso reconhecer que o alcançado se deu sempre nos limites do sistema, sem ultrapassar sua fronteira estrutural. Enquanto a experiência histórica do "socialismo real", embora seja inegável que ultrapassou essa fronteira, nunca estabeleceu a propriedade social sobre os meios de produção e, de modo algum, sobre a superestrutura política correspondente. O resultado histórico foi, por isso, o bloqueio do avanço até o socialismo, seu estancamento no trânsito até ele e a construção de uma nova sociedade — nem capitalista nem socialista — caracterizada pela propriedade estatal absoluta e um Estado autoritário em mãos, junto ao poder econômico, da burocracia. Meios de produção, por um lado, e Estado, por outro, escapam assim ao controle da sociedade. Justamente este modelo econômico e político de "socialismo real" é o que fracassou historicamente e foi a pique tanto na União Soviética como nas sociedades do Leste europeu. Este fracasso e afundamento estão impondo um custo altíssimo ao verdadeiro socialismo, ao sacrificar por ora a utopia socialista com o retorno do capitalismo em tais sociedades do Leste. A utopia se desvanece nela sob o fogo cruzado da burocracia mais conservadora, dos reformistas que anseiam pelo capitalismo e dos nacionalistas mais exasperados.

Mas, tendo em vista as experiências do passado, e a partir da altura de nosso tempestuoso presente, podemos afirmar que o socialismo nunca existiu nem ainda existe realmente. Que, portanto, não é coisa do passado nem do presente, mas que, dada sua necessidade como alternativa ao capitalismo, não podemos renunciar a ele como utopia para um futuro mais ou menos remoto. Assim, este socialismo do futuro só chegará a ser realidade se, a partir de agora e através da densa névoa de tergiversações e confusões, permanecer como uma meta ou utopia rumo à qual é preciso caminhar, quaisquer que sejam os passos intermediários, desvios ou curvas com os quais tenha de contar pela via tríplice da consciência, da organização e da ação.

1989

A utopia do “fim da utopia”

FIM DE SÉCULO E IDEOLOGIA DO "FIM"

Nas últimas décadas deste século e nos anos derradeiros do milênio, e à medida que nos aproximamos do final de ambos, proliferam as tendências para decretar o fim das doutrinas, movimentos ou comportamentos humanos. Este processo foi aberto na década de 1960 com a proclamação ruidosa do "fim das ideologias" e, desde então, não se fez mais que estender o empenho fúnebre de passar atestados de óbito. E assim, sucessiva ou simultaneamente, foi-se anunciando o fim do marxismo, da história, da modernidade, do socialismo e, por último, este fim dos fins que viria a ser o "fim da utopia". Deve ser notado que a questão do "fim" nestes diversos campos é quase sempre apresentada de um modo geral, abstrato e particular, concreto dentro de um movimento histórico no qual não há nada absoluto que o transcenda. Esta transformação do particular, concreto e relativo em universal, abstrato e absoluto, como se sabe muito bem desde Marx, constitui um dos traços distintivos da ideologia, como consciência deformada ou ilusória da realidade. Pois bem, a partir deste ângulo, e concentrando nossa atenção no "fim da utopia", perguntemo-nos: o que tem este fim de tão real e efetivo? Ou também: o que existe de verdade ou de ideologia — em seu sentido restrito e pejorativo — no "fim" que se proclama?

Certamente, o tema não é novo. Mannheim, Bertrand Russell e outros já o haviam anunciado; embora suavizando a expressão, falavam do "ocaso da utopia". Mas, na verdade, é nos anos correntes que o tema se levanta com mais força e cobra uma atualidade avassaladora. Assim, para responder à pergunta formulada, há que se deter em pontos tais como os seguintes: 1) a tradição da utopia (ou a utopia na história); 2) as constantes da utopia e do utopismo através dela e 3) as críticas à utopia, para chegar finalmente à questão do "fim da utopia". Trata-se de uma realidade, de uma possibilidade, ou de uma utopia a mais, determinada por um impulso ideológico? Abordemos, pois, o primeiro ponto.

A TRADIÇÃO DA UTOPIA

Tanto seja entendida como pensamento ou como uma prática, quer dizer, como imagem de um futuro desejável ou como um comportamento prático, humano, para realizá-la, a utopia tem a sua história. Inclusive aqueles que em nossa época decretam seu fim, não podem deixar de reconhecer sua presença no passado. Neste sentido, cabe falar de uma tradição que, no pensamento utópico, remonta a Platão com seu Estado ou cidade ideais, república perfeita, imutável e atemporal e, ao mesmo tempo, exatamente por sua perfeição, impossível e irrealizável.

Do desenho platônico estão ausentes dois ingredientes próprios da utopia moderna: 1) a imagem do futuro, pois seu Estado, por seu caráter ideal, se encontra fora do tempo, e 2) a possibilidade de sua realização no mundo empírico. Como dissemos em outro trecho, a utopia platônica "(...) não é algo que possa, deva ou tenha de realizar-se. Está dada como realidade, quer dizer, com a realidade mais alta e verdadeira para Platão: a ideal. Por isso não antecipa nada possível (...)"[1] Ao eliminar o futuro, e deixar de fora a possibilidade de realizar-se, fica, contudo, a tensão entre o ideal e o real. Mas esta não exige a realização efetiva do primeiro no segundo, embora aceite a aproximação deste àque-

[1] A. Sánchez Vázquez, *Do socialismo científico ao socialismo utópico...* México, Editorial Era, 1975, p. 10.

le, sem jamais realizá-lo plenamente. Assim, se temos presente a distinção de A. Neüsus dos modelos de utopia — horizontal e vertical — e se, por outro lado, se fala não só de sua dimensão moral, mas também da político-social, que é a que nos interessa agora, como antecipação de uma vida justa, digna, que ainda não é, mas que pode ser, no futuro, o modelo de utopia já não será o platônico, vertical, mas sim o horizontal, próprio da modernidade, que se estende até nossos dias. E semelhante modelo é o que encontramos, em um breve retrospecto histórico, como pontos fundamentais nestes três tipos de utopia que se sucedem historicamente: 1) as utopias modernas (renascentistas e iluministas), 2) as socialistas utópicas e 3) a socialista-comunista que se remete a Marx e Engels. Antes delas encontramos, contudo, a utopia que, como forma de vida, mais além deste mundo terreno ou "reino de Deus", postula o cristianismo medieval. Trata-se de um "reino" que escapa à tensão entre o possível e o impossível, já que há de chegar inexoravelmente e sem o concurso dos homens neste mundo terreno. Justamente por isso, falta nesta utopia a vontade de realização, desnecessária não só para Deus como também para os homens, posto que o cumprimento efetivo do ideal — o "reino de Deus" — há de chegar forçosamente não neste mundo terreno, porém mais além dele. E enquanto chega, esse ideal transcendente não desce do céu à Terra. Falta, pois, na visão cristã medieval, tal como na platônica, a dimensão humana do possível e do realizável, característica da utopia moderna a partir do Renascimento.

Um ponto intermediário e fundamental entre as utopias modernas e pré-modernas, cristão, ocorre quando se tenta conjugar, em um novo modelo utópico, seus reinos respectivos: o humano, terreno, e o divino, celestial. Trata-se da utopia anabatista de Thomas Münzer, no século XVI. Embora nela seja mantido o contraste entre o ideal e o real (entre o "reino de Deus" e o dos homens), a realização do primeiro não está só no céu, mas na Terra. O transcendente desce a este mundo real, mas com a condição de que os homens lutem por sua realização. Tal é o significado histórico da rebelião dos camponeses alemães do século XVI. A utopia vê com um olho no futuro e outro no presente. A religião não significa aqui o esquecimento do presente em prol de um futuro que haverá de eternizar-se, adormecendo enquanto este chega como um ópio das consciências, mas sim que se aferra ao presente e conclama à ação para transformá-lo. O céu desce, assim, à Terra. Ao fixar a atenção nesta dupla dimensão — divina e humana — da utopia milenarista de Münzer com sua correspondente prática (a rebelião dos camponeses), não podemos deixar de associar em nossos dias o conteúdo utópico dos movimentos políticos e sociais inculcados na América Latina pela Teologia da Libertação. Mas, continuando nosso retrospecto histórico, vejamos agora as utopias modernas que, pondo de lado todo componente transcendente, se caracterizam antes de tudo por sua dimensão terrena, humana.

As utopias modernas, em sua primeira fase, renascentista, têm muito a ver com os sofrimentos e custos sociais que a transição do feudalismo ao capitalismo impõe aos camponeses com a expropriação e expulsão de suas terras e sua transformação em vendedores de força de trabalho. Nas utopias modernas dos séculos XVI-XVIII de Thomas More, Campanella, Francis Bacon e Morelly, a atenção se concentra neste mundo terreno, cujos males não só são descritos, mas também têm apontadas suas causas fundamentais (a propriedade privada, a onipotência do dinheiro e o afã de poder), assim como os temas históricos da fome e da miséria sob as novas relações sociais de produção. A partir desta visão do presente, levam a cabo uma dura crítica do existente e propõem modelos de alternativas sociais, dotadas de instituições, descritas de modo prolixo, que permitem eliminar os males criticados. Assim, pois, as utopias modernas não só se aferram ao real e criticam o presente, como também se internam imaginativamente no futuro e exploram o possível. Com isso antecipam uma realidade que ainda não é, mas que pode e deve ser. A utopia aqui não só faz ver uma inadequação entre o ideal e o real e expressa uma desconformidade com a realidade presente, como também propõe um modelo de sociedade que, ao contrário do platônico, não está fora do tempo e do possível. Existe igualmente, ao contrário das utopias platônica ou cristã medieval, uma vontade de realização do utópico, embora não se desdobre no terreno da ação, do esforço prático para transformar o existente. A realização do ideal que se postula virá sobretudo, para o pensamento utópico iluminista, pela via da persuasão, do conhecimento e da educação. O poder da propriedade, do dinheiro e da violência cederão seu lugar ao império da razão, e da inteligência que a possui e exercita. A confiança dos utopistas do Iluminismo no poder da razão e da educação na formação de uma nova humanidade descarta por sua própria natureza o papel da ação, da prática. Seu destino fica em mãos dos grupos intelectuais ou iluministas da burguesia, que são: os que têm um acesso privilegiado à Razão e defendem, supostamente por isso, os interesses universais de acordo com ela; ou seja, os de toda a Humanidade, embora na prática essa defesa se ache mediada por seus interesses particulares, de classe. São dirigidos indistintamente a todas as classes sociais, sem levar em conta os interesses específicos dos trabalhadores incipientes que contrastam com os que eles representam. Mas os levam em conta, porém, no século XIX, tanto ao criticar o presente quanto ao desenhar a nova sociedade, os chamados por Marx e Engels de "socialistas utópicos".

Os "socialistas utópicos" reagem criticamente ante as terríveis condições sociais do seu tempo, sobretudo para os trabalhadores. Cuidam das condições criadas pela Revolução Industrial para superá-las, propõem fantásticos e prolixos modelos de uma nova sociedade. Mas não deixam só para o futuro a realização de seus sonhos e fundam por isso (Owen, Cabet) comunidades que chegam a existir efetivamente, embora redundem em fracasso. Como não podemos nos deter agora nas particularidades de cada um de seus modelos, destacaremos os traços comuns do "socialismo utópico" de Saint-Simon, Owen e Cabet: 1) sua crítica da sociedade surgida da Revolução Industrial, com suas novas relações entre capital e trabalho; 2) sua falta de conhecimento objetivo, rigoroso, da sociedade criticada; seu esbanjamento imaginativo ao descrever, com riqueza de detalhes, a nova sociedade e 4) sua confiança desmedida, acompanhando os iluministas, ao pretender alcançá-la, no poder da educação, à qual acrescentam a força do exemplo (daí a fundação de comunidades que, à maneira de "ilhotas" do futuro, antecipem a nova sociedade).

A este utopismo socialista que deposita suas esperanças em um futuro ao qual se chegará gradualmente, segue-se o utopismo revolucionário dos Weitling e Blanqui, e mais tarde dos anarquistas como Bakunin e Kropotkin, que depositam suas esperanças emancipatórias em um ato único, excepcional e violento: a revolução. Tanto uns como outros têm suas utopias não só como desejáveis, mas também como possíveis e realizáveis pelo que põem em tensão a vontade de realização de minorias audaciosas ou grupos de ação. Mas, por diversas razões — excesso dos objetivos, desconhecimento da realidade a transformar; fraqueza ou imaturidade dos temas históricos e sociais que podem levar a cabo a revolução, assim como a inadequação dos meios a que se recorre para cumprir seus objetivos —, seus esforços em consumar sua utopia redundam em fracasso. Mas este fracasso não conduz ao fim da utopia, mas sim a forjar outra, nova, sobre novas bases. E esta é justamente a utopia socialista-comunista de Marx e Engels, assim como do "marxismo quente", segundo a feliz expressão de Ernst Bloch. Trata-se de um capítulo fundamental na história das utopias que ainda não se encerra. Mas é válido falar de utopia neste caso? Certamente, tendo em vista fatos inegáveis, poder-se-ia duvidar de que fosse pertinente: 1) a oposição franca e enérgica ao utopismo e 2) a carência neles de um reconhecimento explícito do conteúdo utópico de seu pensamento. Engels, como é bem notório pelo título de seu famoso opúsculo, *Do socialismo histórico ao socialismo científico*, caracterizou seu socialismo como científico e não utópico, ou como aquele que passa da utopia à ciência. Do mesmo modo, certa versão cientifista do marxismo pretendeu apoiar-se em Engels para excluir a utopia do pensamento de Marx, ou para afastá-la como pré-científica no desvão da ideologia. Embora voltemos mais adiante a este "marxismo frio" — expressão também de Bloch —, que interpreta à sua maneira determinista a crítica marxista clássica ao "socialismo utópico", vamos destacar desde já que a utopia, ou mais exatamente um aspecto ou ingrediente utópico, não só faz parte do pensamento de Marx e do marxismo "quente", como também constitui um aspecto ou componente essencial dele, em unidade indissolúvel com outros que também o são, a saber: a crítica do existente, o conhecimento da realidade que se critica e se pretende transformar e sua vocação prática, ou vínculo com a ação. Existe portanto uma utopia em Marx, e existe como projeto de emancipação ou de sociedade futura; quer dizer, como alternativa social ao sistema de dominação e exploração capitalista.

Claro que Marx, escaldado pelos excessos de imaginação dos "socialistas utópicos", foi muito tímido na descrição da nova sociedade, embora não tão tímido que não deixasse fixados alguns de seus traços fundamentais, tanto em seus escritos de juventude (*Manuscritos de 44*), como de sua maturidade (*O capital* e *A guerra civil na França*) e, sobretudo, ao final de sua vida (*Crítica do programa de Gotha.*). Não podemos nos deter agora em todos eles, e só focalizaremos nossa atenção no que oferece um maior conteúdo utópico: *Crítica do programa de Gotha*. Aqui Marx se refere à nova sociedade, comunista, na qual registra duas fases: uma inferior ou de transição, e outra superior, regidas respectivamente por dois princípios distintos de distribuição da riqueza social: 1) de acordo com o trabalho proporcionado por cada membro da sociedade, na primeira fase (que corresponde ao que entendemos por verdadeiro socialismo), e 2) conforme as necessidades de cada indivíduo na segunda fase, propriamente comunista. Trata-se de uma nova sociedade necessária, desejável e possível; em suma, de uma utopia que parte de uma crítica do existente e que para realizar-se necessita de um conhecimento da realidade, das possibilidades geradas por ela, dos temas e, por fim, requer a organização e a ação das forças sociais que podem e devem assumir essa utopia.

Certamente, na utopia marxiana, com vocação prática de realizar-se em determinadas condições, há elementos utópicos em sentido negativo enquanto se revelam como possibilidades abstratas, irrealizáveis. Já em um trabalho de mais de 20 anos (*Do socialismo científico ao socialismo utópico*), assim como em outros posteriores, assinalávamos o que existe em Marx de utopia abstrata, especulativa (no sentido de impossível de realizar). Entre esses elementos utópicos, fazíamos referência à superação total da alienação, da extinção do Estado, da idéia da revolução quase imediata e do proletariado como seu sujeito central e exclusivo, à imagem de uma sociedade harmônica na qual, ao se resolverem as contradições de classe, seriam superados os conflitos étnicos, nacionais ou de outra índole. Quanto ao princípio de distribuição da sociedade comunista de satisfação das necessidades de todos os indivíduos, resultou utópico — no sentido de impossível de realizar —, dado que a condição necessária para sua realização — a fartura ilimitada de bens como resultado do desenvolvimento ilimitado de forças produtivas — se revela hoje, com toda clareza, como incompatível com o imperativo ecológico de não destruir, com esse desenvolvimento, a base natural da existência humana. Mas, mesmo reconhecendo a existência desses elementos utópicos negativos no pensamento de Marx, não se pode negar que um projeto emancipatório ou imagem do futuro é parte indissolúvel e essencial; em duas palavras, uma utopia.

Certamente, ao contrário de tantos projetos sem a vocação prática de ser realizados, ou que, ao pretender realizá-los sem levar em conta as condições necessárias para isso, desembocaram em um fracasso, trata-se de um projeto de emancipação não só necessário e desejável, mas também possível e realizável. Mas, ainda assim, este projeto, que ainda não se realizou, não se consumará inevitavelmente, mesmo ocorrendo as condições necessárias, pois não há instância — quer seja esta as leis da história, o conhecimento de suas possibilidades e tendências ou a ação racional dos homens — que possa garantir essa realização. Em suma, não existe caminho real que leve inexoravelmente da utopia à realidade.

CONSTANTES DA UTOPIA (SETE TESES SOBRE A UTOPIA)

Continuando nosso breve retrospecto histórico, vejamos algumas constantes que se erguem, seguidamente, no caminho da utopia, e que formularemos nas seguintes teses.

1ª) A utopia não está em "parte alguma".

Thomas More cunhou a palavra "utopia" para descrever o lugar (uma "ilha") que não está em "lugar nenhum". Mas é preciso deixar claro que se refere a "lugar nenhum" real, pois a utopia existe em outro mundo — ideal — como projeto ou antecipação do que pode ser. Não se localiza, pois, em um espaço real. Por analogia poder-se-ia dizer que não está em "nenhum tempo"? Não o está certamente na utopia platônica, já que, como vimos, enquanto existe no mundo das Idéias, é atemporal. Mas como nos faz ver nosso retrospecto histórico, a utopia moderna se insere no fluir do tempo, e justamente nesta dimensão sua que é o futuro. Assim como o presente é o tempo do real, o futuro é o tempo da utopia. E o é enquanto sua realização está no futuro, embora antecipe sua realidade no presente. Tal é o lugar — temporal e irreal — da utopia.

2ª) A irrealidade da utopia, como antecipação de uma vida melhor, pressupõe a crítica da realidade presente que, pela negação ou esquecimento dos valores e princípios assumidos para o futuro, é considerada pior.

Certamente, a utopia que não está em "nenhum lugar" se encontra em certa relação com o real. Longe de aceitá-lo, de conformar-se com o que é, distancia-se da realidade e a julga e critica a partir dos princípios e valores que predominam em sua imagem ou projeto de uma sociedade melhor e, portanto, preferível à existente. Existe, pois, antecipação dessa sociedade, porque reage criticamente perante a existente. Mas, por sua vez, a realidade presente se vê e se critica com os olhos da utopia. Assim, pois, não existe utopia, antecipação de uma sociedade melhor, e por isso desejável, sem a crítica da sociedade existente e indesejável por ser inferior ou pior que a desejada. E não há crítica que não pressuponha os valores e princípios que hão de se encarnar — mais além da sociedade criticada — no que ainda não é, mas se considera que possa ou deva ser.

3ª) A distância, incongruência ou contraste que fica patente na crítica da realidade, que a utopia pretende superar, nunca é superada totalmente. O ideal não se esgota no real.

A distância ou contraste entre a utopia e a realidade, como processo de realização da primeira na segunda, podem ser encurtados ou suavizados, mas não abolidos. Quer dizer, a utopia — como projeto ou ideal — é irredutível à realidade. Sua redução significaria irrevogavelmente o fim da utopia. Assim, por sua aproximação com a realidade, na medida em que nunca se concretiza plenamente e que na realidade, por sua vez, não é estática, as utopias se sucedem umas às outras. Ou seja, como há uma história real, em movimento e mudança, há também — como demonstra nosso retrospecto histórico — uma sucessão ou movimento de utopias, sem que, nesta superação histórica e relativa de sua incongruência ou contraste com o real, a utopia se dissolva no real.

4ª) A utopia se encontra vinculada com a realidade não só porque esta gera sua idéia ou imagem do futuro, mas também porque incide na realidade, com seus efeitos reais.

Claro que nos referimos à utopia que se aspira a realizar, como acontece com as utopias modernas, e isto independente de que tenham como resultado efeitos positivos ou negativos, êxitos ou fracassos em seu processo de realização. As utopias têm efeitos reais e inspiram determinadas práticas: ações violentas na utopia quiliástica de Münzer e nas utopias socialistas revolucionárias; ações educativas na utopia iluminista, ou fundação de comunidades ("ilhas do futuro") com os "socialistas utópicos". Assim, pois, a utopia não só tem uma existência ideal como também real, efetiva, por sua capacidade de inspirar o comportamento prático de indivíduos ou grupos sociais, produzindo efeitos reais na realidade presente. A *utopia*, como prática, sem deixar de ser tal, ao não ser nunca absorvida pela realidade, é também *topia*: faz-se presente em algum lugar.

5ª) Não obstante sua dimensão ideal, futura, a realidade presente marca com seu selo as modalidades históricas e sociais da utopia.

As utopias respondem a aspirações e desejos de classes ou grupos sociais que se mostram discordantes ou críticos em relação a determinada realidade social. E esta visão e atitude perante ela determinam a realidade da utopia em uma sociedade. Assim o provam as utopias quiliásticas, renascentistas, iluministas e socialistas, ao expressar as aspirações e interesses de determinados grupos ou classes sociais em certo período histórico. A utopia esboçada em cada caso responde aos interesses e aspirações do grupo que ocupa uma posição discordante ou crítica em relação à realidade social.

6ª) Dada esta vinculação com determinadas posições sociais, a utopia e a ideologia se imbricam necessariamente. Toda utopia supõe ou traz entranhada uma ideologia, embora nem toda ideologia motive ou gere uma utopia.

Ideologia ou utopia têm em comum certa visão da realidade, independente do grau de verdade ou falsidade que tragam entranhadas. Concordam, do mesmo modo, em que uma e outra respondem a aspirações e interesses de determinado grupo ou classe social. O que se manifesta como ideológico ou utópico depende da posição social do sujeito em determinada época ou sociedade. As modalidades da ideologia (conservadora ou revolucionária) e da utopia (quiliástica, liberal, humanista ou socialista) se encontram condicionadas pelos interesses e aspirações do tema que se apossa de uma ou outra. Portanto, enquanto o utópico se baseia numa visão crítica da realidade, encontra-se determinado pelo ideológico. Não existe utopia pura, à margem da visão crítica e dos valores que a orientam, caso se aspire a realizar na alternativa social a realidade criticada. Neste sentido, toda utopia supõe ou traz entranhada certa ideologia. Mas, pelo contrário, nem toda ideologia conduz a determinada utopia. Certamente, uma ideologia conservadora, que aceita e justifica a realidade presente, não necessita de uma visão crítica e, portanto, da utopia como alternativa a ela. Por outro lado, a ideologia de uma classe oprimida e explorada, que não aceita o que é e inspira sua destruição, desemboca na utopia de uma sociedade melhor na qual espera se realizem os princípios e valores negados ou inexistentes na realidade presente.

7ª) A utopia se move sempre entre dois extremos, o impossível e o possível. O impossível não dá impulso à sua realização; o possível, sim. Mas não só se assume como necessário e realizável, mas também como valioso e desejável.

Embora incida no presente por seus efeitos reais, a utopia não é, ainda que possa ser ou não ser. O que a define não é sua realidade (uma utopia real ou realizada não seria tal), mas sua possibilidade ou impossibilidade de realizar-se. Esta impossibilidade pode ser absoluta, insuperável — hoje ou amanhã —, ou relativa — dada a inexistência das condições ou meios necessários —, sem que isto signifique — a menos que seja considerada a partir de um rígido determinismo — que não possa ser possível no futuro. Mas o *status* positivo da utopia é o da possibilidade relativa, concreta, que: 1) surge *de* e *em* determinada realidade; 2) gera também outras possibilidades e, portanto, 3) não se realiza inevitavelmente. Em suma, a utopia não é o reino do absolutamente impossível, nem do aleatoriamente possível, mas sim do possível em determinadas circunstâncias e condições. Por outro lado, não basta este sinal positivo para que se realize. Para isto são exigidas não apenas essas condições e circunstâncias, como também a consciência de seu valor, da superioridade do possível sobre o real, assim como a vontade de realização e a práxis correspondente. Só esta conjunção de fatores faz da utopia uma empreitada possível e realizável, e digna de que se lute por sua realização, embora esta seja incerta, já que nenhuma instância humana ou sobre-humana pode garantir que a busca da emancipação não conduza, em determinadas condições, a uma nova dominação e exploração.

AS CRÍTICAS À UTOPIA

A utopia foi objeto de reiteradas críticas que apontam, algumas vezes, para sua irrealizabilidade e, outras, a seus efeitos negativos ao se tentar realizá-la. Entre seus primeiros e mais duros críticos figuram Marx e Engels. Suas críticas têm um destinatário exato: o socialismo de Saint-Simon, Owen e Fourier, que eles caracterizam pejorativamente como "utópico". Ainda que lhes sejam reconhecidos o valor de sua crítica do existente e seu afã em reparar suas injustiças em uma nova sociedade, são feitas objeções por não analisarem cientificamente a realidade social que deve ser transformada, nem atenderem aos meios, condições e sujeitos históricos necessários para sua transformação. Daí deriva o caráter fantástico de seus modelos de sociedade e seu empenho em construí-los mediante a persuasão e a força do exemplo. As limitações e a impotência deste socialismo "utópico" se devem, pois, para Marx e Engels, a uma dupla imaturidade: teórica, pela ausência do conhecimento científico adequado, e pela desatenção ao sujeito histórico — o proletariado —, que com sua ação há de trazer no futuro a nova sociedade. O que achamos, portanto, em Marx e Engels, é a crítica de uma utopia determinada e, ao mesmo tempo, do utopismo, como empenho em realizá-la sem atender às circunstâncias e condições necessárias para isso. Daí o apelo de Engels para transformar o socialismo utópico em científico, convencido de que só assim, quer dizer, partindo-se do conhecimento científico da realidade social, das possibilidades que dela se desprendem, dos meios adequados e contando com o sujeito histórico-social de sua transformação, o socialismo será possível e realizável. Sua crítica vem a ressaltar o momento cognoscitivo, como elemento indispensável da práxis, para chegar à nova sociedade. O que encontramos em Marx é a crítica de certa utopia e do utopismo — como empenho frustrado de realizar o irrealizável — e não a crítica do conteúdo utópico, bem entendido, do socialismo. Embora, escaldado pelas fantásticas descrições dos "socialistas utópicos", Marx não tenha reconhecido explicitamente o caráter utópico de seu projeto de emancipação e se tenha mostrado muito tímido ao descrevê-lo — daí sua renúncia em dar "receitas para as marmitas do futuro"[2] —, não se pode negar que a utopia seja um aspecto essencial do pensamento de Marx. E que o seja — como projeto de emancipação — apesar de, em certos pontos, como os antes assinalados, ter caído no utopismo que tão vigorosamente repeliu. Tal é o alcance da crítica ao "socialismo utópico", ao qual se contrapõe — sobretudo em Engels — o chamado "socialismo científico", expressão a meu modo de ver errônea e infeliz, porque a ciência pode dar o conhecimento necessário para transformar a realidade social, mas não garantir que essa transformação ocorra.

Mas continuemos com as críticas à utopia que anunciamos, e vejamos agora a crítica conservadora a ela. Não aponta, na verdade, para determinada utopia, mas sim para a utopia em geral. É própria do pensamento que, no século passado, considerava a si mesmo como contra-revolucionário, assim como do que em nosso século, particularmente na Alemanha, se autoconsiderou como "revolução conservadora", revolução disfarçada para que tudo continuasse como antes. A crítica conservadora da utopia se desliga necessariamente de uma atitude apologética em relação à realidade e se faz em nome do "realismo político" que descarta os ideais ao mesmo tempo em que oculta a ideologia subjacente a ele. E o argumento fundamental para conformar-se com a realidade e repelir as tentativas de transformá-la é que as mudanças radicais são ineficazes, já que se chocam irremediavelmente com o muro de uma "natureza humana" inquebrantável. Assim, pois, partindo do pressuposto de uma natureza humana imutável, abstrata, condena-se toda a utopia por sua ineficácia e impotência.

A crítica liberal burguesa de nosso tempo coincide com a conservadora em rechaçar todo impulso utópico, apontando sobretudo seus efeitos perversos sobre a liberdade do indivíduo, determinados pela própria natureza da utopia. Tal liberdade se vê sacrificada pela vontade utópica de planificação. Por outro lado, Popper considera que a utopia traz em si fins e objetivos que não se podem construir racional

[2] Cf. *O capital*, t. I.

ou cientificamente, embora possa ser racional a adequação dos atos utópicos ao fim correspondente. Mas quando se trata de objetivos diferentes, a decisão escapa à sua fundamentação racional e, ao não existir esta, fica aberto o caminho da violência para fazer prevalecer uma utopia sobre outras. A solução, para Popper, está em abandonar os projetos utópicos de uma nova sociedade e contentar-se com as modestas reformas da engenharia social. Deste modo, as mudanças radicais são excluídas e tudo fica, definitivamente, como está. Assim, pois, o mal se enraíza na própria natureza da utopia, já que por sua intenção planificadora sacrifica a liberdade do indivíduo, ao mesmo tempo em que, ao subtrair-se a razão, só lhe resta o recurso à violência para realizar-se. Com esta crítica liberal se irmana à que vê na utopia, por seu duplo vínculo: com o racional — a planificação — e o irracional — a violência —, uma vocação totalitária. Certamente, a esta crítica não escapa uma experiência histórica concreta como a do chamado "socialismo real", no qual a planificação tinha, por certo, um caráter centralizado, absoluto, e no qual, ao faltar o consenso da sociedade, a pretensão de realizar a utopia socialista teve de apoiar-se na violência generalizada. Mas estas características, que ocorreram efetivamente em determinadas condições históricas, sociais, não podem ser generalizadas como próprias de toda utopia. Finalmente, existe uma crítica da utopia, e particularmente da socialista, que não questiona sua natureza ou a bondade de seus fins, enquanto se mantiver em um plano puramente ideal e não abrigar a pretensão de realizar-se. Não se trata aqui de sua impotência ou ineficácia (crítica conservadora) ou de seus perversos resultados (crítica liberal e antiautoritária), pois a utopia como imagem de uma vida melhor não pode deixar de ser aceita. O que se questiona e critica é a pretensão de realizar este ideal de uma sociedade, ainda inexistente, mais justa, digna e livre, pretensão que resulta não só ineficaz, como também perversa. O que se critica, portanto, é o voluntarismo que supõe agir acreditando que a utopia é possível e realizável. Ou seja, a tentativa de passar do plano ideal, moral, no qual a utopia se mantém pura, incontaminada, ao plano impuro, prático, político-social. E, uma vez mais, recorre-se à experiência histórica, concreta, do projeto socialista que, ao tentar consumar-se, longe de conduzir os homens a um maior domínio de suas condições de existência, conduz a uma nova dominação de uns sobre outros. Mas, ao desatender às circunstâncias e condições dessa experiência histórica se eleva — e no mais rígido determinismo — o concreto e particular ao nível abstrato de uma tese ou lei universal.

FIM DA UTOPIA?

Chegamos à pergunta que, desde o princípio, reclama nossa resposta: a utopia chegou ao seu fim? Comecemos por reconhecer, antes de respondê-la, que na situação atual, comparada com a que prevalecia décadas atrás, ocorre um enfraquecimento da utopia, entendida como a vimos interpretando, a saber: como projeto de uma vida melhor, desejável e realizável em um futuro mais ou menos distante, através das mediações necessárias e em condições determinadas. Assim, se a utopia compreende uma desconformidade e crítica do existente e uma alternativa social futura — o que impede reduzir o ideal ao real, ou estabelecer um sinal de igualdade entre ambos, dois fatores elevados à potência em uma sociedade mediática —, contribuem decisivamente para a perda atual de sua vigência. Por um lado, a extensão das ideologias — consumismo, hedonismo, egoísmo — que tratam de suprimir a distância entre o que é e o que, não sendo ainda, deve ser. E, por outro lado, o ceticismo, o desencanto pelos efeitos perversos da realização de uma utopia com o chamado "socialismo real", assim como a promoção do igualitarismo ou relativismo moral e político do "não existe nada melhor", "tudo é a mesma coisa" ou "tudo é permitido", que desarma moral e politicamente todo impulso utópico. A corrupção política e moral, convertida em atributo da natureza humana, contribuiu também para dinamitar a confiança em toda alternativa ao existente, tornando sua — de boa ou má fé — o conteúdo das críticas conservadora e liberal à utopia por sua irrealizabilidade ou a perversidade de seus resultados. Para aqueles que se estabelecem nestas crenças — e entre eles não faltam muitos que lutaram pela realização da utopia socialista, inclusive correndo o risco de perder a liberdade ou a vida —, a utopia chegou ao seu fim. Mas o abandono da utopia, por sua pretendida aproximação com a realidade, contribuiu também em um passado próximo para a superestimação de certas conquistas na reforma da atual sociedade, ao elevar o nível de vida e as condições de existência dos trabalhadores nos países capitalistas desenvolvidos, embora essas conquistas não se estendam dentro deles aos setores imigrados e marginalizados, para não falar das condições de extrema miséria de populações inteiras dos chamados — até bem pouco tempo — países do Terceiro Mundo. Mas, certamente, o fracasso das revoluções na Europa na década de 1920, a ascensão do fascismo ao poder e a integração ao sistema capitalista do sujeito histórico — o proletariado —, que devia ser o seu coveiro, contribuíram — como ficou patente no pessimismo da Escola de Frankfurt — para o enfraquecimento da utopia socialista, como alternativa ao capitalismo.

A decadência efetiva da utopia em nossa época, que desmobilizou as consciências daqueles que deveriam ser seus portadores, encontrou sua expressão, já faz algumas décadas, no pensamento filosófico e social. Assim, por exemplo, já na década de 1930, Mannheim registra a perda atual e a decadência gradual da utopia, determinadas por uma aproximação maior das forças utópicas com a realidade, embora não admita que possa desaparecer totalmente a incongruência entre o ideal e o real. Sua desaparição significaria a morte da sociedade em que ocorresse. "Com o abandono das utopias", diz Mannheim, "o homem perderia sua vontade de dar forma à história e, portanto, sua capacidade de compreendê-la." Mas certamente, há décadas, produziu-se no Ocidente um enfraquecimento do impulso utópico, como testemunha a renúncia por parte do proletariado à transformação revolucionária da sociedade capitalista. Mas, ainda assim, caso se aceitasse — com base nestes fatos e na desilusão provocada pela queda do "socialismo real" —, não a desaparição de uma utopia, mas sim de toda utopia, caberia indagar: quais seriam as condições de possibilidade de seu fim? Vejamos. Temos falado da utopia em dois planos: como imagem ou projeto de um futuro melhor, que se contrapõe ao presente real, e como presença efetiva na consciência dos homens, que inspira determinada prática. Como tal projeto ou imagem, a utopia oferece o que a ciência, em razão do que é, não pode dar. Portanto só se pressupõe que a previsão científica — tão limitada nas ciências sociais — possa dar essa imagem do futuro, a utopia ao ser substituída pela ciência, teria chegado ao seu fim. Mas nem a ciência pode assumir a carga imaginativa da utopia, nem esta pode ser científica *stricto sensu*. Isto não significa, de modo algum, que a utopia, à medida que necessita do conhecimento para se realizar, possa prescindir da ciência, ou entrar forçadamente em oposição a ela. Mas, certamente, a redução da utopia à ciência, ou sua condenação por pré ou anticientífica, significaria exatamente seu fim. É inegável que certo marxismo, seguindo acriticamente Engels, ao transformar o socialismo de utopia em ciência, põe fim ao seu conteúdo utópico que, como sublinhamos antes, constitui um aspecto essencial do projeto marxiano de emancipação. No que toca ao plano factual, ou seja, a presença efetiva da utopia na consciência dos homens, pode ocorrer — como reconhecemos que ocorreu e ocorre atualmente — certo eclipse do impulso utópico. Mas a utopia não pode ter fim enquanto a realidade presente gere discordância, crítica e, por sua vez, a aspiração a outra vida melhor. Por outro lado, a utopia chegaria a seu fim, caso se pudesse juntar totalmente a distância ou incongruência entre o ideal e o real, ou também: se o presente absorvesse o futuro, ou se o real não deixasse margem ao possível, porque fosse já o único ou o melhor possível. Mas isto significaria, do mesmo modo, o fim da história, que se tornaria uma fatigada e insuperável repetição (do capitalismo liberal, segundo o não tão arguto ideólogo do Pentágono, Francis Fukuyama).

Assim, porque a distância entre o ideal e o real, embora eles se aproximem, não pode se juntar; porque o possível não pode ser reduzido ao real nem a um único e menor possível e, finalmente, porque a história e a sociedade não podem ter fim — enquanto não acabarem com elas —, possibilidade que esperamos nunca se realize, como um holocausto nuclear ou uma catástrofe ecológica, existem e existirão utopias. E não podem desaparecer, sobretudo — por mais eclipses que conheçam — em um mundo como o atual, no qual dois terços da humanidade vivem em condições de miséria e exploração que os impedem de aceitar a realidade como é e, menos ainda, como "o melhor dos mundos possíveis". Pois bem, se é impossível reduzir a utopia à ciência, o futuro ao presente e o possível ao real e se, por outro lado, o existente não pode deixar de impulsionar a insatisfação, a crítica e o sonho de uma vida melhor; quer dizer, se o fim da utopia se torna impossível, um mundo sem utopias seria uma utopia a mais, no sentido negativo do impossível de realizar. Mas um mundo sem utopias, quer dizer, sem metas, sem ideais, seria um mundo sem história, congelado no presente. Como também o seria um mundo cujos ideais e metas estivessem previstos ou garantidos por leis da história que caberia à ciência fixar, eliminando a própria incerteza da história e, em conseqüência, de toda utopia.

Assim, como o fim da utopia só pode ocorrer em uma relação ilusória com o real, não só é — em definitivo — uma utopia abstrata que — como as desutopias — inspira o temor à mudança, ao futuro, como também uma ideologia que, por esse caminho, justifica o presente, desclassifica a mudança e barra o caminho a todo impulso utópico a uma vida melhor, imaginada ou sonhada. Frente a essa ideologia do "fim da utopia", esta última como imagem de um futuro desejável, possível e realizável, cumpre a função positiva de elevar a consciência de que a história não está escrita de uma vez para sempre e de que o homem, na medida em que a compreenda e atue, em condições determinadas e de acordo com as metas que trace para si, possa tentar mudá-la em direção a uma vida futura mais nobre, digna e justa.

1995

Bibliografia

Bloch, Ernst, *O princípio esperança*, 3 vols. Madri, Aguilar, 1977.

Bacon, Francis, *A nova Atlântida*. Buenos Aires, Aguilar, 1960.

Cabet, Esteban, *Viagem pela Icaria*. Barcelona, Orbis, 1985.

Campanella, Tomaso, *A cidade do sol*. Madri, Aguilar, 1972.

Engels, Friedrich, *Do socialismo utópico ao socialismo científico*. Barcelona, Península,1969.

———. *Anti-Dühring*. México, Grijalbo, 1964.

Fourier, Charles, *O novo mundo amoroso*. Madri, Fundamentos, 1975.

González Casanova, Pablo, *Uma utopia na América*. México, El Colegio de México, 1953.

Ímaz, Eugenio, ed., *Utopias do Renascimento, More, Campanella, Bacon*. México, FCE, 1956.

Ímaz, Eugenio, *Topia e utopia*. México, FCE, 1946.

Marcuse, Herbert, *O final da utopia*. Barcelona, Ariel, 1981.

Mannheim, Karl, *Ideology and Utopia*. Nova York, Harcourt, Brace and Work, 1936. (Ed. esp. *Ideología y utopía*). Madri, Alianza Editorial, 1989.

Marx, Karl, *Manuscritos: economia e filosofia*. Madri, Alianza Editorial, 1989.

———. *Crítica do programa de Gotha*, em Marx e Engels, *Obras escolhidas*, t. II. Moscou, Edições em Línguas Estrangeiras, 1955.

———. *A ideologia alemã*. México, Grijalbo, 1956.

Marx, K.-Engels, F., *Manifesto comunista*, em Marx e Engels, *Obras escolhidas*, t. I. Moscou, Edições em Línguas Estrangeiras, 1955.

Morton, A. L., *As utopias socialistas*. Barcelona, Martínez Roca, 1976.

Muguerza, Javier, "Razão, utopia e desutopia", em *Desde a perplexidade*. México-Madri-Buenos Aires, FCE, 1990.

Munuesa, Bernat, *Sociologia da utopia*. Apresentação e seleção de B. Munuesa. Barcelona, Hacer, 1992.

More, Thomas, *Utopia*. México, Porrúa, 1981.

Platão, *A república*. México, UNAM, 1971.

Popper, Karl, "Utopia e violência", em Munuesa, *Sociologia da utopia*. Barcelona, Hacer, 1992.

Ricoeur, Paul, *Ideologia e utopia*. Barcelona, Gedisa, 1989.

Ruyer, Raymond, *L'Utopie et les Utopies*. Paris, PUF, 1970.

Saint-Simon, *O novo cristianismo*. Madri, Centro de Estudios Constitucionales, 1981.

Sánchez Vázquez, Adolfo, *Do socialismo científico ao socialismo utópico*. México, Era, 1975.

———. *Filosofia e economia no jovem* Marx. México, Grijalbo, 1982.

———. "Depois da queda: estar ou não à esquerda", em *Sistema. Revista de Ciencias Sociales*. Madri, maio, 1992.

———. "A filosofia da práxis", em *Enciclopedia Iberoamericana de Filosofía*. Madri, Trotta (no prelo).

Uma utopia para o século XXI

Novo assédio à utopia? Sim, porque, em tempos de incertezas e desencantos, esta torre de sonhos e esperanças resiste aos embates teóricos para removê-la e, sobretudo, às tentativas práticas para derrubá-la. Ante essa dupla resistência, nos propomos examinar se a utopia, ou, mais exatamente, a utopia socialista, sobrevive ou chegou a seu fim. Novo assédio também de minha parte, porque não é a primeira vez que tento escalar essa torre de sonhos e esperanças.[1] E, ao escalá-la de novo, como utopia socialista, não posso saltar duas etapas ou referenciais obrigatórios: um, histórico e concreto, o chamado "socialismo real"; e outro, teórico: o projeto de uma nova sociedade que Marx acalentava. O caráter obrigatório do primeiro consiste em ser a tentativa histórica mais ambiciosa — por sua amplitude, duração e conseqüência — de realizar, ou assim pretender, a utopia socialista; e o do segundo se explica porque a utopia que se pretendeu realizar depois da Revolução Russa de 1917 se inspirava em — ou se remetia a — Marx. Qualquer que seja o significado ou o alcance atribuídos a esta invocação — para nós sincera e esperançada nos seus primórdios; depois, retórica e ideológica —, não se pode deixar de relacioná-la com Marx, já que — com ou sem razão — pretendia-se levá-la a cabo ou legitimá-la em seu nome, ou mais exatamente em nome da nova sociedade que ele projetou.

[1] Ocupei-me da utopia em *Do socialismo científico ao socialismo utópico*, México, Era, 1975; bem como nos seguintes trabalhos, incluídos neste livro: "A utopia de Dom Quixote", "De que socialismo falamos na utopia socialista?" e "A utopia do 'fim da utopia'".

A relação incontornável entre o "socialismo real" e Marx[2] apresenta um sem-número de perguntas das quais destacaremos imediatamente duas: primeira, por que a intenção utópica que remetia a Marx desembocou não só em um fracasso histórico, ao não poder realizar-se, mas inclusive na negação dos valores socialistas proclamados? E, segunda, por que colocá-la em relação com Marx, se ele se expressou sempre como um crítico do "socialismo utópico" e, em geral, de toda utopia? Levando-se em conta, por sua vez, a usurpação do socialismo pelo "socialismo real" e a crítica marxiana do "socialismo utópico", surgem mais duas perguntas medulares: uma, está o socialismo condenado a ser utópico, no sentido pejorativo de irrealizável? E, outra, só será realizável se abandonar seu conteúdo histórico e se passar, como postulava Engels, do socialismo "utópico" ao socialismo "científico"? Mas o que entender exatamente por um e outro? Quando Marx critica o "socialismo utópico" que é preciso deixar para trás e Engels exorta a passar dele para o "socialismo científico", e quando, em nossos dias, falamos da intenção utópica não cumprida ou negada no "socialismo real", denota-se a mesma coisa? É-se obrigado, pois, a especificar o significado dos termos "utopia" ou "utópico" para poder responder às perguntas formuladas e a outras que delas derivam.

Vejamos primeiro um conceito geral do qual a utopia socialista seria uma variante específica. Com este sentido geral, chamamos ou consideramos utopia a todo projeto ou idéia de uma nova sociedade que, pelos valores e princípios que assume, considera-se melhor e superior à sociedade presente, na qual esses valores ou princípios são negados, limitados ou esquecidos. Trata-se de uma sociedade inexistente ainda, mas que, dada sua superioridade axiológica, merece existir, sendo por isso preferível e desejável em relação à sociedade existente. Assim entendida, a utopia pressupõe uma crítica que marca a inconformidade com a realidade presente e um desejo de que esta seja superada. A República de Platão, o reino de Deus medieval ou o milenarismo de Thomas Münzer, o socialismo de Saint-Simon, Fourier ou

[2] Sobre esta relação, ver meu ensaio "Marx e o socialismo real" neste livro.

Cabet, a anarquia de Bakunin, o comunismo de Weitling, a sociedade comunista de Marx com suas duas fases e a "comunidade ideal de diálogo" de Opel e Habermas, compartilham os traços de uma sociedade inexistente, mas preferível e desejável por ser superior à realmente existente.

Compartilhando estes traços comuns, as utopias se diversificam por sua relação distinta com o tempo e a realidade, assim como por sua função ou potencial prático. Existem utopias não só sem lugar, como também fora do tempo; há também as que descem verticalmente ao nosso presente real como uma idéia regulativa que o mede sem identificar-se com ele e, finalmente, as utopias situadas em um futuro no qual esperamos — esperançosos — que se tornem realidade. Consideradas por seu potencial prático, há utopias contemplativas carentes dele e — como a platônica — indiferentes não só à realidade empírica, mas também à sua realização. Em contraste com elas, temos na modernidade as utopias como objetos não apenas para contemplar ou desejar, como também para realizar, pondo em ação diversos meios. Tais são as utopias socialistas de Owen, Fourier ou Cabet na primeira metade do século XIX ou, posteriormente, de Marx e Engels. Estas utopias, que se caracterizam não só por sua forma e conteúdo, como também por sua função prática, ou vontade de realização, são as que — a partir deste momento — vão ocupar nossa atenção. Tratam-se de utopias que, de acordo com sua possibilidade ou impossibilidade de realizar-se, podemos considerar por sua vez como positivas ou negativas, embora sem traçar entre elas uma linha divisória absoluta, pois — como dizia Victor Hugo — "a utopia de hoje, pode ser a realidade de amanhã".

Tendo presente este conceito de utopia que leva em conta não somente sua irrealidade ou inexistência, mas também a intenção ou vontade de realizá-la e, portanto, sua divisão em positiva ou negativa de acordo com a possibilidade ou impossibilidade de sua realização, nos perguntamos agora: o que é a utopia para Marx? Certamente, ao longo de sua obra, ele fala de uma nova sociedade, necessária, desejável e possível, mas nunca a chama ou considera utopia, nem no seu sentido geral nem no específico, positivo, de utopia socialista-comunista. Como Engels, Marx sempre se refere à utopia como projeto de uma nova sociedade, melhor, mas condenada a não se realizar. E chama de utopismo o empenho inútil de realizar este impossível. Daí sua crítica aos socialistas "utópicos" do século XIX, como ele os chama pejorativamente. O que Marx critica de suas utopias não é o seu conteúdo, como projeto de uma sociedade melhor e mais justa — que ele compartilha —, mas sua impotência ou ineficácia, a partir do ponto de vista da prática. Impotência e ineficácia determinadas — e este é o cerne de sua crítica: a) pela inexistência das condições históricas necessárias, o que torna impossível sua realização e b) porque sendo legítimos os fins (o conteúdo valioso) que se pretende realizar, os meios a que recorre para isso são inadequados, ineficazes.

Teríamos então como explicação da natureza e necessidade da utopia uma imaturidade histórica ou déficit da realidade, enquanto não ocorrem as condições necessárias para realizá-la, entre elas a da existência do sujeito chamado a produzir a mudança social e a construção da nova sociedade. E se explicaria, igualmente, por uma imaturidade teórica ou déficit de conhecimento, o que obriga, para cobri-lo, a recorrer à imaginação. Deste modo, o que a ciência não pode fornecer seria dado pela utopia, imaginária ou ilusoriamente. Resumindo, a crítica marxiana aponta a utopia, enquanto que, por sua dupla imaturidade, teórica e histórica, se acha condenada a não se consumar. Pelo contrário, o projeto de uma nova sociedade se torna realizável (ou seja, deixa de ser utópico) ao alcançar a maturidade teórica necessária (quer dizer, ao assumir base científica) e ao ocorrerem as condições históricas necessárias para sua realização. Será que para Marx isto significa que a ciência exclui a utopia, entendida esta não só no sentido negativo para o qual aponta sua crítica? Ao que parece, a exclui sempre que o déficit de conhecimento que traz dentro de si a torna quimérica ou impossível de realizar. E daí a necessidade da passagem do socialismo "utópico" para o "científico". Mas, a meu modo de ver, semelhante exclusão pressupõe uma concepção "cientifista", ou determinista, em chave científico-natural da história, que não poderia ser atribuída aleatoriamente a Marx. Vamos nos deter, mesmo brevemente, neste ponto, no qual está em jogo a relação entre ciência (da história) e utopia, ou, mais concretamente, entre os chamados socialismos "utópico" e "científico". Certamente, se a história é concebida como um processo submetido a uma férrea necessidade, fechar-se-á o campo do possível e só restará espaço para uma e inevitável efetividade, que caberia à ciência prever. O socialismo seria então o resultado inexorável do desenvolvimento histórico. Não restaria, portanto, espaço para uma possibilidade que se afastara do curso inevitável da história e, em conseqüência, para a utopia. A ciência que haveria de garantir esse desenvolvimento linear, assim como seu forçoso desenlace, seria incompatível com a utopia. Mas, a dimensão científica do socialismo, como nova fase social no futuro histórico, não tem por que render tributo a essa interpretação determinista e fatalista da história. Uma e a mesma realidade histórica gera um leque de possibilidades, nem todas destinadas a realizar-se, sem que, por outro lado, esteja predeterminado qual possibilidade há de converter-se em realidade efetiva. Condição necessária para que se cumpra a possibilidade do socialismo, não é somente certo nível do desenvolvimento histórico-social, mas também a intervenção consciente, organizada e prática dos homens, intervenção que de modo algum pode ser predeterminada. A ciência que descobre a possibilidade do socialismo na sociedade capitalista que a gera, não pode garantir sua realização. Há textos de Marx que provam fidedignamente a idéia de que o socialismo não é um resultado inevitável do desenvolvimento histórico. Só uma concepção determinista, objetivista e fatalista da história, que ele não compartilhava, fecha as portas ao possível, ao não inevitável e, portanto, à utopia.

Se deixarmos de lado essa concepção, a dimensão racional, científica, do socialismo, longe de excluir a utopia, a fundamenta, ao descobrir sua possibilidade na própria realidade. Mas, ao privar assim a utopia socialista de seu caráter quimérico ou ilusório, contribui para sua realização. Tal utopia, como projeto de uma sociedade futura, necessária, desejável e possível, embora não inevitável, exige do conhecimento da realidade e das possibilidades que encerra, ainda que, certamente, esse conhecimento não baste para transformar a possibilidade do socialismo em realidade. Assim, pois, utopia e ciência só serão mutuamente excludentes se a utopia é concebida exclusivamente no sentido negativo, criticado por Marx, ou se a ciência (da história) é interpretada como um processo natural, rigidamente determinado e linear.

Ao longo de sua obra, desde a juventude até seus últimos escritos, Marx vai esboçando, com tímidos porém nítidos traços, seu projeto de nova sociedade, que ele chama de comunismo, como alternativa ao capitalismo. Este projeto de sociedade futura, necessária e desejável, pode ser considerado uma utopia e, dada a perspectiva de sua efetividade, como uma forma positiva dela. E isto independente de Marx não a reconhecer como tal. Como vimos insistindo, ele só fala da utopia em sentido negativo: como projeto de uma sociedade futura melhor, mas impossível de realizar. E tal é a direção em que aponta sua crítica dos socialistas "utópicos". Mas se aplicamos ao próprio Marx o mesmo critério que ele aplicou a eles, veremos que em seu projeto de nova sociedade há também elementos utópicos no sentido negativo de impossível de consumar-se. Basta citar dois textos importantes: um, sua obra juvenil, *Manuscritos econômico-filosóficos de 1844*; o outro, um de seus últimos escritos, *Crítica do programa de Gotha*.

Nos *Manuscritos* o jovem Marx fala de uma superação total e definitiva da alienação, ao identificar-se no comunismo a existência do homem com sua essência. A superação da alienação não está determinada aqui pelas condições reais que geram sua possibilidade, mas tem por base uma concepção especulativa do homem com a conseguinte separação e unidade de sua essência e existência. Semelhante superação da alienação, em forma absoluta e definitiva, dado seu fundamento abstrato, especulativo, só pode ser considerada utópica no sentido de impossível de realizar-se. Em sua *Crítica do programa de Gotha*, Marx traça o quadro de uma nova sociedade, com suas duas fases: inferior e superior. Nesta última, propriamente comunista,

Marx propõe um princípio de distribuição da riqueza social conforme as necessidades de cada indivíduo. A condição necessária para a aplicação desse princípio é certamente, como reconhece Marx, um enorme desenvolvimento das forças produtivas, pois só assim se pode assegurar a satisfação dessas necessidades. Assim, sabemos hoje que esse desenvolvimento ilimitado entraria em contradição com o imperativo ecológico de não destruir a base natural da existência humana. Em conseqüência, o princípio de justiça distributiva que Marx postula resulta utópico no sentido negativo com que ele próprio julgou outras utopias. E, ao considerar outros princípios dessa nova sociedade, como os da extinção do Estado, a desaparição do direito, dissolução da moral normativa nos costumes etc., temos de proceder com cautela ante o duplo déficit de realidade e conhecimento com o que há de conduzir um projeto de nova sociedade em sua fase superior, comunista.

Embora Marx, escaldado pelos excessos descritivos e imaginários dos socialistas "utópicos", tenha sido muito tímido ao esboçar a nova sociedade, não deixou de assinalar alguns traços fundamentais de sua fase inferior, socialista, tais como os seguintes: propriedade social (coletiva) sobre os meios de produção; distribuição dos bens produzidos conforme o princípio de "a cada qual segundo o seu trabalho"; democracia real, efetiva, em todas as esferas da vida social; pluralismo político e Estado sob o controle da sociedade. E entre as condições que Marx considerava necessárias para a construção dessa sociedade estavam: o caráter internacional da revolução que permitiria instaurá-la e mantê-la; a base econômica de um capitalismo desenvolvido; tradições políticas democráticas e consenso da maioria da população, dos trabalhadores.

Com a Revolução Russa de 1917, temos uma tentativa de realização da utopia socialista sem precedentes históricos. As tentativas utópicas anteriores, quanto à sua realização, se haviam desenvolvido em um espaço muito limitado (como o dos falanstérios ou comunas dos socialistas "utópicos") ou em um tempo historicamente efêmero (como o da Comuna de Paris). Na verdade, com a Revolução de 1917, temos o primeiro ensaio histórico de realizar a utopia socialista marxiana, assumida como tal pelos bolcheviques russos. Certamente, as condições prévias indispensáveis, assinaladas por Marx, se haviam cumprido: conquista do poder, abolição das relações capitalistas de produção e destruição do Estado burguês a elas correspondente. Formulava-se a seguir o objetivo de construir uma nova sociedade, socialista, e não só no terreno da economia e da política, mas em todas as esferas da vida social: a educação, o direito, a arte, a moral sexual etc. E ao pretender construí-la, os bolcheviques voltavam os olhos para Marx só para encontrar um vazio: o das condições necessárias que não ocorriam na Rússia daquele tempo. Ante os avisos dos marxistas "ortodoxos", os bolcheviques não deixavam de reconhecer esse vazio. Mas, ato contínuo, afirmavam com Lenin, que era o primeiro a reconhecê-lo: "Não existem essas condições, mas temos o poder e, a partir dele, as criaremos." Assim, pois, a tentativa de realizar o que para Marx teria sido impossível, e portanto utópico, era considerada possível. Portanto, a partir da perspectiva marxiana, pretender realizar a utopia socialista, quando não existiam as condições necessárias — quer dizer, pretender realizar o impossível —, significava tentar impor-se à própria realidade, ou seguir na contramão da história. E isso só podia acarretar conseqüências indesejáveis para milhões de seres humanos envolvidos em semelhante tentativa. A criação da base econômica necessária, industrial, inexistente, e, por sua vez, em um prazo histórico breve, assim como a coletivização forçada do campo, significaram sacrifícios de alto custo humano para os agentes — operários e camponeses — de uma e outra. A resistência ativa e passiva de grande parte da população trabalhadora perante esses sacrifícios, unida às exigências da guerra civil e da intervenção militar externa, obrigaram a limitações da democracia. Com o passar do tempo, e transformando a necessidade em virtude — como percebeu Rosa Luxemburgo desde o primeiro momento —, tais limitações conduziriam, primeiro, à supressão de todas as formas de democracia — entre elas as dos sovietes — e, mais tarde, a um terror generalizado como esteio principal do Estado soviético. Independente das intenções utópicas emancipatórias dos bolcheviques, o resultado deste processo histórico foi a construção de uma nova sociedade, atípica, nem capitalista nem socialista, com propriedade estatal (não social), Estado onipotente à margem de todo controle social, fundido com o Partido, e regulação feita por eles de toda a vida social: econômica, política e cultural. Em resumo, uma utopia que, desde 1936, na ex-União Soviética se proclama — inclusive constitucionalmente — socialismo já construído, ou "socialismo realmente existente", quando tudo prova sua irrealidade. Na verdade, essa pretendida realização da utopia socialista tinha pouco a ver com o socialismo marxiano ao qual originalmente recorriam os revolucionários russos.

Portanto, depois de examinar o destino da utopia socialista neste processo histórico que tem início com a Revolução de 1917 e chega ao seu fim em 1989 com a queda do "socialismo real", podemos concluir que tal utopia não tem a mesma natureza, nem cumpre a mesma função, ao longo de seu retrospecto histórico. Nele podemos registrar dois períodos distintos e de igual duração. No primeiro, mais curto, o Partido e o Estado soviéticos se encontram sob a direção da velha-guarda bolchevique, encabeçada por Lenin; no segundo, que cobre aproximadamente seis décadas — quase toda a existência da sociedade soviética —, se vê associado através da liquidação física dessa velha-guarda, situada no mais alto escalão da burocracia do Partido e do Estado, ou *nomenklatura*. Pois bem, nesse primeiro e breve período, deparamos com um projeto utópico no sentido negativo, criticado por Marx; quer dizer, no de uma nova sociedade melhor e desejável, embora condenada a não realizar-se. A intenção utópica dos bolcheviques era inegável, mas — como assinalamos — seu voluntarismo não se detinha diante de nada, quaisquer que fossem as conseqüências. Acreditavam que a utopia, inspirada por Marx, podia ser realizada, embora isso representasse um alto custo humano e inclusive o sacrifício de valores socialistas como a liberdade e a democracia. A ideologia soviética cumpria nesses anos a função de justificar o voluntarismo histórico, assim como os custos e os sacrifícios que exigia. A ideologia estava portanto a serviço da utopia. No segundo período —

o que corresponde ao stalinismo e seus anos posteriores — considera-se que o projeto de construir uma nova sociedade (ou seja, a utopia socialista) foi cumprido. Mas, embora a realidade desminta essa suposta realização, continua-se a invocar a utopia. Ao invocá-la e identificá-la com a realidade (com o "socialismo real"), a ideologia cumpre a função prática, justificadora, que lhe é peculiar, e a utopia se transforma — como adverte incisivamente Luis Villoro — em ideologia.[3] Temos então que, no primeiro período histórico, a utopia que se pretende realizar não o pode ser, ao passo que no segundo, não obstante essa impossibilidade, se apresenta como realizada. Mas esta apresentação só pode ser feita deixando para trás a intenção utópica original, convertendo a utopia socialista na ideologia de uma nova classe, a burocracia estatal e partidária, à qual interessa justificar a realidade presente, de acordo com seus interesses. Mas embora a queda do sistema em que foi desembocar essa experiência histórica tenha acarretado igualmente o fim da ideologia que o justifica, isto significa, por sua vez, o fim da utopia socialista que estava em suas origens? Abordemos a questão relacionada com as duas etapas obrigatórias a que nos referimos no começo de nossa abordagem à utopia: Marx e o "socilialismo real".

Com relação ao pensamento marxiano que inspirou os revolucionários russos em sua práxis propriamente utópica, cabe perguntar se o resultado final desta experiência histórica, sua queda, significa o fim da utopia socialista de inspiração marxiana. Portanto, se atentarmos para o que foi efetivamente essa experiência, de acordo com a caracterização que fizemos de seus dois períodos, podemos concluir o seguinte: no primeiro, como tentativa impossível de realizar a utopia, esta poderia ser desclassificada — como Marx desclassificou outras tentativas utópicas quando não ocorriam as condições e mediações necessárias para realizá-las —, mas essa desclassificação não alcança-

[3] Luis Villoro, *O poder e o valor*. México, FCE/El Colegio Nacional, 1997, pp. 217-221.

ria seu conteúdo valioso. Por isso, a utopia assim desclassificada não o poderia ser como projeto de uma nova sociedade, possível e realizável em outras condições e com as mediações correspondentes. Empenhar-se no contrário traria em si o rígido determinismo que fecha as portas da história. No segundo período da experiência histórica que estamos considerando, a tentativa utópica, como já assinalamos, ficou para trás, embora se mantenha seu conteúdo formal, retoricamente. Na verdade, não existia realmente uma sociedade socialista, ou seja: a realização da utopia original, mesmo que se recorresse a ela, ideologicamente, para legitimá-la. Portanto, a utopia socialista não pode ser desqualificada a menos que seja identificada falsamente com o "socialismo realmente existente", como fariam em seu tempo os dirigentes soviéticos e os ideólogos do capitalismo. Mas, mesmo repelindo semelhante identificação e deixando a salvo o conteúdo utópico, poder-se-ia substituir o alvo da crítica para a possibilidade de sua realização, para sentenciar que a utopia, ao pretender realizar-se, produz inevitavelmente (uma vez mais o determinismo baixa a crista) a negação de seu próprio conteúdo. Falando clara e francamente: a utopia seria boa com a condição de não haver empenho em realizá-la. Ou seja: o fracasso histórico da tentativa utópica, gerada pela Revolução de 1917, seria o destino inexorável que aguarda no futuro a utopia socialista, quaisquer que sejam as modalidades, condições e mediações de sua realização.

Assim, como pura fantasia, o socialismo existe — como o ser em potencial de Aristóteles — enraizado na ou condicionado pela realidade capitalista. É uma possibilidade realizável, ainda não realizada, que poderia não se realizar. Supõe, em conseqüência, um deslocamento ideal a partir do presente, no qual existe em potencial, ao futuro, no qual pode ou não se realizar. Assim, pois, não é parte integrante da realidade efetiva, mas sim daquela que — como diz Bloch — *não é ainda*,[4] embora pudesse não ser. Mas, justamente por isso, é uma pos-

[4] Cf. Ernst Bloch, *O princípio esperança,* Madri, Aguilar, 1997.

sibilidade entre outras. Com relação a esta pluralidade de possíveis, cabe recordar que no *Manifesto comunista* de Marx e Engels é admitida a possibilidade de que a luta de classes conduza não à vitória de uma sobre outra, mas sim à sua destruição mútua. E ao formular o dilema de "socialismo ou barbárie", Marx estava admitindo uma dualidade de possíveis de símbolo oposto. A possibilidade da barbárie, em nosso tempo, representada pela ameaça de um cataclismo ecológico, um holocausto nuclear ou uma engenharia genética descontrolada, alcança um grau de negatividade absoluto — posto que está em jogo a própria sobrevivência humana — que Marx não podia esperar.

Assim, pois, o próprio desenvolvimento do capitalismo cria, junto à possibilidade da barbárie extrema, a do outro ponto do dilema: o socialismo. Cria sua possibilidade, mas não sua efetividade; quer dizer, sua transformação frente a outras possibilidades, na realidade. Certamente, essa transformação exigirá, junto com as condições reais, objetivas, necessárias, a intervenção subjetiva correspondente; quer dizer, a consciência na maioria da população da necessidade e possibilidade dessa transformação, assim como de que *deve* realizar-se, consciência indispensável para passar à ação. Tudo isto exigirá um longo processo histórico, cuja duração não se pode prever nem tem resultado garantido. Mas, a partir de nosso presente, é preciso reconhecer que o eclipse da utopia socialista, associada infundadamente ao fim do "socialismo real", tornou difícil e incerto seu futuro. E, contudo, a persistência do capitalismo, o agravamento dos males sociais que gera por sua própria natureza, fazem hoje o socialismo mais necessário do que nunca, e não só para os indivíduos, grupos sociais ou povos que os sofrem mais diretamente como também — pelos desastres ecológicos, nucleares ou genéticos que nos ameaçam — para toda a humanidade. Por isso, a utopia socialista, de inspiração marxiana, de uma sociedade mais justa, mais digna, mais livre e mais igualitária, longe de ter chegado a seu fim, ao entrar no século XXI mantém sua vitalidade, não obstante o eclipse por que hoje passa sua vigência.

E a mantém não só porque continua sendo necessária, desejável, possível e realizável, embora não inevitável, como também porque, dado seu conteúdo moral de justiça, dignidade, liberdade e igualdade, esta utopia — seja ou não no futuro —, *deve ser*.

1998

Origem dos textos

"O poder e a obediência." Conferência proferida em 15 de setembro de 1982 durante o simpósio "Os sentimentos políticos", organizado pela Universidade Internacional Menéndez Pelayo, em Sitges, Barcelona.

"A questão do poder em Marx." Palestra apresentada na VI Semana Galega de Filosofia, cujo tema abordado foi Filosofia e Poder, organizada pelo Aula Castelao de Filosofía e realizada de 27 a 31 de março de 1989 em Pontevedra, Espanha. Suas idéias básicas foram expostas e discutidas também no seminário "Filosofia Política", do Instituto de Filosofia do Conselho Superior de Investigações Científicas de Madri, em abril de 1989, para os professores universitários do país nesta matéria.

"Marx e a democracia." Conferência proferida em 8 de outubro de 1983 na Faculdade de Direito da Universidade de Málaga, Espanha.

"Democracia e revolução". As idéias fundamentais deste trabalho foram expostas na palestra apresentada no Simpósio Internacional, realizado em junho de 1989, Manágua, Nicarágua. Uma versão mais ampla desta palestra foi apresentada nas Jornadas de Outono "Rostos e máscaras da democracia", organizadas pela Faculdade de Filosofia e Letras da UNAM e realizadas de 13 a 16 de novembro de 1989.

"O movimento de 68." Intervenção, com ligeiras variantes, nos atos comemorativos do Movimento Estudantil de 1968, nas faculdades de Filosofia e Letras e de Economia da UNAM, em 3 de outubro e 24 de novembro de 1993, respectivamente.

"Reflexões — intempestivas? — sobre a igualdade e a desigualdade." Conferência proferida em 28 de outubro de 1994 no seminário "Os valores humanos no México", organizado pela Faculdade de Filosofia e Letras da UNAM e pelo Conselho Nacional para a Cultura e as Artes.

"Anverso e reverso da tolerância." Publicado em Rafael Cordera Campos e Eugenia Huerta, coords., *A universidade e a tolerância*. México, UNAM, 1996.

"Filosofia, técnica e moral." Conferência proferida no congresso "Técnica, ciência e cultura", em homenagem ao Dr. Carlos Paris, organizado pela Universidade Autônoma de Madri e realizado de 16 a 20 de novembro de 1992.

"Esquerda e direita na política: e na moral?" Conferência proferida em 17 de novembro de 1995 no simpósio internacional "Filosofia e educação", organizado pela Universidade Nacional Autônoma do México em homenagem a Fernando Salmerón.

"Ideal socialista e socialismo real." Tese apresentada no simpósio internacional "Do socialismo existente ao novo socialismo", celebrado em Caracas de 27 a 31 de maio de 1981.

"Marx e o socialismo real." Conferência proferida em 2 de novembro de 1983 na Fundação de Investigações Marxistas de Madri.

"Marxismo e socialismo, hoje." Conferência de encerramento do seminário de homenagem em torno da obra de Adolfo Sánchez Vázquez, organizado pela Universidade de Cádiz e o Instituto de Cooperação Ibero-americana por ocasião da outorga do doutorado *honoris causa* por essa universidade. O seminário realizou-se em Cádiz, Espanha, em maio de 1987.

"Liberalismo e socialismo." Tese apresentada no colóquio de inverno "As grandes mudanças da nossa era", organizado pelo Conselho Nacional para a Cultura e as Artes, pela revista *Nexos* e pela Universidade Nacional Autônoma do México. Realizou-se na Cidade do México de 10 a 21 de fevereiro de 1992.

"Socialismo e mercado." Tese apresentada no encontro internacional "O socialismo do futuro", organizado pela Fundação Sistema de Madri e realizado em Sevilha em 1990.

"Depois da queda." Publicado com o título "Depois da queda: estar ou não à esquerda", na revista *Sistema*, nº 108. Madri, maio de 1992 (também em *Dialética*, nºs 23-24, Universidade Autônoma de Puebla, inverno de 1992-primavera de 1993).

"Mais além da queda." Apresentação do livro *Mais além da queda*, de Gabriel Vargas Lozano (Siglo XXI e Universidade Autônoma de Puebla, 1995), realizada na Faculdade de Filosofia e Letras da UNAM em 19 de março de 1995.

"A utopia de Dom Quixote." Tese apresentada no IV Colóquio Cervantino Internacional, celebrado na cidade de Guanajuato de 9 a 11 de outubro de 1990.

"De que socialismo falamos na utopia socialista?" Tese apresentada no Encontro Internacional "O socialismo do futuro", organizado pela Fundação Sistema e realizado em Madri, em 1989.

"A utopia do 'fim da utopia'." Conferência proferida no Seminário sobre a Utopia, como parte dos cursos de verão da Universidade Complutense de Madri (El Escorial, agosto de 1995).

"Uma utopia para o século XXI." Texto integral da tese apresentada — de forma resumida — com o título de "Novo assédio à utopia" na mesa-redonda sobre "Fim da utopia?", com a participação de Gustavo Gutierrez e Fernando Savater, durante o I Congresso Ibero-americano de Filosofia (Cáceres-Madri, de 21 a 26 de setembro de 1998).

O texto deste livro foi composto em Sabon, desenho tipográfico de Jan Tschichold de 1964, baseado nos estudos de Claude Garamond e Jacques Sabon no século XVI, em corpo 10/13.5. Para títulos e destaques, foi utilizada a tipografia Frutiger, desenhada por Adrian Frutiger em 1975.

A impressão se deu sobre papel Chamois Fine 80 g/m² pelo Sistema Cameron da Divisão Gráfica da Distribuidora Record.